阅读成就思想……

Read to Achieve

创新的七宗罪：
为什么创新会失败

The Seven Sins of Innovation
A Strategic Model for Entrepreneurship

【加拿大】戴夫·理查兹（Dave Richards） 著
杨朦 陈雪 译

中国人民大学出版社
·北京·

推荐序

关于创新,相当难写。这个看似简单易懂的概念,在现实中实施起来,却举步维艰。

我认识戴夫·理查兹20多年了。我亲眼见证了他掌控一切的杰出才华——他不仅在学术上成绩斐然,而且更重要的是,他还能在现实中进行创新实践。他的这本新作将他出色的洞察力展现得淋漓尽致。

《创新的七宗罪》这本书第一部分阐述了创业与创新的关系;第二部分阐述了(经典的)创新的七宗罪;第三部分则分别针对大小企业所面临的创新挑战,为它们提供了实操性很强的解决方案。

《创新的七宗罪》将人们对于这些重要问题的思考提升至一个新的思想高度。戴夫的这本新书,可谓这一领域书籍的顶级佳作。

罗杰·莱西(Roger H. D. Lacey)
3M公司前首席战略官兼高级副总裁

The SEVEN SINS of
INNOVATION
A STRATEGIC MODEL FOR
ENTREPRENEURSHIP

前 言

企业成功的真正奥秘

《创新的七宗罪》这本书反映了我一直以来所努力的方向——探究企业成功的真正奥秘，特别是在创新和创业方面。回顾我的职业生涯，我始终都在试着去理解，是什么造就或导致了我所见证或参与过的成功与失败。我觉得自己总是站在创新的风口浪尖，我曾在贝尔–北方研究公司（Bell-Northern Research，BNR）、北电网络公司（Nortel Networks）和甲骨文公司等众多企业担任咨询顾问，并且还是一名连续创业者。尽管阅历丰富（以那些在我内心留下的伤疤为证），但我仍然能看到自己及其他人在不断地重复着同样的错误。我们在类似的山谷中迷失，被同样的困难绊倒，不断地撞在看起来和摸起来都一模一样的南墙上。

除上述这些经验外，我还有幸参加过很多论坛和课程，并和许多我们这个时代伟大的思想家、战略家、企业家和行业领袖进行过对话。他们的言论和著作激发了我，帮助我更好地理解关于高效与成功的领导、战略和商业模式等问题，并形成了自己的观点。

我早期的研究主要专注于理解价值的涵义。身处高科技行业之中，我看到当时最流行的创新方法（我称之为"科技推动"）——"聪明"方案探寻问题与客户。整个20世纪80年代，我通过研究数据通信应用的价值，发现了一种新的创新模式，它能够提升生产力、节省时间、提高效率，与科技推动模式相辅相成。那时，我为北电网络公司一款小型数字电话系统——Norstar 撰写了首个用户使用说明书。该系统日后成为了历史上最具盈利能力并在全球范围大获成功的电信产品线之一。从我们的调研中所形成的核心价值最终成就北电网络公司创建了开放世界的核心理念——整合应用和融合传导机制（convergence of delivery mechanisms）。该理念也激发了全球多媒体网络的搭建，也就是我们如今所熟知的互联网。

20 世纪 90 年代初期，北电网络公司的管理者们决定开展一场企业文化的变革，其主题包括创新精神、杰出文化、全球化和领导力。我被管理者圈定为"高潜质核心资源"，即那些拥有潜能、未来有希望入围北电网络公司最高领导团队的人。我被选为北电网络公司的内部创业家，并被委任为全球公共网络数据事业部（Global Public Networks Data）业务线经理。从表面上看，我对全球的利润表现负责，并可独立运作自己的业务线。但实际上，北电内部的层级关系复杂，公司上下层层叠叠的管理者严重削弱了我的权限。尽管被提拔为全球总经理和数据业务线经理，并享受该级别的相关激励政策和待遇，这听起来很棒，但数据业务在当时其实是一团糟。我们每寄出一个数据线卡（data line card），公司就亏损 100 美元，仅我们研发部门的预算就超过了全球的销售额。我的关于加速数据业务投资的商业战略被公司采纳了，但并没有获得正式批复。曾经有一段时间，我每个月都会接到公司高层的警告——正是那位采纳了却仍未批准我的战略计划的高层，威胁我说，如果我执意在研发和运营方面连续超支的话，将要对我采取惩罚措施。

最终，我们在自己强大团队的支持下，成功地将数据业务打造成一个高盈利、具有很高战略意义的业务线。随后，我们又承担了多种角色，进入了很多关键市场，获取了诸多重要客户，为公司和股东创造了数以亿计的惊人利润。当然，一路下来，失败也是显而易见的。比如在联盟、创建合资企业和兼并中，我们都出现了一些失误。在一些重要的市场，比如知识产权方面，我们和竞争对手都损失惨重，付出了巨大的代价。在离开北电网络公司之后，我自己创建了几家公司。我很乐意将那段学习经历称为"dot.bomb"。后来，我加入了甲骨文公司，以声援其教育基金会下的社交企业所收购的旗舰项目——ThinkQuest。

目前，我在英国从事独立工作。我喜欢通过研讨会、演讲（主题演讲或对话）或一对一辅导的工作方式，探讨本书所涵盖的所有想法和话题，帮助领导者、企业和团队培育创新文化、发展战略、制订行动计划，并创造出具有影响力的创新成果。

抽出时间来撰写本书以及完成本书所花的时间都大大超出了我的预期。我计划动笔很久了，但直到帕尔格雷夫·麦克米伦出版公司（Palgrave Macmillan）联系上我，我才真正动笔。在我签订撰写本书的合同之前，写书于我仅仅是一个永远排在"真正"工作之后的想法而已。如果我预先知道写一本书有多困难，那我有可能就不会开始了。尽管写作时文思泉涌，但各种挑战仍然接踵而至。这本书不是讲述一个故事，而是进行了一次尝试——试图去理解企业创新行为与商业战略成败背后所蕴涵的心理科学。

成功与失败的心理因素应包括你所能想到的那些"人的因素"，如创造力、领导力、智力、沟通能力、动机、态度和专业技能等。但就像我从前一样，你可能也会对这些因素和其他某些因素之间的相互作用感到惊讶。本书的撰写过程正是一段学习、发现并将这些因素之间的相互作用阐述清楚的过程。

其中那些基础的模型和框架是我在写作初期就比较明确的。但随着写作的展开，我的很多观点也在不断更新。这就好像在玩魔方（一个使人挫败的发明），我好不容易拼好了其中一面，另一面又要重来了。本书所要解决的"难题"，就是通过模型去解释理论上和现实中心理学因素彼此之间所产生的复杂影响。

我尽力避免写出一本学术和理论性较强的书籍，我的目标是完成一部能够提升创新效率从而驱动创业创新成功的生动的、实用的指导手册。所以本书写作的最大挑战在于如何提供广泛的观点，同时确保观点不偏离写作过程中不断演进的模型。

另外，还有一些来自主流商业和心理学领域之外的理念也在影响着我的思考。

- 生命能量的概念，如中国的气功。
- "流动"的理念，特别是在理解运动与表演心理学方面的应用。
- 印度传统医学中人体精神力量的概念，即能激发或阻碍能量流动的能量中心。
- 每个硬币均有阴阳两面的理念，如所有事物、能量、能量中心以及所有与人相关的事物都有正反两方面。
- 人类基因组、DNA 与双螺旋结构染色体，以及关于创新 DNA 和管理 DNA 的想法。
- 最新的关于左右脑功能区分与合作的研究。
- "感知与现实是相互关联的"理念，即人类的思想存在于梦想与它所渴望的现实之间的关系中。而被观察到的现实又是通过观察者的观察而存在。与此同时，观察者的主观意识也会影响到被观察的现实。
- 最终的事实证明，我们的思维是决定成功与否的关键——不是那些所谓的"秘密"吸引力法则，而是由于心理因素直接对战略的核心要素产生影响，以至于这些要素削弱了或加强了领导者的成就，从而决定企业是苟延残喘还是蓬勃兴盛。

上述提及的所有资料、经验、想法以及灵感，构成了一个新的创业者创新模型。这个模型将软性要素（如心理学和文化）与硬性要素（如战略、业绩及收支结果）连接起来。我希望你能从这些关系与连接中获益，并衍生出自己独特的观点，用于自我完善，并为你的合作伙伴、你所效力的组织以及这个世界作出贡献。

The SEVEN SINS of
INNOVATION
A STRATEGIC MODEL FOR
ENTREPRENEURSHIP

目 录

第一部分　创新的定义　／1

第 1 章　　寻找创新之路　／3

第 2 章　　创新与伪创新　／13

第 3 章　　价值与评估　／33

第 4 章　　企业家心智与心流　／55

第 5 章　　创新战略　／75

第 6 章　　创新域与创新区划　／85

第 7 章　　架构的艺术与科学　／89

第二部分　创新的七宗罪　／107

第 8 章　　创新的第一宗罪：缺乏意义的目的　／111

第 9 章　　创新的第二宗罪：残缺的愿景　／121

第 10 章　 创新的第三宗罪：缺乏影响力的错误沟通　／129

第 11 章　创新的第四宗罪：矛盾的偏离　／139

第 12 章　创新的第五宗罪：畏惧赋权　／153

第 13 章　创新的第六宗罪：毫无创意，无聊至极　／167

第 14 章　创新的第七宗罪：安于现状　／175

第三部分　创业创新的解决方案　／185

第 15 章　振兴企业　／187

第 16 章　初创企业的创新　／203

第 17 章　家族企业如何创新　／219

第 18 章　准备出售　／235

第 19 章　服务型企业创新　／243

第 20 章　公益事业的创新　／253

第 21 章　公共事业的创新　／261

The SEVEN SINS of INNOVATION
A STRATEGIC MODEL FOR ENTREPRENEURSHIP

第一部分
创新的定义

> 事有虚渺，难求本真，我们只有穷究其所以，方能知其究竟。
>
> ——英国哲学家伯特兰·罗素

创新的七宗罪：为什么创新会失败

我认为，如今，人们对"何为创新、何为企业家精神"的理解并不十分明确。在网络上，人们很容易就能找到很多由政府、高校和商业机构提出的创新举措，但是他们对创新和企业家精神的定义均无详细描述，好像人们对此都已了然于心。然而事实并非如此，正如下面你将看到的那样，创新的定义有很多版本，但其中有不少概念是相互矛盾的。同样，关于企业家精神的描述也是多种多样，对于"什么样的人可以被称为企业家"的观点也是迥然不同。在本书开始的一些章节中，我会对这些容易混淆的概念展开更多说明。如下给出了几个重要概念的概括解释，便于你理解全书。后续我们还会对此内容进行更为深入的讨论。

- 企业家（entrepreneur）：指尝试创新的人。
- 成功企业家（successful entrepreneur）：指创业成功的人。
- 创新（innovation）：指新价值的创造。
- 衡量创新成功或失败的指标（measuring innovation success or failure）：主要是投资回报率（ROI），其公式为投资回报率 =（价值创造 - 价值投入）/ 价值投入。
- 价值（value）：指一种因需求、想法、动机或抱负得到满足而产生的心理体验，这一满足并不一定涉及收入。
- 企业家心智（entrepreneurial psyche）：企业家心智受个体的心理特征影响。
- 企业家心流（entrepreneurial flow）：指实现或完成了企业家的根本目的后的心理状态。
- 创新战略（innovation strategy）：指取得成功所需要的计划、实施方案、管控及实现成功的过程。
- 架构（bridging）：指最大化任何关系中的价值流、交付成果和价值体验的过程。
- 创新区划（innovation zoning）：通过本书所描述的"架构"现象以优化所有重要的关系，从而获得的价值最大化和创新成功。

The SEVEN SINS of
INNOVATION
A STRATEGIC MODEL FOR ENTREPRENEURSHIP

第1章

寻找创新之路

> 成功还是失败,不仅取决于能力,更多的是取决于态度。
>
> ——美国心理学之父威廉·詹姆斯

创新是美好的,现实却是残酷的

纵观历史,人类的各种创业行为始终保持在一个较低成功率的水平,而且这一比例从未有所提升,事实如下。

- 一般来说,创新的成功率低于10%,即便是在风险投资家对投资的严格监控下,创新的成功率也不超过三分之一。根据创新咨询机构德布林公司(Doblin Group)2005年和2012年的数据,绝大多数(占到96%)的创新实践均无法达到其预期的投资收益率。
- 据理特咨询公司(Arthur D. Little)2013年的数据,大量企业表示他们对于自己的创新实践并不满意。
- 2006年,一项面向跨国公司总裁(如IBM公司)的调研显示,有四分之三的被访者认为和外部机构合作进行创新至关重要,但是只有二分之一的人会去放手一搏,而这些实践者们对自己的评价仅仅是做得"还可以"。
- 2013年,著名创业导师埃里克·瓦格纳(Eric T. Wagner)认为,80%的新企业在18个月内即宣告经营失败。
- 领导变革之父约翰·科特(John P. Kotter)于2008年指出,三分之二的组织变革均以失败告终。

- 知名企业家鲍勃·普里查德（Bob Pritchard）在 2011 年指出，大多数市场营销投资无法达到预期效果——"在我们所做的工作中，有 95% 都是无用功"。
- 即便是在谷歌和 3M 这些创新理念的先锋企业中，也只有很少的创新方案获得认可并被成功地包装上市。
- 大多数企业无法长期保持具有竞争力的特色和优势。
- 成熟的商业实体通常很难保持激情、增长和关联性。
- 即便是在诸多成功民营企业家和变革推动者的帮助下，公共部门仍然没有做出足够努力去推动社会发展进程。
- 我们正在面临一场大量青年失业的全球性灾难，这可能将导致一代人在经济上的落后——社会缺少工作机会，无疑是企业的失败。
- 事实上，平庸的成果让各行各业的企业都备受折磨。

那么，我们能做些什么呢？

创新失败的根源：人性

本书提出了一个观点：企业表现平庸的根本原因在于人类的心理状态。无论对于什么类型的企业，人性中的七个特定方面会共同作用去瓦解获取成功所付出的努力，这七个特定方面都是决定成功与否的关键。它们的相互影响表现为一种连乘关系。例如：从理论上讲，如果一个人的六个方面都表现突出（100%），第七个表现得很差（10%），那么他的整体表现也会很差：

$$100\% \times 100\% \times 100\% \times 100\% \times 100\% \times 100\% \times 10\% = 10\%$$

当然，从整体上讲，企业的表现更多地取决于每个人心理状态之间复杂的相互影响，但总体来说，最薄弱的因素决定了贴近平庸的程度，业绩糟糕的员工及其缺点会将企业的整体水平拖向深渊。

事实令人沮丧吧？确实，但我所要传递的信息并非想让人悲观。

一个崭新的模型：战略架构

本书将在以下两个方面对读者的理解造成冲击。

1. 基于对企业家心理状态的了解，如何驱动、展现以及培养组织中的企业家精神。
2. 如何基于一个加强版的框架，将心理学与文化的"软性要素"与像业绩表现与财务结果这样的"硬性要素"有机结合，通过将创新作为战略核心，最大化创新成功的可能性（如图1—1所示）。

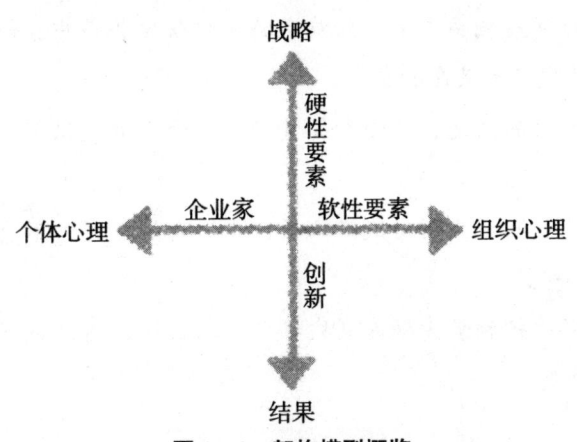

```
                    战略
                     ↑
                    硬
                    性
                    要
                    素
       个体心理  ←  企业家 | 软性要素  →  组织心理
                    创
                    新
                     ↓
                    结果
```

图1—1　架构模型概览

不同于现有的那些关于战略、创新、创造力、创业和成功的建议，这本书明确突出了创新战略，提供了全新的视角和更加深入透彻的观点，着重处理一个重大问题——如何调用人类心理的核心要素，将个人和组织的创业潜力和创业成果最大化。对组织来讲，关键是要营造一种创业文化，而这种文化的焦点在于推行战略创新的各项议程。本书的目的在于帮助你认识到如何在自己为创新付出努力之后，提高成功率，为创造新价值打造可持续的优势并挖掘潜质，从而成为一个更有价值的实体，而不只是一个由企业家或一个创业小团队驱动的企业。

与心理学相关的具体见解

架构模型所提供的具体见解与建议涉及以下七个方面。

1. 如何有效管理个人和团队的心理状态，从而营造出一种有助于最佳业绩和高效创新的创业文化。
2. 如何最大化创造力，并将其从纸面上搬到现实中来，从而推进转型中的企业取得进步。
3. 如何引领创新进程，作出正确的投资选择，并在创新方面保持持久的领导和领先地位。
4. 如何让所有的利益相关者参与到双赢的协作伙伴关系中，创造强有力的商业模式，以实现互利共赢的目的。
5. 如何形成强有力的沟通、营销和销售策略，为企业提供智慧，驱动具有竞争力的成功和增长。
6. 如何基于智慧和洞察力制定战略远景，在远大的梦想和不断变化的事实之间达到良好的平衡。
7. 如何将企业家精神和激情融入到战略目标的实现，这是适用于任何机构或个人的最高准则。

接下来做什么

讨论过创业和创新的战略模式的必要性后，在第一部分接下来的章节中，我们将定义需要关注的各种关系或联系，并对创新、价值以及企业家精神这些关键概念进行更加清晰的解释与说明。同时，我们还将定义人类心理和创业精神的核心，它们与组织战略（领先型创新成功的关键因素）的核心成分息息相关。

创新的"七宗罪"（将在第二部分中进行描述）与失调的"心理中枢"有关。事实上，"七宗罪"会让试图创新的组织或个体的各项心理因素出错。可以说，当个体能正确控制某种心理因素时，就是一种修行。一个组织或个人成为七种因素的修行典范时，它将收获"心流"和"创新区划"。投资于创造"心流"并使其团队"入流"的领导者将会惊讶于他的投资成果。要做到这一点，需要大量的架构工作，包括建立、平衡与转变股东之间的关系；组织精神与个体心理之间的关系；战略的关键路径与组织内部功能之间的关系等。

第三部分为成功使用模型提供了具体的实施方案。在此过程中，我们探讨了一系列的组织和挑战。通过使用这些方法，任何尝试创建、提升或发展各种风险事业的高层、经理及组织都将受益匪浅。例如，本书第17章提到了有关家族企业的观点，无论你是否就职于家族企业都将从中获益。每一个方案都将指导领导者运用战略模型来有效地引导自我与他人，成功地推动创业创新。

你将如何获益

本书带给你最大的好处是明晰这样的道理，即如何战略性地、全面地掌握创业心理所有的关键方面，是获得创新成功的基础。你还将学会制定和实施战略，进而驱动企业创新，并成为拥有绝对竞争优势的创新领袖。

大量的书籍和咨询框架为创新的关键方面，如激发创造力、鼓励改变或引导持续的改进等提供了颇具价值的见解和解决方案。但在我看来，这些模型和框架只是"盲人摸象"。显而易见，对于大多数企业，创业创新仍然是一个难以实现的目标。其根本的问题是人的心理，而解决方案就是对如何管理那些通过频繁的相互作用来破坏创业创新努力的关键心理要素建立一个全新的认识。

作为领导者，将从战略架构模型中获得以下的利益。

- 更高的商业价值，即基于持续的、系统的组织实力和能力，通过协作去实现创新，从而创造并提供价值。
- 更强有力的战略，包括规划和实施，重点围绕创新议程建立的战略优势、成功的文化以及无与伦比的团队。
- 提高员工的参与度、士气和精神，并通过健康的心理平衡、创新、激励、责任赋权和心态调节来提升员工的幸福感。
- 通过更多的创新交流、市场营销、销售、交付及关注最大化客户双赢关系和价值体验的服务来实现利润的增长。
- 增添或重燃公司的激情，以特定的方式来散播爱，并用热情感染合作伙伴、员工、客户以及其他利益相关者。
- 在创业创新理念的基础上，采用一个更清晰的框架来制定和实施战略，从而获得更高的成功率、改进的成果及因创新或变革举措带来的更为丰厚的投资回报率。
- 将具体的、可操作的想法与见解在商业活动中付诸实践。

架构

从根本上说，新的战略模式是"架构"。最重要的架构存在于关键"硬性要素"（策略和财务结果）与"软性要素"（心理、思维、动机、信念以及我们称之为"文化"的组织"鸡汤"）之间。

我们这个时代的商业思想家、领袖们已经开始关注"软性要素"了。早在1967年，管理大师德鲁克坚定地提出，个人绩效对组织的成功有着重大影响，并由此提出了以下提高效率的方法。

- "要事第一"，关注重点。
- 细心管理时间，记录（而不是试图记住）时间是如何花费的，并巩固自由支配的时间，使重点优先。
- 通过有效沟通和举行会议，在所有重要人际交往中（和内部或外部的客户）打通关系。
- 通过招聘、培养人才及适当的继任计划在组织中建立有效的优势。
- 集中智慧，参与头脑风暴，并追求最好的结果（而不是满意度较低的结果），以制定有效决策并采取行动。

史蒂芬·柯维开创的事业重新诠释德鲁克的管理理念，并在如何实践自己的原则、价值观和信念来更关注真正重要的事情上，为领导者提供了具体的建议。1989年，柯维首次提出了高效能人士的七个习惯，即积极主动、以终为始、要事第一、双赢思维、知彼解己、统合综效、不断更新；2004年，他又将"找到自己的心声并激励他人去寻找自我的心声"加入其中，使其成为第八个习惯。

2001年，吉姆·柯林斯对伟大的公司与优秀的公司之间的差别进行了研究，他的研究进一步支持了"软性要素"决定组织成功这一观点。伟大的公司往往是由那些个性谦逊、对他人充满同情和关怀的人领导的。此外，2005年帕特尔（Patel）指出，好的战略需要好的战略家，因为他们心中常驻着个人权利、目标与原则。

在"软性要素"研究领域，帕特·兰西奥尼（Pat Lencioni）是另一位我非常喜欢的思想领袖。他于2009年指出，实现团队效能的解决方案是建立信任，允许团队脆弱性与创造性同时存在，引导共识，对团队商定的结果集体负责。

情绪智力与社会智力是另一个在"软性要素"方面值得一提的研究，戈尔曼（Goleman）在1996年和2006年以及阿尔布雷克特（Albrecht）于2005年指出，人类的移情能力是决定人们在事业和生活中取得成功的关键因素。

麦肯锡公司的7S模型的建立就是基于这一认知："硬性要素"（策略、制度、结构）和"软性要素"（上级的目标或共同的价值观、风格或文化、员工或人以及他们的技能）共同为组织取得成功负责（如图1—2所示）。该模型为我们提供上述观点，为大量的咨询顾问提供了帮助，形成了大量关于"软－硬"结合促使业务提升的案例研究，然而它并没有说清楚具体的方法，而仅仅提出了对于行动的高水平的需求。它认为"硬性要素"和"软性要素"之间是高度依存并同等重要的关系，然而事实上其中一个更重要。

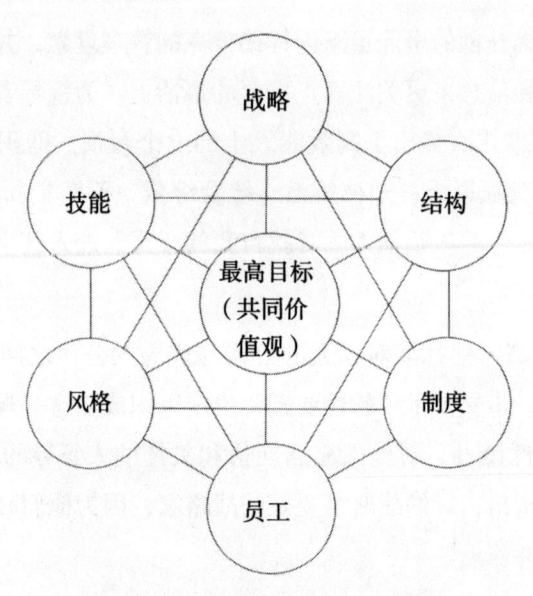

图1—2 麦肯锡公司的"7S"模型

资料来源：Wikimedia creative commons; user: Pkor 43, 2007。

上文所述的要点是：企业及其中的个体的成功运行极大程度取决于运用"软性要素"的能力。然而，回顾本章的开场白，我们并不清楚如何做好这些事。德鲁克、柯维、兰西奥尼、戈尔曼等人让我们明白，为了实现高效，我们需要做些什么，但是很显然，我们忽略了某些关于如何做的要点。

当然，很多非常成功的企业家和领导者已经分享了他们的成功秘诀，至少是讲述了一些他们如何取得成功的个人故事。其中，我个人非常喜欢的有沃尔特·艾萨克森所著的《史蒂夫·乔布斯传》、杰克·韦尔奇的文章及其自传、《比尔·盖茨传》以及《海明威传》。2002年，IBM公司前任CEO路易斯·郭士纳（Lou Gerstner）总结了"软性要素"的重要性，并讲述了自己是如何引领IBM公司起死回生的：

我偏爱战略、分析和计算。因为比较而言，改变成百上千个人的态度和行为是非常非常困难的。回顾在IBM公司的时光，我发现文化并不只是游戏的一部分，而是游戏本身。

或者，正如杰克·韦尔奇所说，"软件即是硬件"。

要实现组织变革、战略推广或创新，即使掌握了上述有关软性要素的观点，仍缺少一个将软性要素和硬性要素联系起来的清晰模型。要做到这一点，我们需要一些更明晰的定义——理解个体与组织特别是创业者的心理因素，以及他们与战略因素之间的关系。同时，还需要一个框架来发展和实施战略，特别是与创新相关的战略。此外，连接软性要素与硬性要素、创业与创新的模型也是需要的。

架构需要你充满斗志、时刻准备、心甘情愿且有能力致力于构建自我与他人之间的桥梁。如果做得好，协作、创造性冲突、开放式创新、创造性合作、技术商业化、变革管理、战略规划、成功的战略实施以及其他人类潜能的实现均将被视为成功架构的典范。然而最重要的架构是连接重要硬性要素和软性要素的系统性、战略性方法——一个帮助企业领导者实现创业创新和战略性成功的全新且有价值的工具。

The SEVEN SINS of
INNOVATION
A STRATEGIC MODEL FOR
ENTREPRENEURSHIP

第 2 章

创新与伪创新

> 我们这悲哀的种族，总是走在已被人踩踏多年的旧路上，朝另辟蹊径的人丢石子。
>
> ——法国伟大思想家伏尔泰

创新的定义

"什么是创新"总是令人困惑。让我们看看以下这些对创新的解释。

- 牛津国际（Oxford International）：（1）革新的行为或过程，是企业保持持久成功的重要因素；或（2）一个新的方法、想法、产品等。
- 维基百科（Wikipedia）：各领域内一些原创的、新的重大突破或对市场或社会产生重要影响的举措。
- 免费词典（Free Dictionary）：（1）引入新事物的行为；或（2）新引入的事物。
- 韦氏词典（Merriam-Webster）：（1）对于新事物的引入；或（2）一个新的想法、方法或工具。
- 字典网（Dictionary.com）：（1）新引入的事物，如新方法或新工具；或（2）革新的举措。
- 商业词典网（BusinessDictionary.com）：将一个想法或发明转化为产品或服务的过程，该过程将创造新的价值或吸引用户付费。

显然，"创新"既可以指革新的行为或过程，又可以指其结果。但关键的问题是，我们真的能把所有"新"的东西都称为创新吗？假如一家公司在研发新疫苗时引发了一种新流感的传播，这属于创新吗？福特汽车公司在1958年设计并上市的一款新型车艾德塞尔（Edsel），在随后的市场表现太差，这属于创新吗？RentMyChest.com 或 InmatesForYou.com 曾被评为全球最差网站，这样的网站也能算创新吗？好吧，我们都能立刻想到很多极其愚蠢的新产品、新网站以及一些根本不应该存在、竟然还面世的设想。结论显而易见，新事物并不能说就是创新。同时，我们也可以明确，创造我们不需要、不想要、完全无用的事物并不属于创新的范畴。我们称这些浪费为"伪创新"。

由此来看，维基百科的定义最为贴切。它在创新的定义中对"新"事物增加了重要、产生影响以及突破等限定。这一定义通过强调重要性和接纳性将创造新事物与创新清晰地区别开来。但接下来的问题是，谁能决定什么是重要的？一时兴起的流行趋势是创新吗？喷漆涂鸦是创新吗？你可以认为它挺重要的，如果从每年政府和企业都要花费很多金钱来清理它们这个角度来说，蓄意破坏其实是伪创新的最佳例证。

以下是一些广为流传且富有争议的重要商业趋势，我个人认为它们均属于伪创新，而不是创新。

- 垃圾邮件：通过电子邮箱而广泛传播信息垃圾。
- 钓鱼网站：越来越多的恶意通信手段用以骗取个人信息，并利用这些信息从事犯罪活动。
- 自动语音接听装置（Inbound call handling）：通过减少对低收入接线员的需求来节约成本的装置。该装置将更多责任转嫁到顾客身上。它们通过让顾客提供个人信息，如账号，进行身份识别，浪费了顾客的宝贵时间，而这一切本应该直接根据顾客拨入的号码自动识别的。当然，在重复了多次信息后，当系统最终转入人工接听时，我们会再次被客服人员要求确认身份。
- 电话推销：就是很烦。
- 推特（Tweeting）：对不起，我真的不太理解它的价值。

商业词典网对于创新的理解颇有可取之处，即价值创造。但它将创新局限于产品或服务，仅仅表达了"产品创新"的概念。

值得注意的是，产品可以是一家企业所生产的任何有价值的事物，无论它是有形的产品还是无形的服务；无论它是由客户付费的还是免费的，比如慈善事业。此外，客户对于产品的体验通常是综合全面的，既包括产品的包装，也包括购买凭证的记录。

创新的类型

产品之外的创新

引入新产品或产品改良无疑是绝大多数人对创新的理解。iPhone 无疑是一个很好的产品创新的例子，当然，Mac、iPad 和 iPod，以及这家伟大的创新公司制造出来的所有产品都属于产品创新。飞利浦 2002 年推出的世界一流的核磁共振成像扫描仪是另一个很棒的富有设计感的产品创新案例。相反地，帕洛阿尔托研究中心（PARC）——施乐帕克研究中心（Xerox PARC）的前身，却经常由于他们不少创新产品无法实现商业化，未能凭借其中的一些发明获利而饱受批评。但他们曾经的创新想法竟然包括个人电脑（早在苹果电脑之前）、分布式计算技术、以太网、面向对象程序设计、普适计算技术，以及当前正处于产品化环节的激光打印技术。

产品创新也并不是创新的全部。产品的研发、生产、营销、销售、交付或服务方面的完善均可以提升客户体验，或降低成本、复杂性、风险、延迟及潜在的质量问题。所有这一切都是有价值的，无论这一价值是否直接被客户感知。为了进一步完善"创新"的意义，我们再来看一些其他常见的创新类型。1934 年，经济学大师熊彼特在其巨著《经济发展理论》（*The Theory of Economic Development*）中罗列了以下主要的创新类型：

- 引入新的或升级的产品；

- 新的或升级的生产制造；
- 开发新市场；
- 开发新的供货渠道；
- 新的企业架构形式。

流程创新

经济合作与开发组织（Organization for Economic Co-operation and Development，OECD）在2014年根据熊彼特的定义，对流程创新作出了界定，即在生产或交付方面的一个新的或显著的改进。但是，如前所述，我们并不能把所有新事物都当作创新来看。此外，什么叫作"改进"值得深究。如果我们不能严谨地明确定义，定义很有可能只是同义词的赘述——创新就是改进，改进就是创新。而这一定义只有加入了诸多附加条件后才能成立。价值创造仅是条件之一。经济合作与开发组织2005年在对于创新的定义中还提出了"应用"与"采用"的前提条件。根据《奥斯陆手册》（Olso Manual）的定义，创新是一种市场现象。2012年，高尔特（Gault）指出，仅当一个新的产品、服务或工艺与市场发生关联，方可成为创新。因此，基于此定义，我们可以认为，一家企业接受了一种新的流程，该流程影响了其产品的生产或进入市场的途径，即为一次创新。

营销创新

有人认为，营销创新包含了产品创新与流程创新，因为生产和工艺是市场营销组合中的两个重要方面。但是，如果我们去深究，就会发现所有的创新都变成了营销创新。而营销从广义来讲将变成商业的代名词。我遇到的一些市场营销人员高举此理论，但我并不觉得这一理论有什么意义。毋庸置疑，除了市场营销组合，还有很多方面对提升客户价值体验能够产生重要的作用，比如有效的促销。

举个例子，水本身可能是免费的，但一杯水对于一个很渴的人来说就是有价值的。如果顾客被灌输了水对身体健康颇有益处的想法，从顾客体验的角度，水的价值就会飙升。

对于任何企业而言，市场营销均有两个重要的角色：一是影响客户，并使潜在客户接纳产品、喜爱产品，进而支持该企业生产的所有产品；二是通过理解客户需求与价值，为产品设计提供完善意见。后续我们将对此内容展开讲解。

2007年，吉百利公司（Cadbury）推出了一则著名的会打鼓的大猩猩广告，可谓营销创新的一个经典案例。在斯坦·温斯顿工作室（Stan Winston Studios）、法龙·兰敦（Fallon London）负责广告的制作，主演加龙·迈克尔斯（Garon Michaels）穿着一套大猩猩装（一个创新产品）模仿鼓手敲打架子鼓，同时现场响起英国著名男歌手菲尔·柯林斯（Phil Collins）在《人猿泰山》影片中的主题曲。这则广告创造了极高的投资回报，无论在品牌识别度上还是真金白银上。同时，它也实现了自己的设计理念：重拾旧爱。

伪营销创新的经典案例多发生在1999年科技泡沫的顶峰期，不少网络公司为每1美元的收入花费了1.09美元的营销费用。基本上算得上最糟糕的伪营销创新案例。Ourbeginning.com是一家初创的在线婚礼请柬网站，在显然没有考虑其微小的客户群体中有多少人会关注橄榄球的情况下，就将所有的初始投资——400万美元拿去做了一个30秒的广告，投放在美国国家橄榄球联盟的年度冠军赛超级碗的直播中。

值得一提的是，罗伯茨（Roberts）在2002年就对我们目前为止所讨论的三种创新——产品创新、流程创新和营销创新进行了区分。然而创新的种类并不只有这些，接下来我们将对它们逐一进行讨论。

商业模式创新

现在，我们来看看被许多人认为最重要的、更高阶的创新——商业模式创新。什么是商业模式呢？它仅仅是对于市场营销组合的战略定义吗？简而言之，一个商业模式定义了一个业务的价值创造和价值传递，当然也包括合理的市场营销组合方案，其中产品是第一步。

毫无疑问，所有商业模式或市场营销组合的核心与基础是产品本身。产品是指被生产的事物，无论企业所生产的事物是什么。一个并不一定正确的潜在假设是，这一产品对于某些人是有价值的，特别是对于顾客。这一产品，既可以是有形的，也可以是无形的；既可以是实物，也可以是服务；既可以是实用的，也可以是满足情感需求的；既可以是定量计算的，也可以是定性评估的；既可以是被广大群体（顾客或客户）所使用的，也可以是服务于特定人群的。产品就是一件被生产出来的事物，它是商业模式的核心。关于商业模式，除了用于生产产品的工艺（其中包含了研发、制造和供应链环节）和将产品交付至客户期待的渠道（其中包含了销售、营销、分销和服务）以外，别无其他。

由此，商业模型被分解为如下三个基本元素：

生产 – 产品 – 交付

基于上述理论，在任何商业环境下仅可能有与产品、生产与交付相关的三种基础的创新出现。所以"商业模式创新"是指那些同时存在两种及以上的创新的情况。

"商业模式"的另一个更简单的说法是"价值模式"，它界定了企业如何创立、研发、制造、营销、销售、交付、服务客户所感知到的价值。"价值模式"的含义可适用于任何组织，不仅是商业企业。关于价值模型的一个典型的案例是，2002年IBM公司在路易斯·郭士纳的领导下，成功实现了向商业服务企业的转型，扭转了命悬一线的局面。而伪价值模型创新的案例则非高利贷莫属，包括那些利率惊人的在线发薪日贷款（payday loans），即一至两周的短期贷款，借款人承诺在自己发薪水后立即偿还贷款。例如，2009年，哈克（Haque）就将英国网络小额贷款平台Wonga.com评为有史以来最糟糕的商业模式。哈克这样评论道:"这简直就是对资产配置和使用的一次道德上的、战略上的以及经济上的全面亵渎,极具破坏性。"

生产创新

我们来快速了解一下什么是生产创新与伪生产创新。摩托罗拉的六西格玛项目被证明在其内部节约了超过两百亿美元。摩托罗拉同时将六西格玛进行了产品化,通过出售它的知识产权许可又赚了差不多两百亿美元。而伪生产创新的例子出现在许多医疗改进方面(如将病人身份编入条形码)。这些持续的大规模的投资完全没有对病人的安全起到任何积极作用。

交付创新

交付创新是指那些在面向顾客时,能够影响他们购买、接受产品,并帮助他们最大化利用产品获得好处的创新。这一过程主要通过企业的营销、销售、售后服务、教育、培训、用户支持等部门实现的。

苹果零售店是交付创新的完美案例。它通过提供独特的环境去展示产品、提供专家答疑并建立苹果品牌与产品的互动。

相反,尽管越来越多的杂货铺开始使用顾客自助结账系统,但就我个人的体验来看这就是一个伪交付创新。这个系统造成顾客不得不去做一些毫无附加价值的事。理论上讲,这个系统应该有助于我们更快地完成付款,但至少对我而言,它实际上并没有使付款变得更快捷。

服务创新

许多图书的作者都讨论过或编写过服务创新的定义,既包括那些"产品即服务"的观点,也包括那些"服务是与产品交付相关的过程,其中包括"利用产品来支持服务"的观点。事实上,服务永远是一个过程。产品的生产过程与交付过程是难以与产品本身分离的。比如音乐家在演出时,同时创造并交付了音乐演出，音乐则即时被听众所"消费"。律师在法庭申辩、医生在手术室做手术、会计师提供审计或飞行员开飞机也有相似的特点。

那么这是否意味着对于商业服务行业而言，三元素是无法分拆的呢？我们以音乐家为例，生产过程是一个物理行为。当然，最好的状态是音乐家能够进入"人琴合一"的状态。而要达到这种状态，需要音乐家进行大量的技艺和技巧练习，具备足够的演出能力、良好的心理素质、激情甚至是信仰才可以实现。如此说来，演出那一刻的生产，需要通过在此之前的丰富积累来实现。

这一道理同样适用于律师、医生、会计师或飞行员。他们之所以能够在生产过程中展现那些技能、技术、知识以及其他相关的能力，都是基于此前的充分准备，包括教育、练习、经验和事前准备。简而言之，生产行为源自前期的提升。

接下来我们来看看交付，以及它是如何与生产过程分离的。假设一位钢琴家在一间音响环境很差的房间里演奏一首完美无瑕的乐曲。在这种情景下，生产本身是完美的，但交付过程出现了问题。对于听众而言，他们感受到的这件"产品"——演出，是有缺陷的。一位律师可能为赢得一场官司做了充分有力的准备，即生产的一方面，但在开庭当天他生病了，病情影响了他在法庭上的发挥，最终他输掉了官司（一个次品）。所以，尽管服务型产品总是习惯性地被认为是一种一次性的表现，但背后往往凝聚着许多承载着生产的准备工作，并且形成一系列的交付行为。因此，我坚定地认为，我们基础的价值交付模型，即生产–产品–交付，同样适用于产品与服务合二为一的企业。但鉴于服务行业的特殊性，我们姑且可以"假装"认为创新的种类一共有三个半。

或者，我们也可以说，创新只有产品创新和流程创新两种，因为生产和交付都属于工艺。但是，我们将它们二者区分开来是有意义的。后续在我们讨论创新中不同企业所面临的挑战时，会再对这一观点进行探讨。在总结与进入下一步之前，让我们先再看看另外几种创新。

科技创新

另一个无需我们再去回顾定义的创新类型是科技创新或技术创新。科技创新既可以是产品创新（对于高科技产品而言），也可以是影响生产和交付过程的流程创新。毫无疑问，科技是重要的激发变化和革新的因素。应用新的科技应该并且总是可以通过增长、成本节约或其他组织变革来创造新的价值。

组织创新

根据经济合作与开发组织 2014 年的定义，组织创新是指新的业务实践方法、组织架构以及外部关系。虽然这些都是重要的现象，但是它们仅仅是更多基础生产、交付或商业模式创新的例子而已。此外，更有意思的一点是对于结构和功能的区分。

生产和交付模型均有其结构和功能上的要素。同样，商业模式、科技及产品都拥有这两种要素。事实上，更常见的术语是"结构性创新"，而不是"组织创新"。结构性创新主要探讨我们如何架构或组织这些企业或创新的要素。同样地，我们可能会使用"功能性创新"来代替"流程创新"。这种说法在探讨企业和创新的时候，能够更加清晰地将结构与功能的差异体现出来。

发展与教育创新

教育创新领域的学术研究正在蓬勃发展。我们通常会认为，教育是一种服务。在这种情况下，教育创新应该属于服务创新。但还有一种情况，教育是在生产行为本身之外的，以开发技能、技术、知识以及其他服务于生产的能力为目的。因此，以发展或以教育为目的的创新应该属于生产创新中比较特殊的一种——可以被看作一个生产加速器。与此同时，教育创新也是服务创新的重要组成，当教育或发展服务就是产品本身。

供应链创新

在物流、零库存管理（just-in-time inventory management）及运输方面的创新是供应链创新中的重要内容。当然，这些创新同时也隶属于上述几种基础创新分类。值得一提的是，在有些情景中，如货柜运输、组装线和包裹运输跟踪，供应链创新会对产品产生重大影响，或者最终成为产品必不可少的一部分。

协作创新

大部分创新均蕴涵着一定程度的合作。企业内部的创新行为很少是由个人独立完成的，并通常是基于大量的团队合作实现的。

此外，前面提到过，2006年IBM公司的调研显示，外部合作被广泛地认为具有极高的价值。参与调研的近半数跨国企业均在企业发展中引入过外部合作。同年，小川（Ogawa）和皮勒（Piller）的调研还显示，顾客——特别是产品的使用者，是许多企业最喜欢的外部合作者。这些企业非常重视顾客的意见，以减少产品开发和生产环节的风险。

显然，合作对于创新至关重要。但这并不意味着，我们应该将合作作为一种创新的形式独立来看。

用户驱动创新

1988年，冯·希佩尔（Von Hippel）就指出，用户对于创新有很大的价值。即使他们并没有直接参与合作，他们通常也能通过一些特别设置的机制（如调查问卷或用户论坛）和日常互动（如与销售和客服人员的交互）提供很多想法。用户驱动创新通常可划分为产品或交付创新，或兼而有之。它主要与企业商业模式中直接影响客户感受的环节相关。

用户创新

用户创新是指用户对于产品或交付物（如客户服务）进行改装或改造。2010年，弗劳尔斯（Flowers）等人发现，8%的英国用户会改造或创造一些产品去满足他们个人的需求；同年，冯·希佩尔等人也发现，约有四分之一的发明被其他用户或产品制造商所接受了。

开放式创新与社交网络创新

2013年，基利（Keeley）等人曾定义，社交网络创新是通过创新的方式与他人建立联系从而创造价值。他们将协作创新包含在其中，但同时强调，创造价值的方式在企业内部必须是创新的，比如风险或资源分享同盟，并且是开放式创新。关于"开放式创新"较早的定义，2003年切萨布鲁夫（Chesbrough）就曾提出过，开放式创新是去企业外部寻求创新机会的一种意识，如通过顾客参与、结盟、产品平台化、众包、竞争和互动网络平台获取新想法。利用社交媒体去建立社交网络，在某种程度上可以增加企业的附加价值。正如莱文（Levine）等人在1999年出版的《线车宣言》（*The Cluetrain Manifesto*）一书中指出的，就像多年前所预料的那样，随着企业对互联网的力量与潜能的逐渐认知，建立社交网络开始变得越来越流行。而谷歌恰恰精通此道。

渐进式创新与突破式创新

绝大多数的创新目标在于改善生产、产品和交付。这些努力通常都是循序渐进的、从未间断和逐步累积的。它们都比较小，而且影响力有限。但是，即便很小的改变也可以为企业大幅削减成本或创造巨额利润。众所周知，摩托罗拉的六西格玛项目就是其中之一。

但是，也有另一类被创新者视为圣杯的创新——突破式或阻断式创新，即创建新范本的、变革行业规则的、改变世界的创新，而不是逐步进化式的创新。

渐进式抑或突破式创新，是从创造者的意图和方法以及随后产生的结果的角度来界定的。这两类创新又可以被划入任何其他的创新类别，包括我们最基础的三种创新。因此，我们并不把它们作为独立的创新类别讨论。

持续性创新与颠覆性创新

2003年，克里斯坦森（Christensen）和雷诺（Raynor）指出，持续性创新是指针对已经存在的价值交付模式、市场或行业的创新，而颠覆性创新是指全新价值交付模式、市场或行业的创造。这两个定义下的创新也可以被划分到其他创新类别之下。它们的区别更多地体现在创新的现象上，同样也并不能独立作为创新的类别讨论。

关于创新类型的总结

综上所述，我们仅承认三种最基本的创新分类，所有其他的分类都可以作为这三种基础分类的一部分或组合，它们分别反映了价值（或商业）模式的三元素——生产、产品和交付（如图2—1所示）。

同时也展现了这些分类之间的一些重要联系。显而易见，这些不同类型的创新之间都潜藏着相互影响的关系。

基利等人于2013年提出过一个定义十种创新的框架，这一框架将有助于理解我们上述的模型。他们认为在这十种创新中，有四种与创新企业的架构相关，两种与企业的能力相关，其余的四种与客户体验相关。这十种创新与我们的三种基础分类以及图2—1所显示的模型的关系如下所述。

1. 利润模式创新，即以为一家企业定价、融资或构建商业价值为目的的创新。它是市场营销组合中的重要内容，因此属于营销创新，更广义地来讲，属于交付创新。

第 2 章 创新与伪创新　　25

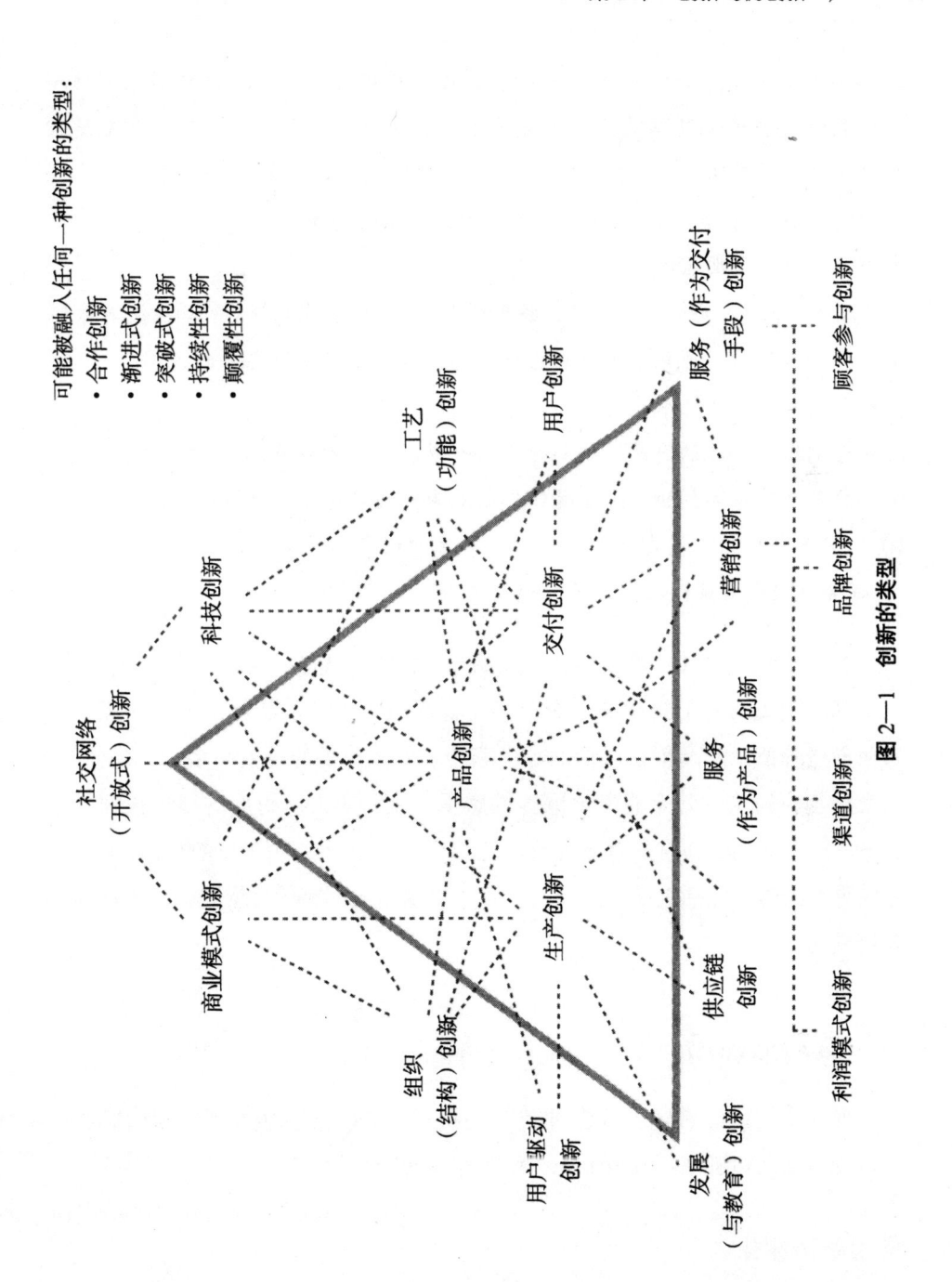

可能被融入任何一种创新的类型：
- 合作创新
- 渐进式创新
- 突破式创新
- 持续性创新
- 颠覆性创新

图 2—1　创新的类型

（图中标签）：
社交网络（开放式）创新、科技创新、商业模式创新、组织（结构）创新、用户驱动创新、发展（与教育）创新、生产创新、供应链创新、产品创新、服务（作为产品）创新、交付创新、营销创新、服务（作为交付手段）创新、用户创新、工艺（功能）创新

利润模式创新　渠道创新　品牌创新　顾客参与创新

2. 社交网络创新。如前所述，关系与合作创新广义上讲也可以被划入任何一个创新类型中。具体就某个子分类来说，如开放式创新，就可以明确地被归入一个或多个基础分类中——生产、产品和交付。
3. 架构创新。前面已阐述，架构创新同组织（架构）创新。
4. 流程创新。前面已阐述。
5. 产品表现创新，即指为了提升产品在产生功效时的表现的创新（如被使用时）。
6. 产品系统创新。产品系统创新指持续的升级，如产品研发平台。
7. 服务创新。前面已阐述。
8. 渠道创新。渠道创新是营销创新中的一种，与交付有关。
9. 品牌创新。品牌创新无疑是营销创新最重要的功能——价值建立。
10. 顾客参与创新，同时涉及市场营销和客户服务。在某些情景下，用户可能还会直接参与到产品的设计与研发之中。

关于基利所提出的创新框架，我要指出的最重要的一点是：其关于创新的三个基本类型与我们提出的三个分类不谋而合。生产创新讨论的是一家企业如何创造价值；产品创新讨论的是一家企业所能提供的价值有多少、是什么；而交付创新讨论的是企业带给顾客的感受。基利等人所得出的结论也非常重要——最棒的创新通常是企业有意识地结合多种创新实现的。这些创新都必须突破重重困难，包括组织内部的边界障碍以及企业固有的思维定式，才能最终获得成功。

成功的创新

现在我们已经看过了许多种类的创新了，让我们重新回到创新的定义上来。我们怎么知道创新成功了呢？什么是成功的创新呢？

将创新商业化

我们来看看下面这些作者和文献关于创新在价值创造、财富增值和商业成功方面的定义。

- 创新是企业家的绝杀工具。它赋予了已有资源新的财务创造能力。——德鲁克，1985 年
- 创新的起点是创意点子的产生。创新本身则是将这些新想法付诸实践，并推广到市场的过程。——井尻雄士（Ijuri）和库恩（Kuhn），1988 年
- 创新＝发明＋开发。——罗伯茨，1987 年
- 创新与发明是不同的，发明是一个新想法或新概念的创造；而创新是利用这一想法，然后付诸实践，并将它推向商业成功的过程。——独联体（THECIS）2014 年
- "创新是将知识和想法转换为利益的过程。它可能被用于商业，也可能被用于公益。这种利益可能是新的产品，也可能是产品、工艺或服务的改进。"这句话曾被瓦斯奇科（Waschke）引用过。——斯莫尔伍德（Smallwood），2011 年
- 根据《奥斯陆手册》，创新是一种市场现象。一个新的产品、服务或工艺必须应用于市场，方可被称为创新。——高尔特，2012 年
- 创新是能够创造财富或社会福利的新产品、工艺以及根本性的变革。——经济合作与开发组织，2007 年
- 创新是创造价值的新想法。——理查德·里昂斯（Richard Lyons），高盛集团
- 创新是新想法，加上行动与应用，推动了进步、产生了回报或创造了利益。——3M 公司
- 创新是被加以使用的新事物。——麦基翁（McKeown），2008 年
- 创新是创造一个可行的新想法。——基利等，2013 年

　　基于以上定义，我们可以总结出人们对于创新的普遍认识是——想法的成功商业化。什么是商业化？一种解释是新产品必须盈利。这种观点真的正确吗？创新必须与更高的收入或利润紧紧相关吗？那么那些明显提升了顾客利益和价值体验，但并未被公司提高售价的创新属于创新吗？你会说，这家公司市

场份额一定会增大。那如果公司对于该产品的供给是有限的呢？那你又会说，客户的忠诚度会提升，最终这将会转化为更多收入。我个人的观点是，商业化的成功确实是创新所带来的结果之一，但我们不能以商业化来定义创新。

应用、接纳和造福社会

在讨论商品化和财富创造等问题之前，我们在探讨创新定义时还会涉及应用、市场接纳与造福社会。

我们真的需要对创新做出那么复杂的定义吗？就没有一个简单的定义，可以囊括商品化、商业成功、财富、应用、接纳与福利？其实"价值"一词就正好说明以上内容，同时又没有局限我们对于创新构成的理解。

例如麦基翁的定义就很清晰简单。在本书的第3章，我们将对"价值"的重要定义进行展开，你会看到实用与价值的关系。当然，你也会发现，"价值"从心理学构造角度来讲，比"实用"更加全面。人类可以衡量、喜爱甚至热爱一个事物，即便这个事物可能毫无用处。

价值创造

因此，我们认为凯利和利特曼于2008年在创新网络（Innovation Network）网站上给创新下的定义最好："人们通过实践新点子去创造价值。"这一定义的优点体现在以下四个方面：

1. 提出创新是价值创造；
2. 所有的创新源于新点子；
3. 成功的创新必须被实践；
4. 创新的主导者是人。

我认为，这一定义仍然不够准确。简单地将创新定义为"从想法中创造价值"，意味着任何从想法得来的产品或服务都能体现创新。接下来让我们来看看如下几个反例。

- 一位商场收银员偶然产生了一个想法——去问一位顾客是否需要帮助。恰巧，这位顾客确实想找人帮他去找一件货品，并且最终买了这件货品。这位顾客认可了这件货品的价值，商场获得了收入。价值就这样被创造了，但这是创新吗？
- 一位冰激凌摊贩产生了一个想法——在一位可爱的小朋友的蛋卷上多挤了一点儿冰激凌。这位小朋友认可冰激凌的价值，尽管冰激凌摊主多付出了一些成本，但他可能会获得开心、忠诚的客户。价值就这样被创造了，至少对于小朋友来说是这样。但这是创新吗？
- 一位警察产生了一个想法——去学校后面隐蔽区域巡查一下，而那儿正在发生一起犯罪活动。犯罪活动被制止了，对于可能的受害者以及整个社区，这个行为创造了极大的价值。但这是创新吗？
- 一位审计师产生了一个想法——对一项内容的文件和数字做出进一步核查，并在此过程中发现了一些错误，从而为客户挽回了不少的潜在损失。很显然，避免额外的支出创造了价值。但这是创新吗？
- 一位管理者产生了一个想法——周末加班去完成一个新的商业提案。这个提案非常成功，无疑体现了额外的时间投入和努力的价值，同时也为企业带来了巨大的好处。但这是创新吗？

一个想法创造了价值，并不代表它就是创新。尤其是对于那些本来就是意料之内的常见之举而言。综上所述，我们将这个定义也排除了。

创新的"官方"定义

经常被政府拿来衡量与监督创新水平的"官方"定义是2005年由经济合作与开发组织在《奥斯陆手册》中提出的。2012年，高尔特指出，根据这一定义，创新甚至都不必实用或商品化，它仅需要被应用于市场即可，而非在市场上获得成功。

根据经济合作与开发组织对创新的定义，用户创新将不再属于创新，除非公司本身就是产品的使用者，他们改造产品（或服务）用于他们自身的生产或交付过程，从而使用户的创新行为与市场相连接。而对于那些通过改造产品或工艺，以更好地实现个人目的的消费者来说，他们的创新并不被经济合作与开发组织承认。即便这些创新可能已经被很多其他的使用者所接受。对我而言，这简直是无稽之谈。消费者和用户即是市场，因此他们所做的任何事情均与市场有关。此外，当其他用户接受了某一位使用者的创新，这一创新就应该被认定为可行且成功的。

创新或创造是与市场相关联的，而与价值创造并不相关——这一理念绝不可取。

有趣的是，经济合作与开发组织对创新做出的较新的定义，将创新视作财富或社会福利的创造。这与《奥斯陆手册》自相矛盾。财富意味着商业成功或利润，这个条件在前文中已经被我们排除在创新定义之外了。但社会福利和财富确实均可以被看作价值的一种展现形式。

创新与伪创新的明确定义

在以上所引用的诸多关于创新的定义中，最好的一个绝对是理查德·里昂斯所下的定义，即创新是通过"新想法"产生的价值创造。但"新"这个定义，也许略有一些模糊。因此，我们还是回到创新网络网站上关于创新的定义，并给出以下两条改进意见。

1. 创新是以改进为目的的新想法通过实践创造的新价值，而非通过常见的商业行为所创造的一般价值。
2. 新价值必须是新净值。换句话说，新价值不仅必须通过想法的实践来产生，它本身还必须是一个剔除掉前期创新投入后的净增长。

在本书的第3章中，我们将探讨价值的重要定义。在此之前，我们先来总结一下创新与伪创新的定义。

- 创新是企业通过实践创造新净值的过程。其中，新净值必须是可衡量的、可验证的（从审计的角度）并可持续的（并非转瞬即逝的）。
- 创新的成功度在任何时点均是可衡量的。投资回报率（ROI）即是衡量相对于投入成本创新所创造的相对价值。新价值可能会以多种形式展现，包括利润的提升、商业估值的增加（股价）——基于价值创造、竞争优势以及客户体验的改善的长期战略。投资回报率通常以百分比的形式呈现：

$$投资回报率 =（价值创造 - 价值投入）/ 价值投入$$

- 创新是否成功永远是一个相对的概念。投资回报率的可接受水平取决于企业、董事会或投资者手上其他的投资机会。但如果投资回报率小于等于零，显然企业并不能借此创新去提升其市场价值，也没有能力去生产或提供任何价值。
- 伪创新就是那些投资回报率极小或为负的"创新"。

The SEVEN SINS of INNOVATION
A STRATEGIC MODEL FOR ENTREPRENEURSHIP

第 3 章

价值与评估

> 愤世嫉俗者，只知价格，不知价值之人也。
>
> 英国作家奥斯卡·王尔德

/ 价值的界定

早期的经济学家们用货币形式来定义价值。任何商品的价值都是用他人愿意为其支付的物品来衡量的。在商业化的今天，仍普遍存在着一种假设：我们应当以金钱的形式来理解和表达商品的价值。进一步推定，顾客对产品的体验价值应当高于为其所支付的价格；否则，他们将选择替代品来满足自己的需求。但是，价值总被等同于金钱。

传统的经济学家还假设人是理性的，每个人都基于自利的目的来做决策（买、卖、投资）。行为经济学作为一个更现代的经济学派，它聚焦于一个明显的事实，即人并非绝对理性的。人们的很多决策和行动是由情感、谬论、感觉以及错误的猜想驱动的。虽然，行为经济学认同金钱与价值通常紧密联系，但是该学派还考虑到两者间的一个明显区别。

因此，我们需要给价值下一个与金钱无关的定义。

/ 关系型价值

我们要认识到，价值（正向或反向的）存在于关系之中，或者说在关系中彰显出来，这是重要的第一步。实际上，接下来我们还需要认识到，只有在人或物的关系中，我们才能展现交付和接收价值的能力。举例来说，任何人都只能依据个人与金钱的关系来认识到金钱的价值。我们中大多数人都是基于金钱的用途来理解其价值。换言之，金钱的价值与我们预期金钱消费所带来的关系密切相关。比如，与一顿美餐或者可能是与共享美餐之人产生的关系，与为我们提供舒适环境的飞机以及与在此共处之人的关系，或者是与一笔投资基金及其带来的安全感之间的关系。

关系是真实存在的，但这是我们一厢情愿地认为他们是真实存在的。如同单相思，也许你还经历过呢。你爱某个人，并认为他（她）现在或将来可能会与你有关系。你也许会幻想，置身于这段关系中将会如何，你会有何种感受。然而，你爱的人或许几乎不知道你的存在，更别提与你分享你这份日益增长的思念，体味这份潜藏的关系。或许，你接近他（她），尝试与他（她）共享美梦；也或许你的美梦与幻想都破灭了。我们大多数人在10岁左右时，都经历过这种事情。之所以提及上述这些，是为了说明一个要点，即关系是存在于我们心中的东西。关系是心理上的，每个层面特别是价值层面的关系都是心理上的。

价值是心理层面的

我们在各种关系中的体验价值存在于我们心中。它是一种感觉，是由特定的大脑结构中神经元间的燃烧、连接和刺激活动引起的，而这些神经元活动则是由神经递质、荷尔蒙等特定的神经类活性化学成分的分泌而引发的。我们对价值的感觉与大脑内的一种生物成分安多芬（endorphins）有关。但是，不管是什么物质引发了价值体验，我们的心理状态都是某些东西使得我们感觉良好，当然也可以说是感觉极好或更棒。同时，这个东西明显改善了我们所处的境地。这就是价值。

拿一个房子来举例。如果你请一个专业人士为你的房子做估值，那它的估值是基于当前市场上它可能的售价而来。但是很显然，这个家对于你和你的家人的价值远不止你们为其花费的金钱，它还包含着你们的情结、回忆、舒适感、幸福感以及安全感等情感体验价值。可见，价值是一种心理感受，而非纯粹的经济数字。

创新价值

那么现在，我们来看看创新这个概念。创新并不只是交付和提供价值，而是创造和彰显新的价值。如果我们在沙漠里无意中遇见有人将要渴死，然后给他水喝，那么他会体验到水的巨大价值，毫无疑问也会感激涕零。不管他是否感激，我们可能都会因自己的善行而感觉良好，因而增加了此事的体验价值。然而，这并非一个创新的案例，而只是一种价值的交付。

基于第2章中对创新的定义，创新是指能够彰显新净值的过程或结果。若要用创新彰显价值，那么必须在与创新建立的联系中体验该价值。而是否以及如何使价值商业化，如定价、购买和支付，则是另外一回事。若能够体验到新净值，则它就是存在的；存在新净值，即为创新。不管我们是否为其支付费用，创新就是创新；否则，从理论上来说，慈善机构、政府或企业都不可能为创新提供免费的商品或服务。为什么说"商业化的成功"，特别是当我们将"商业化"与金钱联系在一起时，会过分限制创新的定义呢？在我看来，这就是一个原因。人们普遍认为"商业化"与金钱、利润导向、贸易及唯物主义同义，同时"商业企业"又经常被与国营或者说社会企业并列使用，鉴于此，我认为不要用商业化的成功来衡量或定义创新。

然而，让我们回到这一点，当我们用投资回报率=（价值创造－价值投入）/价值投入来定义成功时，价值必须是可衡量的、能检验的且具有持续性的。

如何才能做到这点呢？首先让我们来看看商业企业。通常，商业企业都是以金钱的形式来衡量成功、失败以及介于成败间的任何事。因此，他们自然也会以同样的方式来衡量创新的投资回报率。但是，直接用财务指标来衡量成功会带来以下诸多问题。

- 举例来说，假使我们不通过投资创新来增加顾客的价值，那么为了提高客户忠诚度，我们将要付出怎样的代价呢？
- 从财务指标来看，例如某一特定时期内的净收入，大多数的商业化成功概念往往是指短期内的。假使一项具体的创新在短期内对公司的净利润没有贡献，但是长期来看却可以大大提升公司股价或估值又会怎样呢？
- 假使一项创新并没有创造额外的利润或提升公司的估值，但是却能够提高公司的长期竞争力甚至可能是创新的能力会怎么样呢？这类战略性投资可能是昂贵的，而且通常会对时间框架内的财务绩效产生负面影响，而股东、企业管理者以及分析师们很在乎这些财务绩效。
- 假使创新者并不真正明白创新的价值会怎样呢？在许多情况下，投资于创新的企业并未充分（甚至几乎不）理解顾客价值体验才是创新的结果。

由此可见，衡量任何事物的价值都是异常艰难的。价值中包含主观和客观的成分，它是个复杂的概念。价值可能是短期的也可能是长期的，它以复杂的形式广泛存在于不同的利益相关者中，且不同的主体会有不同的感受。一项创新产品可能能够使顾客的价值体验增至三倍，但公司的定价仅为该产品的替代品的两倍。该公司产品价格和收入的提升可能会提高员工的工资，给股东分红或是给予核心管理人员丰厚的奖金奖励。显然，公司需要在如何为产品定价与如何使用和分配利润上做出选择，从根本上讲，这些决策与如何分配价值相关。

价值和需求的实现

人的心理和体验的一个重要作用在于，它们可以评估事物的价值，这些事物能够满足我们可感知或感觉到的需求、需要、欲望或动机。对价值的感知是多维的，它包含许多方面，比如愉悦感、灵性、爱以及需求的满足。而且，它未必是理性的。让我们来看看马斯洛需求层次理论。这一理论由美国心理学家马斯洛在 1943 年首次提出；1954 年，马斯洛对其进行了详细的阐述，后来在 1964 年和 1970 年，他又将超越需求（想帮助他人实现自我，常见于父母）、审美需求以及认知需求扩充至该理论中（如图 3—1 所示）。

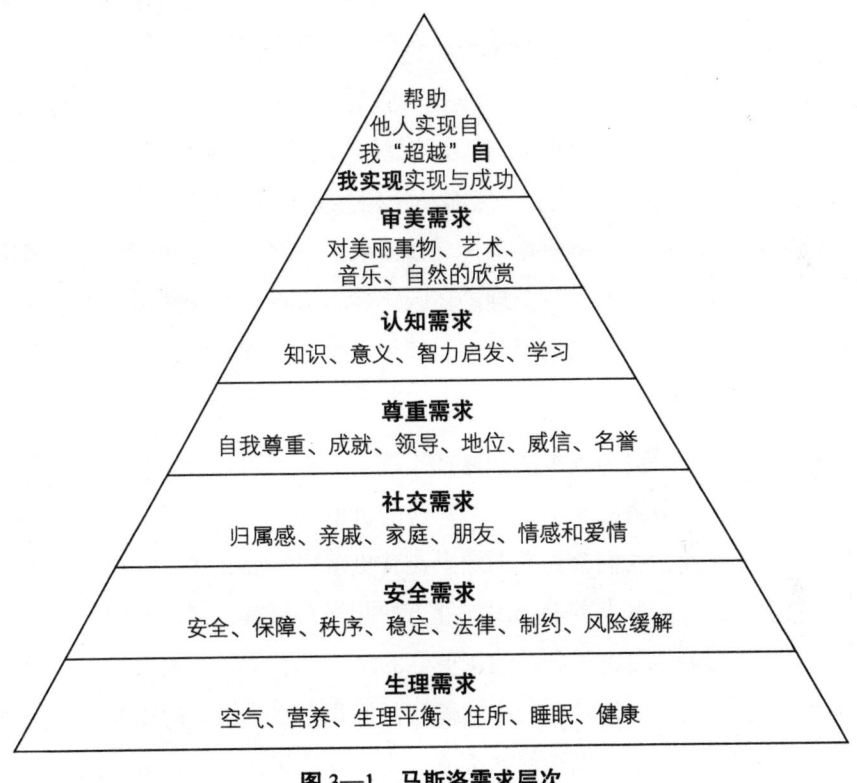

```
                    帮助
                 他人实现自
                 我"超越"自
               我实现 实现与成功
              审美需求
            对美丽事物、艺术、
             音乐、自然的欣赏
           认知需求
        知识、意义、智力启发、学习
         尊重需求
     自我尊重、成就、领导、地位、威信、名誉
        社交需求
    归属感、亲戚、家庭、朋友、情感和爱情
       安全需求
  安全、保障、秩序、稳定、法律、制约、风险缓解
       生理需求
  空气、营养、生理平衡、住所、睡眠、健康
```

图 3—1 马斯洛需求层次

资料来源：Adapted from Maslow，1970。

由于我们很容易察觉到自己是如何从不同层次需求的实现中获取价值的，因而马斯洛需求层次具有较高的表面效度。我们通过工作或花钱来解决生理需求，如吃饭。我们为安全需求付费——住所使我们免于风吹雨打，还有家庭安防系统为我们抵挡入侵者。

我们非常珍惜爱情，有些人甚至不惜花钱得到它。我们付钱成为最好的俱乐部会员，以获得归属感。我们为建立自我和获得社会尊重而付费，经常为

"赶上邻居"而付出昂贵的代价。我们为了自己和自己的孩子能去最好的学校和大学而花了不少钱。当然，我们还花钱去欣赏各式各样的美，比如珠宝、音乐和艺术。通常，我们中有很多人愿意支付大笔的额外费用来购买更具审美设计的产品。我们花很多钱，以各种方式实现自我，比如购买自助类图书、规划个人发展、成为专家、参加宗教仪式以及实现精神追求等。

显然，需求的满足会产生价值体验，但是不同层次的需求之间又有怎样的关系呢？1954年，马斯洛指出，除非较低层次的需求得到满足，否则我们内心不会去关注更高层次的需求。然而马斯洛的理论受到了批判，例如，1976年，沃赫拜（Wahba）和布里德韦尔（Bridwell）撰文，认为马斯洛的理论缺乏经验的支持。在我看来，这个理论还缺乏逻辑支撑。举例来说，人们陷入爱河时一定要有安全感吗？当遇到冲突、闹矛盾时，很多人的爱情故事都会与这种情况完全相反。

对我来说，一个更为基本的问题在于这个假设的需求层次与它们的体验价值并不对等。在马斯洛的需求层次与对应的价值之间，并不存在任何的系统性联系。相对于性爱，我们会为自助图书花费更多吗？那么休息呢？它也处于最低的层次里。如果休息在需求层次里处于如此低的位置，那么我们为什么要在休假上花费那么多，更别说花钱购买更好的床垫和枕头了。如果我们不能为这个假设的需求层次的价值找到对应的模型，那我们在哪里可以找到呢？从心理角度来看，若不能满足需求则何谈价值。我们应该如何理解实现不同层次需求的价值差别呢？是不是所有的需求都能创造同样的价值？

让我们再次回到最基本的心理事实。每个人都是不同的，至少是有细微的差别。当然，如果我们在不同年龄、性别、文化以及人类多样性的其他方面作比较时，我们会发现需求和价值的主要差别；进而我们也会在极为相似的人之间发现巨大差别。我九岁的双胞胎儿子都喜欢玩视频游戏，也喜欢踢足球，打橄榄球、板球、游泳，在他们的蹦床上跳来跳去。但是，他们一个喜欢烤花生酱和培根三明治，另一个则更喜欢法国土司；一个喜欢玩具士兵，另一个则更喜欢玩具枪。他们是不同的，我们所有人都是不同的。

任何企业——无论国营的或私营的还是商业的或社会的——试图创造、交付、最大化价值以实现利益相关者间的分配，它们都会面临着定义这些价值或潜在价值的挑战，这一挑战是非常困难的。你准备好理解另一个"心理真相"了吗？

我们只能通过相关术语来衡量或理解价值。换言之，从理论上来讲，若只存在一种关系，那么我们将无法评估它的价值。最贴切的例子莫过于与新生婴儿相关的心理学真相。对于婴儿来讲，与母亲的关系是唯一存在的关系。可以说，他们可能意识不到自我与母亲的区分。因而，当婴儿的需求得到满足时，他们就会感到满足；当出现未满足的需求时，比如饿了或是尿了，他们就会本能地表达对需求满足的渴望。一旦需求被满足，满足感会再次产生。在满足感的概念里，可能存在一种由极度的幸福感所产生的价值。但是，在这里我们该如何理解价值呢？

在婴儿意识的发展时期，毫无疑问，他们会开始意识到不同种类的需求——不同的关系。饥饿感与疼痛、腹胀感是不同的。吃饱也并不等于用奶瓶喝奶。到了某个阶段，他们对尿了和拉了的体验是不同的。因而，他们开始对事物有不同的体验，拥有不同的需求，开始区分不同程度的不适或快乐以及其他的一切。婴儿的哭声可能会根据他们需求的不同而不同（然而目前这方面的科学研究比较有限）。

对企业而言，最重要的是必须学会区分顾客与其他利益相关者之间不同的"哭声"。企业还必须学会辨别，寻求帮助的真哭与引起他人关注的假哭之间的区别。除此之外，企业还必须找到理解事物相对价值的方式。

因此，对于企业或是组织，定义、理解、衡量、验证、评估、比较或预测价值的最好方式是什么呢？我们来分解一下这个问题。首先，我们需要依据人类经验，给出心理层面的价值定义；其次，我们需要掌握衡量价值的方式，这样才可以评估事物的价值；最后，也是非常有用的一点，我们要能够可靠地预测未来事物的价值，以此作为投资创新的向导。下面，我们要依次考虑这些目标。

价值体验的心理要素

将价值体验分解成基本的心理要素是有用的,这样我们就会发现它们是具有内在联系的;实际上,这些心理要素以某些特定的方式建立在彼此基础之上,它们与基本的人性以及创造"心流"(将在第 6 章中解释)概念有关。让我先在表 3—1 中简单地列出各个要素,之后再给出详细的定义。

表 3—1   价值的心理要素

价值要素	心理状态
实现（满足感）	来自价值体验的满足感——喜欢它——包括对价值来源的一种忠诚和感激之情,并有可能为其作证或进行推荐
理解	基于投产比进行的客观、理性的分析
表达	将产品带入一个新的水平——探知、学习和表达——找到价值以及产品备受喜爱的原因与来源
欣赏	感受到爱——喜欢与产品及其来源的关系——对价值的欣赏来自双赢的关系
信心	确信我们未来的需求将会被可信的来源满足,或得知风险在掌控之中,价值将被可靠、持续地交付
快乐	从价值体验中感知到愉悦,这种价值体验来自消费或提升
满足	知道、感觉或感知到我们的需求正在被满足

在上述要素的基础上,让我们回到需求层次这个问题。其基本的前提是,人想要并且需要体验价值。这是具有两面性的:我们想要收获价值体验,同时也要给予——创造。下面来考虑价值要素与需求或需要、欲望、动机之间的关系(见表 3—2)。我还将马斯洛 1954 年及 1970 年确定的需求加入表 3—2 中,但是为了保持与价值要素的对应关系,请注意审美需求必须从第二的位置降到第六。

表 3—2　　　　　　　　　　　　价值与需求的关联

价值要素	动机 – 欲望 – 需要 – 需求	马斯洛需求
实现	开发个人的全部潜能，实现根本目标并获得成功，同时帮助他人实现自我	自我实现
理解	去了解、学习和构建智慧与远见，学会获取并使用信息，去分析并去培养洞察力与终极智慧	认知
表达	通过倾诉、聆听和同理感知、沟通等方式，发现他人的真实境况，帮助他人实现同等目的，并能够通过任何方式来表达自己	尊重
欣赏	欣赏人、事和物，并被他人欣赏	社交
信心	因持续的价值获取和提供而获得的安全感（风险的缓解或规避）	安全
快乐	享受从生理的、审美的、情感的、心理的、社交的以及创造性的活动与发展中获得的快乐	审美
满足	在任何特定的时刻都能及时获得满足	生理

　　马斯洛需求层次理论将自我实现作为最高层次的需求放在最顶部。当然，实现的概念是指实现目标和获得成功。如果不能实现——达到和展现他们的全部潜能，那么人为什么存在？人性的本质或精髓在于发展与成长。马斯洛1964年加入了更高层次的需求——超越需求——帮助他人获得自我实现的欲望或需求。这也很容易被认为是实现更高的目标。可以说，帮助他人实现他们的潜能是不需要任何感召的，当个体完成了自我实现时，试图帮助他人只是一种天性。

　　我们来看看将审美需求降级的情况。在我们的文化里，艺术是很受重视的，审美需求没有被放在仅次于精神需求的位置也许是令人吃惊的。但是，审美的价值除了快乐还有什么？显然，艺术包括认知，比如了解一首音乐或其历史，或者由多种艺术形式如音乐、绘画或诗篇等激发的知识性见解。但是，纯粹的审美快乐——我们聆听一场音乐演出或沉浸在画作之中体验到的愉悦和狂喜，是一种心理形式上的快乐。

其他形式的快乐，比如享受美食、性爱和运动，在马斯洛需求层次中都被认为是生理需求。在我看来，吃饱肚子、畅快地呼吸清新的空气、睡觉等确实是一种满足状态，但是我们也能从闻美酒的香气、香水及其他的芳香中获得快乐，难道这些快乐跟享受音乐或其他形式的艺术相比，是一种更低级的审美形式吗？从心理上讲，我并不认同。

进一步讲，就马斯洛需求层次而言，我承认一个明显的事实，即如果我们不能呼吸或者是要被饿死或渴死，那其他任何事情都无关紧要了。但是，我们下一步关心的真的是安全而非追求快乐吗？如果答案是肯定的，那为何有那么多人冒着巨大的风险去追求各种各样的快乐呢？人们冒险结婚追求性爱，冒着失去生命和成为残疾的危险去享受极限运动，冒着死亡的危险去体验由各种物质打造的人为"高点"。所以说，对层级重新排序似乎是可行的。

对马斯洛需求层次的另一种批评是，获得尊重的需求只是与表达相关的、一种更宽泛的需求的一个方面。人有沟通、表达观点、聆听和创建关系的需求。这些需求都建立在关系、爱以及欣赏等较低层次的需求之上——并导向理解、智力与智慧相关的较高层次的需求。所谓"尊重需求"——被尊重的需求——实际上是关系需求。在任何一段好的关系中，尊重与信任都是最基本的，它们因爱和欣赏而产生。然而，自尊与自爱也来自沟通以及发现他人的真实状况之中。因此，我将尊重放在表达的一侧。我本人认为，表达需求是比简单的获得尊重的需求更宽泛的需求。第1章中，柯维所阐述的第八个习惯明确指明了表达需求，即找到自己的心声并激励他人去寻找他们的心声。

总的来说，正向价值体验的心理要素有满足、快乐、信心、欣赏、表达以及最终的实现。然而，任何事物都具有两面性。

正向、负向以及中性的价值状态

正向价值体验的每个方面都对应了负向的体验。从心理意义上来讲，价值体验的每种状态或每个方面都有好有坏。换言之，人之常态是体验不到正向价值的。任何事物的价值都是正向和反向并存的，否则就不存在任何价值的中性状态。因此，对于每一个价值体验的心理要素，我们都要考虑到其正向的一面，同时还要考虑到其负向以及中性的状态。

满足

当我们的需求已经或者正在被满足时，满足就处于静止和中立的状态。它充当下一个层级的心理体验价值——快乐的基石。满足矛盾的是不满足。同时，因为人（和其他生物）生来就会适应和生存，并具有容忍不满足状态的能力。换言之，我们的不满足状态是正常的。我们能够容忍艰苦的条件、平庸或艰苦的环境。对糟糕的事情，我们视之为常。这种中性的价值体验就是满足。

快乐

快乐是中性的满足状态的下一阶段。快乐从中性状态到正向的感觉良好。有趣的是，快乐通常先于满足。我们先体验到一顿美食的快乐，然后才感到满足；我们体验到性爱的欢愉，才觉得满足。我们开始感到有点不满足，比如饿了或是性欲被唤起，或是需要什么东西，然后当我们与渴望的东西产生联系时，就会体验到快乐。当然，与快乐相对的是不快乐。我们有很多形容不快乐的词，如痛苦、难耐、饥饿、饥渴、烦闷等。不快乐的领域是非常巨大的，爱斯基摩人可以用 50 个词来表达雪；同样地，我们也可以用很多词来形容不快乐。再次强调，人对不同形式的痛苦具有惊人的忍耐力。我们能够适应，在极少数情况下，甚至能够超越痛苦不堪的环境。例如，弗兰克尔（Frankl）于 2006 年讲述了他从纳粹死亡集中营幸存下来，获得启蒙和快乐的故事。我们也会适应快乐，有时在事情伊始，我们会感受到巨大的快乐，一旦被视为理所当然，事情也就慢慢失去了它们的吸引力。有些成瘾心理的发生，就是因为我们需要越来越多的事情来获得相同水平的快乐。我们需要走向体验和消费的极端状态，以体验同样的价值。这种处于快乐和痛苦中间的中性价值体验是无聊。

信心

信心将价值体验带入另一个高度,它建立在一个信念或认识的(我们自以为知道的)基础上,使我们能够持续体验到满足感和快乐的周期性节奏。请注意,信心是一个复杂的心理概念,它基于信任、信念、预感和确定性,有时是一种力量感。与信心相反的是畏惧,即害怕失去提供给我们满足和快乐的任何事物。我们也许害怕失去权利,害怕我们的信任错位,以及害怕"所有事情会变得很糟糕"。我们也可能害怕有什么事物正在持续阻止我们获得满足或是正在制造痛苦。同样,在信心与畏惧之间存在着中性状态,即容忍与接受不确定性。考虑到怀疑是一种较轻微形式的畏惧,在此,我必须指出"FUD因素"——畏惧(fear)、不确定(uncertainty)和怀疑(doubt)——在共同起作用。

欣赏

鼓励和热爱是最高级的欣赏形式,但需要信任作为前提,信任包括自信以及相信他人——我们爱的对象。在信任和自信的基础上,我们可以建立合适的关系,这种关系具有双向、双赢的价值体验和联系。当然,欣赏具有不同的程度,我们通常用爱、鼓励、喜欢、兴趣、友情、联系、支持、关心以及许多其他的词来描述人们丰富多样的欣赏体验。比如,我们会喜欢冰激凌、狗、散步、我们的孩子、配偶、父母、手机和某家餐厅。此外,我们对来自他人的爱和不同程度的欣赏具有敏锐的感受能力。我们可以品尝出我们吃到的面包是否是用心烘焙出来的。我们还可以通过端上桌的菜品,看出厨师是否用心为我们烹饪和摆盘。即使食物被精心准备,如果某个显然不热爱工作的服务生瞬间扑通一下把它打翻在我们面前,那么我们还是会失去这份爱。欣赏是多面的,它的矛盾面是厌恶。人们可能对一些人或事感到憎恶、反感、讨厌或是抵触。同样,人们对欣赏的矛盾面的体验程度也是深浅不一,体验的种类多种多样。这里还是存在着介于爱与恨两个极端之间的中性状态,即"犹豫"。

表达

通过表述、描述和发声，表达将欣赏推向价值体验的一个新的、更高的高度。我们可以表达自己的"真理"，赢取他人的欣赏，在这个过程中他人有可能会被影响。

这种双向沟通、聆听、接收，还有描述和表达，为深化双方关系、相互学习和建立理解创造了机会。我们热情地表达真相并建立起精神上的理解。但是，我们可能会进入另一个极端，说谎并使双方产生误会。处于这两个极端之间的中立状态是沉默、不表达、拒绝沟通，我们称之为"漠然"。

理解

表达使理解成为可能。如果我们能够首先辨别、表述并讨论收益和成本，那么我们就能够培养一种价值理解意识，将价值体验带入一个更高的水平。这是一个学习的过程，有效学习的结果是理解。理解需要智力、才智、直觉和洞察力。在一定程度上，他将最初对收益和成本的辨别与表述带到一个更高的水平——分析、评估和评价。在这一水平上，我们对任何特定关系中正向和负向的价值体验都有了理解。我们甚至可能将这一水平的体验当作启蒙，它让我们充分领悟到一份关系的价值以及投产比。但是，在这种启蒙与理解中仍然存在着矛盾的、负向的一面，即误解。在某种程度上，它是一种错误的理解，我们以为自己理解了一些事物，但实际上我们并没有理解。我们可能把自己的理解建立在错误的数据、假设、分析或对事实的错误认知的基础上。理解和误解的中间地带是"困惑"。

实现

实现凌驾于上述的一切需求之上。它建立在对价值的深刻理解之上，可能是真正的最高水平的满足体验。我们可以用很多词来形容这种状态，包括快乐、慈悲、和谐及灵魂超脱。这一水平的价值体验会让我们有这样的感觉，即大吉大利，或者用佛教的表达方式——圆满。这种状态的反面是严重的不满足、脱轨、不和谐、失衡以及"身体不适"。这是一种"耻辱"，可以说是与优雅相反的一种状态；它也可能是一种"不安"，与自在相反。当某个人严重缺乏优雅时，会导致各种不安，这些不安会威胁到持续健康和生存。

在一些宗教的传统里，实现或优雅被认为是与人的精神或神性是一体的，如果我们存在的意义在于获得实现或优雅，那么缺少它，我们的状态就可以从无意义变为彻底的崩溃。这种状态下，我们可以用邪恶、耻辱以及堕落等词语来表达。基于优雅的感恩与基于耻辱的不安之间的中性状态是"无意义"。

继续阅读本书，你就会发现上述价值体验的心理要素与创新的七宗罪以及创业的七美德相互关联。但是现在，让我们继续思考价值的概念。我们已经将价值定义为一种包含多种体验的心理现象。因此，现在的问题是，我们如何才能衡量它？

价值的衡量、建模和预测

多年以来，我一直在尝试衡量事物价值的各种方法。进一步讲，当价值可以被衡量很长一段时间后，在很多市场中，随着恰当的数据分析和建模技术的出现，就会出现一些有趣的趋势、见解和预测。

首先，请允许我说，金钱是价值衡量的一个有效测度（虽然不是唯一的一个）。尽管如此，正如前面所说，金钱不等同于心理价值。但是事实上，对于大多数人而言，基于金钱可以买到的东西或是带给我们的安全感，金钱是具有心理价值的，这意味着金钱可以被当作真实价值的指征或测度。换言之，一个人用来支付某个商品的东西有效指明了这件商品的相对价值——购买到的商品的价值等同于用同样多的钱能够换来的任何潜在价值（或者沉没的机会成本）。

因此，在金钱的现实世界里，我们就能够测量和追踪到金钱的流转，这一事实为评估事物的相对价值提供了一种机制。在某种意义上，金钱的世界是一个虚假的世界，正如我们在它的构建过程和最近的全球金融危机中所看到的那样，充满了不公平、诡计和欺骗。我们可能想到教堂里的耶稣，谴责金钱是个虚假的"上帝"。不管我们是否认同，这一观点已经得到证实，那就是——价值不是只有商业属性；它和金钱不是直接画等号的。

然而，我们也不要草率地排斥金钱。众所周知，金钱自有其用处。而且，在理解、衡量和预测事物的价值上，金钱是非常有用的。可以说，在完全竞争市场中，如果一种商品比另一种商品具有更高的价格，那么显然前者是具有更高价值的。至于价值高多少，我们可能永远也不会知道。因为只有参与定价的人知道，如何定价并不像科学那样精准。

通过对比成本加利润定价法和价值定价法，可以很好地说明区分价值与金钱的重要性。尽管这显然是荒谬的，但可悲的是，当前大多数的定价决策依然是基于直接和间接成本的加成，在成本之上给予一个合理的利润加价。虽然不可能得到确切的数字，但我估计大概 90% 的定价依然在使用这种方式。作为备选方式的价值定价法，建立在价值是可以理解和衡量的基础之上。尽管如此，当我问及人们是如何评估价值时，我依然会听到很多含糊其辞的答案。

然而，很多技术被用于价值定价法，其中有些是我在贝尔–北方研究所期间率先开发和使用的，包括用户需求调查、选择与决策研究、市场调查、消费者满意度和忠诚度测量以及其他掌握价值的行为和数据分析方法。让我们简单思考一下价值衡量的各种方法。

需求调查

用户或消费者需求调查分析，是对某一特定产品的用户需求进行分析，帮助产品设计师关注并解决最首要的一个问题——如何让产品为用户带来他们认为有价值的收益。需求评估可以采取很多种形式，包括个体调查、访谈或焦点群体访谈，以及行为或产品属性的客观分析。举例来说，如果目标是设计一台更好的牙科 X 激光机，那牙医和患者的行为就有可能被观察和记录，以帮助设计人员形成思路从而提高设备的实用性，当前的 X 光设备与观察和记录的结果可以用来分析，从而改善其他领域的设计创新。牙医、病人或许还有其他的用户，诸如牙医助理都有可能被问询新产品设计和开发的意见。

搞清楚需求和与实现这些需求相关的潜在利益是一件非常困难的事。要想做好，调查必须基于对整个业务全面细致的了解。在这个案例中，就要了解这个牙医做了什么，为什么这么做，X射线范围更广的目的是什么，X射线怎么使用，当前的局限、风险、成本、备选项以及替代品。为了增加另一种复杂性，我们必须认为任何产品的用户或消费者都可能是也可能不是该产品的目标群体或购买者。

目标群体的决策研究

了解购买行为的技术有很多，包括焦点群体访谈、调查、店面或网上消费行为追踪，并试着勾勒出购买者的行为，从沙发（电视）到柜台（销售点），试图了解电视或者其他形式的广告、店内促销等是否以及如何影响购物决策。显然，最简单的情况就是消费者和购买者是同一个人，但并非所有的交易都是如此。在很多情况中，一个家庭成员的购物决策在不同程度上受家庭其他成员影响。而且，当组织作为分析单位时，购买行为变得更加复杂。决策的过程非常复杂，它由决策者和很多影响者如顾问、分析师以及专家共同参与。整个心理行业专家都在关注行为选择、决策理论和博弈——它们的目的都是为了了解理性或者非理性思考、感受、认知或错误认知是如何影响我们的决策的。让人们在虚拟的环境下，如在模拟、游戏和假设的情景中，做真实的决策，可以非常有效地了解其购买的方式和目的、如何在多种竞争性产品中做选择，或者最终没有选择任何产品，以及他们愿意支付的价格。然而这也是非常困难的，因为人们总是言行不一。在团体中，他们相互影响，也有可能被不客观的决策协助者影响，或者被提问时的描述偏差、提问者的假设（错误或者正确）所影响。或许非常专业的、完全不偏不倚的、一对一的提问是有用的，但是可以说，调查决策行为的最佳方式是把现实世界作为测试市场。只有在现实市场中才可以观察到人们是怎么消费的，进而掌握人们将会如何消费。

市场调查

用户和选择者调查可能被认为是某种形式的市场调查。但是，只有当一个研究项目对不同的市场或不同的细分市场做了数据对比时，我才会视其为市场调查。市场调查的更广泛的意图在于确定某一产品能否有市场，从而粗略估计哪些群体会购买这个产品，或者帮助产品的市场营销人员确定他们的关注点和着力点在哪些细分人群。

消费者满意度调查

我们都被问过这样一个问题："对一个企业或它们的产品感觉如何，从差、一般、好、很好到极好中选择"。还有其他种类的五点量表，可以被用来评判精确度、重要性、有用性、价值、质量、优良性、满意度等。有些企业已经建立了拥有诸多反馈数据的数据库，长期以来，他们经常会发现这些数据有助于预测未来的事情，如顾客流失、销售或利润下降等。但是，企业往往只是收集和总结这些数据，用来做报告满足高管或董事会的需求。它们通常将最高两级（4和5）合并，因为这样可以使结果看起来更好。然而，潜在的心理真相是第四级和第五级是差别很大的。2004年，弗雷德·李（Fred Lee）在其所著的《如果让迪士尼来经营你的医院》(*If Disney Ran Your Hospital*)一书中写道："企业用这种方式合并数据，通常会导致彻底的错误和危险的自满感，建议企业最好不要如此行事。"

消费者忠诚度调查

企业已转变了消费者调查的内容。以前购买者仅需要对产品进行评级（如上述），现在还要回答是否会继续购买他们的产品。因为他们已经发现忠诚度的数据是未来购买行为更有力的预判。评级可能有助于辨别需要改进的领域，但是忠诚度表态却能更好地预测实际忠诚度。

净推荐法（net promoter methodology）最初由北美最大的汽车租赁公司

Enterprise Rent-A-Car 开发的。2006 年，雷奇汉（Reichheld）进一步发展了它。它是一种详细的忠诚度调查方法，关注一个人是否以及在多大程度上会将一项业务或是产品推荐给朋友，以及这样做的原因。任何企业或产品都能从以下两个简单问题中看清真相：

1. 您把我们或者我们的产品推荐给具有相同需求的朋友的可能性有多大，从 0 到 100%？
2. 为什么？

显然，"为什么"这个问题的答案可以提供与价值相关的宝贵见解，它们还是创新理念的重要来源。

净推荐法的拥护者贝恩公司（Bain&Company）和 Satmetrix Systems 公司提倡关注净推介值（Net Promoter Score，NPS），NPS 被定义为推荐人（打分在 9 或 10 的人，推荐的可能性大）所占比例减去完全不推荐人（打分在 6 分及以下）所占比例。凯宁汉姆（Keiningham）等人于 2008 年及海耶斯（Hayes）于 2009 年均撰文指出，这个简单的方法背后并没有确凿的证据或逻辑来支撑。显然，将 9 分视同于 10 分与把第四级和第五级混在一起是同样有问题的，更别提将 0~6 分视为同等的。然而，NPS 这个简单的方法相当有用，特别是用作同行业内竞争者的对比准则时。但是，在我看来，最有用的观点来自对"为什么"的答案的理解。

竞争性研究

如上述所讲，NPS 对于理解竞争是有用的，但它只是竞争性研究的一种形式。了解我们的顾客是怎么看待我们的，往往是具有吸引力的，但是更为有用的是要知道，我们的竞争对手以及他们的顾客是如何看待我们的。对于企业和诸多竞争者来说，数据获取的最好方式是通过第三方机构。有的公司通过给顾客打电话或其他方式联系顾客来探求满意度、忠诚度或推荐率，但是请你不要这样做，因为事实上你可能会对调查结果产生偏见。第三方机构的中立使得调查者能够探究出顾客对于直接竞争品（如不同品牌的汽车）和间接替代品（如步行、骑车或使用公共交通工具）的感受。

竞争性研究的另一种方式是情报收集。举例来说，在20世纪80年代初，我们发现有个行业竞争者将其飞机上的座位预订在贝尔–北方研究所和北电网络公司的高管经常使用的座位旁边，企图窃听他们的对话或偷窥正在阅读的文件。情报收集可以采用多种形式，其中有些是不道德和违法的，但还是发生了。入侵信息通信技术系统（ICT）、盗窃和贿赂都是明显的违法行为。这里还存在灰色地带，比如在面试中，从渴望留下深刻印象的应聘者口中打探一些有趣的小道消息。这里还有一些行为我们可能更乐意称之为观察，而非情报收集，比如留意我们顾客的仓库或货架上摆放的竞争对手的产品，浏览他们的网站或其他外部交流方式，简单询问我们的顾客他们对竞争产品的看法（如上文讨论的）。

贸易展览和会议也是一种很好的竞争性研究方式，特别是如果你能够（正当地或不正当地）弄到一个记者证。你将惊奇地发现，他们会将多少信息泄露给媒体或是陌生人，反正只要不是带有主要竞争对手标记的人。

另一个方法是直接打电话给竞争对手问问题。令人惊奇的是，人们在停下来问你是谁之前，通常会说一大堆。

我最喜欢的方式之一，是将竞争者灌醉。有一次，我发现自己与一大群来自斯堪的纳维亚一家竞争对手公司的雇员在同一个酒吧，在我加入他们之前，他们已经喝得酩酊大醉。这是对我最有启发意义的经历之一，而且最后他们还付了酒钱。

数据挖掘

事实证明，很多公司使用与消费者满意度相关的数据来预测未来的业绩，这是用数据挖掘以获得见解的典型例子。更普遍的意义在于，当企业建立起涵盖消费者、竞争者和市场信息的庞大数据库时，这将提供很多数据探索的机会。见解（或"金块"）将会被发现——商业智能得以展现和发展。

数据建模与仿真

对广泛收集的货真价实的大数据进行挖掘，理解模型，论证假设，形成结论，从而建立一个精准的数学模型。这个模型可以展示、模拟和预测一个复杂的系统，包括消费者、市场和竞争者的行为。当然，这类研究需要上述所有的调查和研究，同时又提高了这些研究的含金量。

评价研究

该研究试图模拟现实（比如未来的现实），但事实却是另一回事。这里有许多让消费者和潜在消费者体验产品或潜在产品的方式——我将所有的方式都称之为"评价研究"。研发产品原型并提供给潜在的用户或参与评价的人，让他们对样品做出评价。有些产品甚至只是模拟出来的（不要将它同上文所说的数据模拟混淆）。举例来说，复杂的网上服务或软件产品就可能是模拟的，使它看起来跟真的一样，但实际上它只是一种技术仿真。简而言之，将产品或者产品原型交到用户或参与评价者手中，让产品生产商得到了一个相当好的机会，来评估产品的价值。

我已经进行了很多的评价研究，主要是针对复杂的办公系统和特殊的商业服务，另外还有一些是针对设备，诸如商业电话和多媒体设备的评价方式，有些是免费的，有些是收费的，而且处在不同的发展阶段（有时需要用 α、β 等字母来区分）。我们发现，评价研究有助于掌握客户价值，帮助制定定价策略，确定竞争地位，避免在市场里发哑弹，构建以价值为核心的营销策略，以及可能是最重要的，找到产品设计改进方案从而加强客户价值。

在生产商用来评价或预测产品或潜在产品价值的有效技术中，评价研究可以说是处于最高水平的。但是，正如上文看到的那样，它仍然处于消费者价值体验的倒数第二位。研究者和组织一定要时刻铭记，在开展研究的过程中所尝试衡量的价值是一回事，而顾客、消费者或评价者所体验的价值则是另一回事。

绩效和结果

当然，现实世界里的绩效和结果才是理解价值的最终形式。当组织通过上述各种形式的研究建立起拥有大量信息的知识库，同时将这些知识与精确衡量和记录各种企业绩效的知识联系起来时，组织的智慧就形成了。

企业绩效的各个方面会因组织的不同而产生不同，但是都包含了以下这些平衡记分卡指标。

- 财务指标。如利润率、股价、相对收益（市场占有率）以及大量财务人员喜欢使用的比例指标（如已经定义过的资本回报率等）。
- 客户指标。如净推介值及上述我们讨论过的所有用来衡量客户价值体验的指标。
- 运营指标。包括衡量质量的指标（坏损率），可以和客户指标（比如主观的价值感知）、生产率（单位生产率、计费时间或者其他与组织相关的指标），甚至是创新（新引进产品的数量、新想法的商业化成功率等）相关联。
- 组织心理指标。用来掌握组织文化因素，如士气、动机、态度、信念、凝聚力、沟通、共同价值观、领导素质等。

价值底线

当组织投资于建立情报机构，将上述多种或是全部形式的信息联系起来时，不仅衡量和价值预测成为可能，而且还能够掌握如何管理和优化价值创造，以及如何在利益相关者间实现价值交付。

值得注意的是，价值——特别是当它与企业和创业联系在一起时——是具有多面性的，形如"硬币"（见图3—2）：价值主张及如何营销和销售、如何交付价值、如何通过组织的"商业模式（价值交付）"彰显价值，以及企业非常重要的核心价值观所支撑的一切,在一定程度上影响着消费者从产品中体验和感知到的价值。

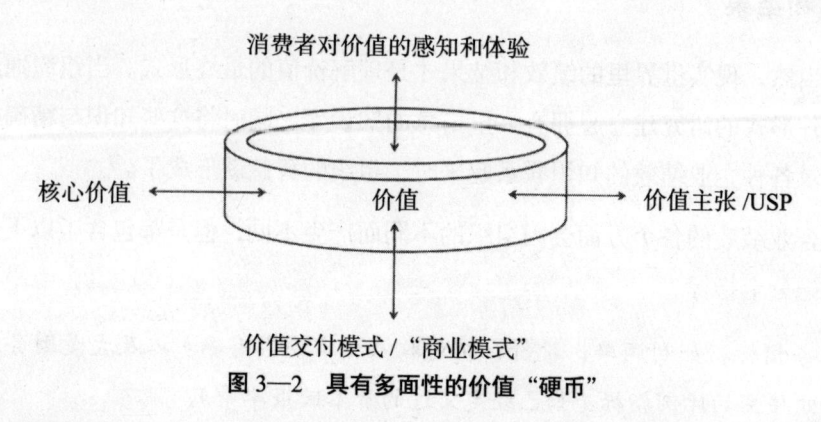

消费者对价值的感知和体验

核心价值 ← 价值 → 价值主张/USP

价值交付模式/"商业模式"

图3—2 具有多面性的价值"硬币"

既然我们已经定义了创新和价值,接下来的第4章我们要定义企业家和创业心流;之后的第5章,是为创业创新设计并定义一个新的战略模型;我们在第6章思考一种我称之为"创新区划"的现象;最后,在第7章我们会讨论如何做到创新——"架构"的科学与艺术。

The SEVEN SINS of
INNOVATION
A STRATEGIC MODEL FOR
ENTREPRENEURSHIP

第 4 章

企业家心智与心流

想象力比知识更重要。知识是有限的，而想象力可以拥抱整个世界，推动进步，引发革新。

伟大物理学家阿尔伯特·爱因斯坦

企业家的定义

让我们首先来问几个私人问题：

1. 你是企业家吗？
2. 你曾经是企业家吗？
3. 你是否渴望未来能够成为一名企业家？

你如何回答这些问题，取决于你如何定义企业家，以及你的个人信仰。接下来，我们来看一看关于企业家的一些定义。

- 牛津国际：自己建立一家或多家企业，以获利为目的，并因此承担财务风险的个人。
- 维基百科：自己创立并运营企业的商人。
- 免费词典：自己创建、运营一家初创企业，并承担相应商业风险的个人。
- 韦氏词典：自己创建、管理一家企业，并承担其相应风险的商人。
- 字典网：自己创建并管理某一较新且具有一定风险的企业，特别是商业企业的经营者。

- **商业词典网**：自己通过创建新的风险企业去尝试一个新机会的个人。作为决策者，掌握产品或服务的种类、生产方式和产量。企业家将提供资本投入，作为风险的承担者，同时负责监督和掌控企业的行为。企业家通常是企业的独立所有者、合伙人或股份制企业的大股东。

这些定义都有一些共同点。一名企业家是一个个人、一个创建者（如牛津对"建立"的定义应等同于"创建"）、一个风险承担者。这些定义好像有些过于局限，并没有捕捉到真正的企业家精神。能够表达"精神（spirit）"和"灵魂（soul）"意义的还有另一个词——"心智（psyche）"，这个词是心理学（psychology）的词根。想要了解企业家心智，首先要回到最基础的问题。

"企业家"一词最早出自理查德·坎蒂隆（Richard Cantillon）在1730年撰写并发表于1755年的一份手稿中。这个词是法语词entreprendre的衍生词汇，含义为承担。它同时也是英语词"企业"（enterprise）的词根。坎蒂隆是公认的货币理论和经济学因果关系方法论的鼻祖。他定义企业家为一个机会主义者和风险承担者，通过购买一定价格的物品并以高价卖出获利。当时一个流行的企业家模式是船主企业，这类企业家在一个港口买入商品或其他物品，航行至世界另一港口，卖出货物赚取利润。另一个模式是工厂企业，这类企业家付工资给劳工生产产品，以较低的价格买入生产物资，并期待以较高的价格卖给消费者。

在1803年，让·巴蒂斯特·萨伊（Jean-Baptiste Say）进一步拓展并使用了企业家精神这一概念，更好地解释了工业革命中快速新兴的企业模式。萨伊定义企业家为产品的生产者和销售者，利用所需资源（人力、材料、设备和资本），寻求超额利润。

1982年，卡森（Casson）指出：

1848年，约翰·穆勒在他的经典著作《政治经济学原理》（*Principles of Political Economy*）中将此概念进行了普及，"企业家精神"一词一度开始被广泛使用。但随后，这一概念几乎从所有的经济学文献中消失了，直到19世纪末。

奈特（Knight）于1921年定义了企业家是那些"试图基于改变做出预言及行为"的人。熊彼特也于1934年将企业家与创新者画上了等号，将其定义为创造新产品、新生产方式、新市场、新资源或新组织的人。再之后，德鲁克在1985年又完善并回归了先前的定义，认为企业家是一个改变的载体，通过创新去创造新价值。

我的观点是，成功的企业家精神与成功的创新是一回事——创造新净值。企业家是试图创新的人，而成功的企业家是创新成功的人。但"创新者"和"企业家"两者真的可以完全等同吗？那么被很多定义认为至关重要的风险承担这一要素，我们将它置于何处呢？所有的创新者都是"企业家"吗？

这一问题又引发了一个思考，内部企业家和企业家有什么区别？吉福德（Gifford）和平肖（Pinchot）于1978年首次提出了"内部企业家"这一概念，特指那些被企业所雇用的创新企业家。1982年，见麦克雷（McCrae）指出，两者的核心差异在于个人所承担的风险。在这种情况下，组织将承担创新所带来的风险，而组织中提出并掌管这一创新的员工将通过组织对他的奖罚，作为一个代理人承担部分风险。这样的员工是否可以被称作企业家呢？他们必须是独立企业家者吗？他们必须要用自己的住房作为抵押来担保所创建的企业吗？

有些时候，创新的捍卫者在企业内部得不到认同，才离开公司选择独立企业家。例如在20世纪90年代早期，人们对渥太华地区一个被称为"北硅谷"的地方做了一项调研。调研显示，近80%的当地高科技企业是由贝尔-北方研究所的前雇员建立的。换句话说，尽管贝尔-北方研究所产生了大量的创新想法，并最终被它的母公司（北电网络公司和加拿大贝尔集团）开发成为商品，但仍然有许多的创新"流"入当地，变为新的企业家企业。

一个典型的例子就是加拿大敏迪网络公司（Mitel）。敏迪的发起人最初希望能在公司内部研发一种新型交换机，但后来因为审批失败，他们选择了离开。几年后，敏迪公司的总部就与贝尔-北方研究所隔街相望，并从贝尔-北方研究所挖走了大量的雇员。敏迪公司在世界范围内获得了巨大的成功。内部企业家完全可以胜任企业家的角色。

同样在20世纪90年代,许多组织,如那些构成了麻省理工学院创新实验室(MIT Innovation Lab)的组织,均参与了组织再造计划,去刺激更多的企业家精神,从而提升业绩表现,特别是创新。有些公司会测试他们的高管,选择那些具备企业家精神、愿意承担个人风险并付出潜在利益的个人,将部分业务交给他们全权负责。他们对于所管理的产品线、市场或两者皆有的营收负责。同时承担内部企业家和外部企业家两种角色,对于两者之间的差别,我们多数人都会有独立的主观观点。我的主要观点是,没有必要将企业家分为内部或外部,但我们需要了解,对于内部企业家精神的局限认识可能会限制到对于企业家精神的理解。

我同意德鲁克发表于1985年的观点,即企业家与高风险息息相关。但过高的风险往往又会导致企业家失败,比如缺乏经验、资源和领导力才能等成功要素所带来的风险。2013年,布朗尼(Brownie)的观点是,成功的企业家厌恶风险,对风险有充分的认知,并且能够谨慎地管理风险。

下面是2010年格拉德威尔(Gladwell)的论述:

> 企业家精神与人们以为的冒险形象截然相反。如果我们意识到人们不再以创新的名义做出莽撞行为,我们还会如此厌恶风险吗?

因此,说到企业家对于风险的承受,我们接下来不再区分内部企业家和外部企业家。两者均参与着创新,管理着内在风险,并且努力最大化投资回报率以创造个人及其股东利益。

我对于企业家的定义是:参与创新,且具备或展现了所需领导力,能够创造并实现创新价值的人。换句话说,我们回归到1934年熊彼特和1985年德鲁克分别给出的定义:企业家即是创新者。一位企业家的成功或失败——如何"从优秀到卓越"——可以根据他们通过创新所创造的投资回报率认定。如果你正在试图造福世界,即便仅仅是世界的一个角落,那么你已经算是一个有理想的企业家了。企业家精神就是不断追求改进。它是一种以少搏多的精神——创造新价值。创新可以以很多种形式呈现,如商业的、社会的以及政府或公共部门的。任何一个发起人或任何一个组织，在追求创新的过程——创造新净值——都会充满企业家精神、灵魂和心智。综上所述，一个企业家可以是任何一个尝试创新的人。而一个成功的企业家，则是创新成功的人，即实现了投资回报。

定义过创新及创新精神、本质或心智后，我希望你能再回到本章最初的那几个关于你自己的问题上。你的答案还是那么肯定吗？接下来，我们来进一步探究一下"创新的心"，并一起来认识一个重要的心理学概念——"心流"。

心流心理学

心理学中"心流"的概念是由米哈里·希斯赞特米哈伊（Mihaly Csikszentmihalyi）于1990年提出的。他的主要研究方向是幸福、创造力和表演。希斯赞特米哈伊给心流下的定义是：一种表演者在他所擅长的活动中面对巨大挑战时，进入至高境界并超水平发挥的状态。我们都可以回想一下自己的亲身经历，当我们全神贯注地做一件事时，我们忘却了时间、失去了自我意识，与这件事情合二为一。此外，我们还可以回忆一下我们所崇拜的运动员、音乐家或其他表演者，你应该也曾见过他们进入心流状态并轻松地取得了不可思议的成绩。

除了告诉我们心流状态的主观感受，并建议通过哪些方法能使我们更有可能经历这一状态外，在我看来，"心流心理学"还未能给我们提供一些掷地有声的建议，帮助我们进入心流。

希斯赞特米哈伊主要关注于创造力，1996年提出创造力的心流主要源于动机。他定义了"带有自发目的的自我（autotelic）"的性格类型，即指那些发现了某件行为存在内生（内在）动机的人。在这些事情上，具有这一性格的人不需要通过外界的激励（如金钱或认同）去驱动。但对于那些渴望在其生活或工作中创造更多心流的人来说，告诉他们必须改变自身性格或动机并不是个实用的好主意。

企业中的心流

研究"心流"在企业中的应用，特别是对于企业创新的应用，才是我的兴趣所在。当我说到"应用"时，我的意思并不是要去主观地找一些企业家特征与"带有自发目的的自我性格"的相关性，比如好奇、坚持与谦逊。我想知道的是，如何借助这些认知在企业中创造更多的创新意识，并使得这些创新努力获得成功——从而创造更多的创新精神心流。企业和高管所需要的以及这本书想阐述的正是一个系统性的方法论。这一方法论将建立在一个新的心理学理论和战略框架下，指导企业创新和创新本身。

关于如何在企业内创造心流，2004年希斯赞特米哈伊给出的建议是："明确的目标可以应对变化的环境；对于别人的行为作出迅速反馈；并将员工的技能与工作挑战相匹配。"尽管我认同建议中的每一点，但是它还远不足以作为一个模型去解释如何创造企业中的心流。

对于所谓的"心流运动"，我同样表示失望。在我看来，它并没有为心流心理学作出什么贡献，对于如何创造更多的创新成功也没有提供任何有意义的建议。唯一可被称为有价值的观点，大概就是企业家或企业应该尽力造福世界。当然，这一观点既不新颖也不独特。我只能说，有什么用呢？将心流视为全球性的"运动"并无法满足我对于理解如何创造更多的创新心流或企业心流的渴望。

但是，我坚信"心流"这一概念可以帮助人们去理解创新精神和创新，以及更多体现价值的现象，对于全球商业具有重要的意义。

比如多年来我一直坚信，在描述商业模式中，"价值流"比"价值链"这一说法更加精确形象。

脉轮

"脉轮"（chakras）是梵语，这一概念又称"气卦""七轮""轮穴"，源自佛教和印度教，最早出现在8世纪，并在新世纪得以发扬光大。其最基本的理论是，脉轮是能量的中心，在人体内以一种奇特的方式相互关联，并与身体的各个部位存在一定的对应关系。如图4—1所示，每一个脉轮均被视为一种特殊的能量形式，如果身体内的一个或多个脉轮相对关闭或压缩了，我们生命的能量之流，或者说我们的心灵、我们的生命将因此被限制。

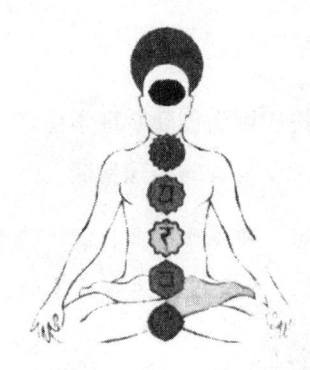

Sahasrara – 顶轮 – 头顶
Ajna – 眉间轮 – "天眼"（第三只眼）
Vishuddha – 喉轮 – 喉咙
Anahata – 心轮 – 胸腔
Manipura – 本我轮 – 内脏
Swadhisthana – 骶骨脉轮 – 性器官
Muladhara – 根脉轮 – 脊柱底部

图4—1　脉轮的定义

来源：维基百科与维基共享资源（Wikimedia Commons）。

企业家版本的脉轮理论

在定义企业家的心流之前，我们先将脉轮的定义转换为心理学名词，以帮助我们更好地解决后续的问题（详见表4—1）。

表4—1　　　　　　　　　　脉轮的心理学解释

脉轮	含义（见 http//en.wikipedia.org/wiki/Chakra）	心理学解释
顶轮	精神：主要目的	精神、激情与目的
眉间轮	天眼：发展智慧与洞察力	洞察力、视野与目标
喉轮	声音：寻找并说出你的真相	智能与影响力
心轮	心：寻找并培育爱	协作与合伙
本我轮	力量：寻找并展现能量	责任与赋权

（续表）

脉轮	含义（见 http://en.wikipedia.org/wiki/Chakra）	心理学解释
骶骨脉轮	创造：寻找并输出创造力	创造力与思维能力
根脉轮	根：潜在能量、自我和生存	驱动、专长与心态

企业家精神的功能性需求

接下来我们看看如何将上述的脉轮能量理论应用到创新心理学中。首先要解决的是如何将脉轮理论应用在理解企业家所需要具备的心理功能上。

1. 企业家精神最根本的功能性需求是正确的**心态**，即基于专业技能、技术、驱动力和永无休止的对于未知的渴求。不是每个人都能成为企业家的，光有意愿是不够的。

2. 其次的功能性需求是**思维能力**，即一种能开发新想法的能力。显然，成功的企业家都有他们的"大计划"——他们用来造福世界的伟大产品或方案。

3. 为了将想法变为现实，企业家需要能够承担责任，并且具备吸引、投入或赋权任何其他资源（如投资或研发）的能力。有效的**赋权**可以将"亲密合作"变为"权责分明"。一方面，承担责任需要自我赋权；另一方面，赋权他人最可靠的方式是让其他人对自己的行为和结果负责。

4. 下一个对于企业家成功的基础要求，是企业家必须具备通过与顾客、投资者、合伙人以及所有其他潜在股东建立并发展功能性关系，促成双赢协作的**合伙关系**的能力。

5. 下一个重要的成功要素是正面的**影响力**，即通过宣传与传达"大计划"或独特的销售主张，将核心的"真理"呈现在世界面前。

6. 有大胆**目标**（一个或一组）的洞察通常是创新的起点。这一点说明要实现达到心流状态和成功，企业家精神的七个方面并不是按顺序排列的，而是同等重要的。企业家必须具备战略性的洞察力，一个解决如何创造价值的大计划，以及一个解决成功需要什么的具体想法。

7. 最后，同样重要的是企业家必须拥有极强的**目的性**，即大计划为何而生，这也是企业家的核心精神。

我们可以将企业家的心理学要素放在一个金字塔中，这将有助于我们的理解（如图4—2所示）。

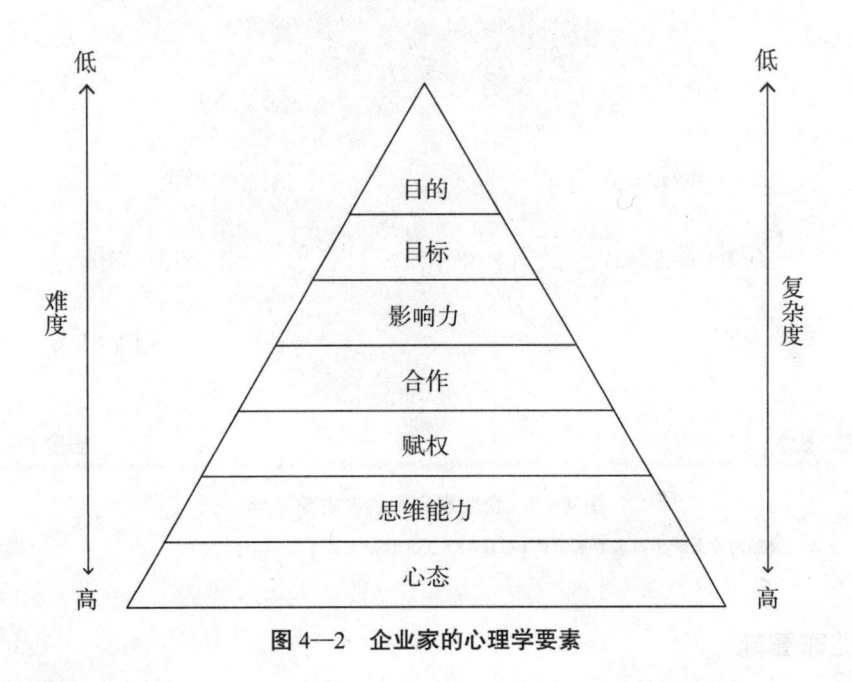

```
         低                              低
         ↑                               ↑
              目的
              目标
         难   影响力                      复
         度   合作                        杂
              赋权                        度
              思维能力
              心态
         ↓                               ↓
         高                              高
```

图4—2 企业家的心理学要素

企业家的大脑

我们也可以大胆地推测，也许企业家的心智也如硬币一样，拥有"另一面"。2008年博尔特·泰勒（Bolte Taylor）有类似的推论："这很可能与左右脑功能有关。"如图4—3所示。

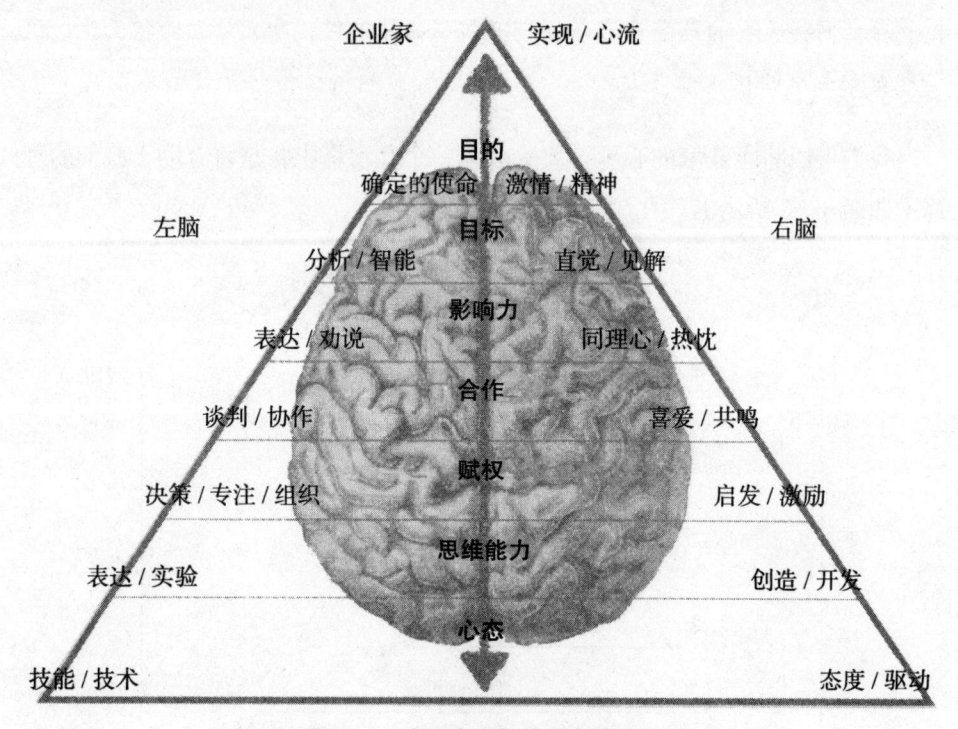

```
                          企业家    实现/心流

                               目的
                        确定的使命  激情/精神
                               目标
   左脑           分析/智能        直觉/见解      右脑
                               影响力
             表达/劝说              同理心/热忱
                               合作
            谈判/协作              喜爱/共鸣
                               赋权
           决策/专注/组织           启发/激励
                               思维能力
          表达/实验                创造/开发
                               心态

   技能/技术                              态度/驱动
```

图 4—3 企业家心智的左右脑差异

来源：大脑图片来源于维基共享资源 CC BY-SA 3.0[协议文本]。

企业家智能

无论我们是否认同加德纳（Gardner）于 1983 年提出的多元智能理论——一个不同于全面智能模型的理论，分解探讨智能的各个方面还是很有意义的。加德纳最初提出了八种智能，后来又增至九种。图 4—4 展示了这些不同的智能与左右脑企业家心理中枢之间的联系。

第4章 企业家心智与心流

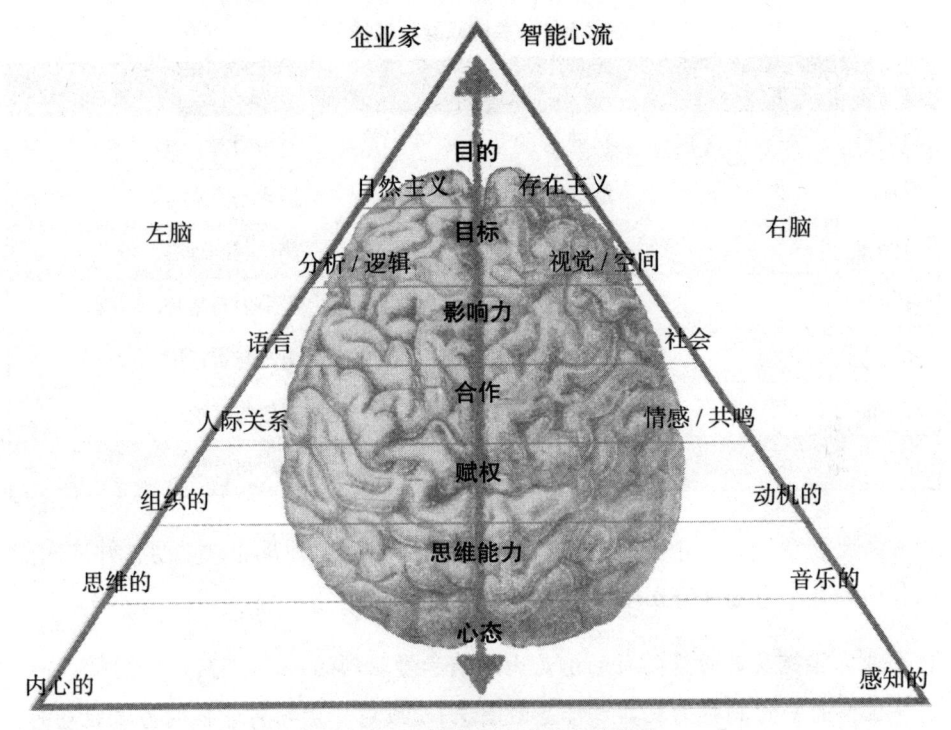

```
                    企业家  智能心流
                         ▲
                         │
                        目的
                  自然主义   存在主义
   左脑                  目标                   右脑
              分析/逻辑        视觉/空间
                        影响力
           语言                      社会
                        合作
         人际关系                  情感/共鸣
                        赋权
        组织的                        动机的
                       思维能力
       思维的                           音乐的
                        心态
                         │
                         ▼
     内心的                              感知的
```

图4—4 企业家智能的左右脑差异

来源：大脑图片来源于维基共享资源 CC BY-SA 3.0[协议文本]。

　　为了进一步完善这一模型，我们还要再去关注另外五种必要的智能。情感与社交的智能并没有出现在加德纳的列表中。上文中我们已经对这两方面做出了充分的定义和研究。此外，还有三种尚未提及的智能，将被加入模型中，其中两个与"领导力智能"相关，即组织能力与激发智能；第三个功能由左脑掌控，即产生并开发创新想法的智能，我们将称之为"构思智能"。

企业家职责与精神

　　让我们停下来研究一下企业家心理中枢、企业家的重要职能及该职能的心理源泉（详见表4—2）。

表 4—2　　企业家心智的关键职能与精神

企业家心理中枢	关键职能	精神的源泉
目的	精神	激情与爱
目标	洞察力	信念与直觉
影响力	诚信	热忱与同理心
合作	协作	吸引力与精神
赋权	责任	勇气与责任感
思维能力	创造力	开放与接纳
心态	动力	乐观与希望

需要注意的是，企业家的每个职责对于相应的精神都非常重要，并依次借助其他的几个方面相互影响。

1. 企业家**精神**及其带来的目的感是由**激情**和**爱**驱动的。
2. 一位企业家的**洞察力**及其目标是由**信念**和/或对于成功可能性的**直觉**驱动的。
3. **诚信**，以及影响他人从而将战略意图（目的和目标）作出清晰阐述的能力是由**热忱与同理心**驱动的。
4. **协作**，以及有效地形成合伙关系的能力是由对他人或他人的资源的**吸引力**，以及创造双赢关系的**精神**驱动的。
5. **责任**，以及有效利用资源的能力，是由**勇气**与对自己和他人的**责任感**驱动的。
6. 形成思维能力的**创造力**，企业家想法的产生与完善，是由对于内生和外生的新想法的**接受力**和**开放程度**驱动的。
7. 最后，企业家的潜在**动力**，以及相应的心态，是由最本质的**乐观**和**希望**"更好"的精神驱动的。

企业家的驱动力与需求

现在我们来探讨一下企业家的功能性中枢如何被潜在的驱动力点燃。而所有这些潜在的驱动力都与特定的心理学需求，以及价值的构成相互关联。这些驱动力、需求以及价值共同塑造了企业家的企业家动机。

1. 精神层面的目的可以因有效的**成功**而更为坚定。这需要永不妥协的人将其**变为现实**作为驱动，即对于企业家精神的根本目的的实现。
2. 具有远见的目标需要相关的知识和才干。这需要不断的学习作为驱动——基于对于**探索新知**的需求与渴望。
3. 诚信的影响需要**说服**他人的能力——推销他们的梦想和创新，让他人支持、投资或接纳。这需要以人们对**表达**或被倾听的渴望作为驱动。
4. 通力协作的能力需要内在的情商和**同理心**。这需要以对建立相互欣赏关系的渴望作为驱动。
5. 尽责的赋权需要**变革推动者**。这需要以认为别人能做得更好的**信心**，以及可通过适当的低风险改变获得持续利益的信心作为驱动。
6. 创造性思维，必须借助某一领域的扎实深厚的**专业知识**来有效实现。这需要企业家在其中所获得的乐趣作为驱动。
7. 企业家奋发的心态源于**不满**。这需要以对**不断完善**永无止境的渴望作为驱动。在这种心态下，企业家的杯子会"越长越大"——无论注入多少水，永远是半空的。

上述关系可参见表 4—3 中的总结。

表 4—3　企业家精神背后的驱动力与需求

企业家的功能性中枢	企业家精神的驱动力	心理学价值/需求
精神层面的目的	成功	实现
有远见的目标	学习	探索新知
诚信的影响力	说服	表达

（续表）

企业家的功能性中枢	企业家精神的驱动力	心理学价值/需求
通力协作	同理心	欣赏
尽责的赋权	变革推动	信心
创造性思维	专业	愉悦
奋发的心态	不满	完善

企业家精神的价值

当上述的七个方面完美贯通后——协调统一、相互支持、发挥得当或畅通开放，企业家心智就会产生。由此，我们便获得了健康的、高效的企业家心理中枢，即"企业家精神的价值"。

1. 精神层面的目的。强烈的目的是一位企业家的根本任务。因激情和爱而生，以完成与实现目的为驱动——寻找意义和造福世界或完善部分世界（如企业家所从事的领域）。正如罗伯特·肯尼迪（Robert F. Kennedy）所说："生命的意义在于以某种方式让世界变得更好。"

2. 有远见的目标。一位企业家对于成功的渴望与梦想以有远见的目标的形式呈现。这一目标是具体的、可衡量的、可实现的、有意义的且有明确期限的（SMART）。正如华特·迪士尼（Walt Disney）所说的："做你所想。"

3. 诚信的影响力。诚信的影响力是指一位企业家传递或表达一个核心价值观或关于某一创新的特殊销售主张的能力——这一将创新推向市场，影响他人的价值判断，以及将其应用于实际的能力，是诚信的、热忱的、有感情的或关心他人需求的。这一能力由人们对于表达的基本渴望所驱动，受个人劝说他人或"推销"能力的影响。如德鲁克于1985年所说的："商业的目的是创造与保留顾客。"

4. 通力协作。通力协作是一位企业家引领相关参与方进入互利共赢关系的能力（包括预期顾客），即向所有参与方展现某一创新的价值，以满足人们对于价值增值的基础需求——是因相互吸引、存在好感以及造就互利共赢关系的精神而生的。正如泰普斯科特（Tapscott）于2013年所说："协作之所以重要，不仅是因为它是很好的学习方式。协作的精神存在于任何一个组织，以及任何一个人的日常生活中。所以学习如何协作还可以武装你自己，帮助你提高效率、解决问题、寻求创新并在持续变化的错综复杂的商业世界中保持终生学习。"

5. 尽责的赋权。一位企业家集结、吸引、领导和管理所有企业发展和交付中所需资源的能力使他们造就了创新。尽责的赋权需要结合两条要素：一是被授权者需要拥有相应的资源、技能以及"线索"去更有效地完成任务；二是被授权者必须忠诚可靠。赋权是由企业家"推动变革"的意愿和信心驱动的，是为了避免并适当缩减或管理风险而展开的。正如德怀特·艾森豪威尔所说的："领导力就是借他人之力，达他人之愿，成自己之事。"

6. 创造性思维。创造性思维是产生并发展一个想法的过程，是基于对某一领域、某一项技能或某些知识的精通实现的。这些相关的专业性为创新提供焦点，并为想法提供源泉和基础。专业性产生了愉悦的心理学价值。显然，一位企业家在创新的过程中会获得巨大乐趣，特别是在"大计划"产生的那一瞬间。其余的工作则会很艰难。创新性思维的潜在精神就是创造进步，即创新。正如本杰明·富兰克林所说的："没有增长和进步，成绩、成就、成功这些词都毫无意义。"

7. 奋发的心态。一位企业家内心潜在的不满以及对于完善的渴求是企业家心中最大的不安。这种不安是塑造有效的企业家精神的"根源"。杯中的水总是半满，但潜藏在这一显现之下的，是企业家的潘多拉之盒：事实是赋有企业家精神的心态是基于持续的不满与乐观的心境——即杯子里的水会一点点积累。正如托马斯·爱迪生所说的："不安是因为不满，不满是进步的起点。给我一个心满意足的人，我告诉你什么是失败。"

企业家才能

2011年，戴尔（Dyer）等人针对成功的创新者所需要的行为技能或核心才能提出了一个听起来引人入胜的观点。基于对各类创新者的广泛访谈（包括初创企业、大型公司，既有产品方面的，也有工艺方面的），他们找到了这些创新者所独有的五个行为特点。不出所料，这些行为技能与我们前面指出的五个企业家价值一一对应。此外，在戴尔等人的研究结果中，还漏掉了其他一些在我看来凸显了这一访谈研究的缺陷——只听到了想听到的。与企业家精神价值相关的七个行为技能如下所示（其中戴尔等人所提出的五点以黑体字标出）。

1. 以目的性作为核心才能体现为结果导向和战略意图明确。这样的人能够清晰地表述他们的目的性和激情，并传递给他人。他们永无休止的不满，以及对于探知新事物的渴望非常明显，与之相匹配的是他们捍卫自己理由的能力。这些行为技能在戴尔等人所访谈的对象身上表现得十分突出，如苹果公司的史蒂夫·乔布斯、亚马逊的杰夫·贝索斯、维珍航空的理查德·布兰森，以及与我一同工作过的一些人，如甲骨文的拉里·埃里森和北电集团的约翰·罗斯。戴尔等人并没有将这一重要的才能独立提取出来，但我们仍可以认为，他们的研究结果中涵盖了这一要素。因为随着我们对这七个行为技能的展开，你会发现所有的核心技能都是相互影响的。
2. 富有远见是一个将目的通过战略意图辅以智慧最终转变为成功的重要能力。戴尔等人说对了一半儿，他们指出了"**观察**"是一项重要的企业家才能。观察反映了企业家对于新知的好奇，是他们商业智库的基础。但其他的关于远见的要素还有对于大胆创新、造福世界的目标的渴望，以及作为远见的基础的智慧。富有远见仅在具备充足的知识和理解下才会奏效，这一点在现实中显而易见。
3. 沟通作为一个核心能力将远见与智慧对接，即以对于愿景的热忱影响和感染他人的能力。戴尔等人将"**质疑**"作为核心技能。它是一个重要的沟通技巧，伴随着倾听、表达、澄清和感染。但所有这些还需要诚信、同理心和强大的核心价值观去支撑。

4. 真正引入他人进入互利共赢的创新是另一个重要才能。这一才能需要通过戴尔等人所提出的"**社交**"来实现。他们将社交定义为搭建丰富的、多元的网络关系，参与会务，构建新社区和引入新成员及专家——所有这些都有可能激发新想法。社交网络可以作为一个想法的来源以及一个协作的渠道。但建立稳固的合伙关系的能力还需要较高的情商（同理心）以及吸引和激发他人的能力。

5. 领导力作为一个核心的能力，是基于责任心和有效的资源赋权所实现的。它需要通过一系列特殊技能、贡献和能够体现勇气、问题解决、情商的行为来体现。很奇怪，以上这些在戴尔等人的研究中均未被提及，因为很少会有人认为他们所访谈的这些企业家不是杰出的领导者。

6. 创造力——为了进步、改变、提升获胜可能或优势而创造和拓展想法的能力，是从戴尔等人所提到的"**联想**"延伸而来的。这种将想法相互连通的能力是人类支持创新的认知技能的基础。通常，这种能力伴随着对新观点的开放态度、对人群中创新思想的接纳以及对专业领域持续开发创新的企业家精神。

7. 最后，一位高效企业家所具有的奋发图强的心态通过不满与完善之间的角力与目的相连。这种心态驱动行为、表现以及最终结果的达成。核心能力无疑是企业家的个人魅力——全面地体现了他们的人格、态度、动机、精神和希望。行为、成就以及实践的驱动需要戴尔等人所提出的"**实验**"技能的支持。此外，对于任何一位企业家，重要的技能还包括所在领域的专业性，以及能够创建反映企业家人文特征的企业文化所需的人力资源管理能力。如戴尔等人所述，最具备创新基因的组织是那些网聚了正确的员工、建立了恰当的流程，以充分发挥所有这些企业家才能（质疑、观察、社交、头脑风暴和初始研发／实验），并创造了一个哲学上的（文化上的）创新精神（如"创新人人有责""做一个市场的突破者""建立创新团队"或"聪明地拥抱风险")的群体。

企业家基因和心流

在上述关于企业家心智的讨论中,我们看到了一个简单的人性真理。成功企业家的成长过程中没有什么比渴望、欲望、需要与需求更自然了。这些感受是根植在人类的基因中的,同样,也根植在人类文化与组织的心理基因中,尽管有些人或组织的渴望更加强烈。当企业家基因的要素(如图4—5所示,此图同时根据戴尔等人的理论对比了"创新者基因")发挥作用并相互连接,在核心才能以及相关技能的支持下,奇迹就会出现——企业家的表现会达到顶峰,即心流出现。

企业家心流的定义非常简单:现有资源的极致体现。显然,不是所有的企业家"生来平等"。有些人可以实现更大价值的心流。无论与他人相比,还是与自身经历相比,企业家的创新成功比率各不相同。在创新的质量方面差异也很显著。有些企业家的成功可以更多地用商业价值来衡量,而另一些企业家的成功的社会意义可能更多。有些创新被用来生产高价值的新产品,而有些则可能引发多样的社会革新。

我最喜欢的一些社会革新者包括圣雄甘地、马丁·路德·金以及艾米林·潘科赫斯特(Emmeline Pankhurst)。所有成功的企业家都拥有七个相同的价值——奋发的形象、创造性思维、尽责的授权、通力协作、诚信的影响力、富有远见的目标和强烈的目的性。

第 4 章　企业家心智与心流

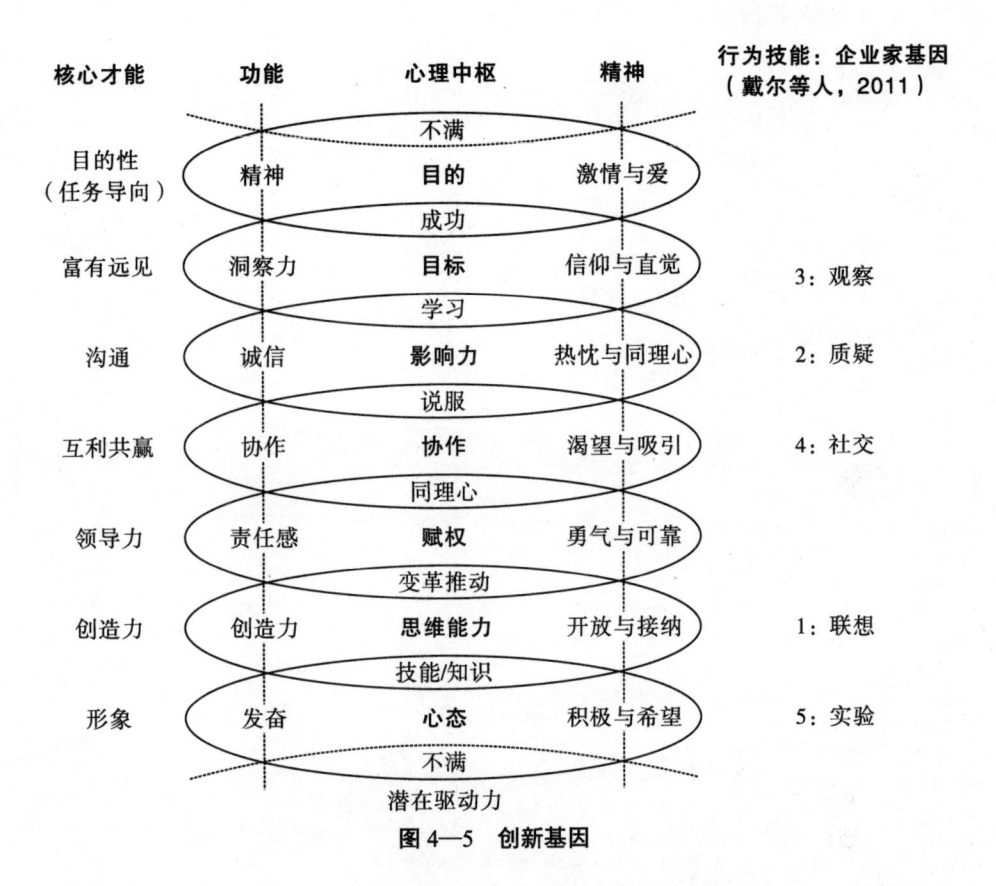

核心才能	功能	心理中枢	精神	行为技能：企业家基因 （戴尔等人，2011）
		不满		
目的性 （任务导向）	精神	目的	激情与爱	
		成功		
富有远见	洞察力	目标	信仰与直觉	3：观察
		学习		
沟通	诚信	影响力	热忱与同理心	2：质疑
		说服		
互利共赢	协作	协作	渴望与吸引	4：社交
		同理心		
领导力	责任感	赋权	勇气与可靠	
		变革推动		
创造力	创造力	思维能力	开放与接纳	1：联想
		技能/知识		
形象	发奋	心态	积极与希望	5：实验
		不满		
		潜在驱动力		

图 4—5　创新基因

接下来，问题来了："我们如何开发企业家心智和文化，并将它们转化为成功的创新？"我们将在第 5 章解答这一问题。我们需要的是一个企业家战略模型——一个能将企业家心智与文化的软性要素和创新战略的硬性要素无缝连接的模型。

第 5 章

创新战略

莫难于军争。

春秋时期著名军事家孙子

战略要素

多年来，我努力使用各种架构来进行战略规划与管理。这里所说的努力并非是因为我没有通过创建和实施战略获得成功。我参与制定过相当多的成功战略，当然也经历过一些惨痛的失败。通过尝试多种不同的方法来制定、组织并实施战略，我发现大多数方法缺少了一些关键要素。

由于组成战略的各个要素似乎并没有以一种合乎逻辑的方式联系在一起，因此大多数战略架构显得缺乏内在的关联性。有些架构将愿景置于战略金字塔的顶端，这似乎行得通。还有什么比将成功的概念放在战略金字塔的顶端更好的呢？就像攀爬一座山峰，成功登顶的感觉会激励我们攀登。另外，将使命放在愿景的下面似乎不太正确。没有明确的使命或目的，如何定义"成功"？在设想胜利画面之前，应该清楚自己在玩什么游戏。平衡积分卡研究所（http://balancedscorecard.org/Resource/AbouttheBalancedScorecard）提供的架构会更令人困惑，它似乎认为，愿景和战略是两个不同但相关的东西，显然，愿景是战略的一个核心方面，战略家们通常都这么认为。

历经多年，我终于构建出了自己的战略观。下面是我认为可以组成战略和规划的关键要素。

1. 使命。战略始于目的，使命定义了我们要努力赢取什么，我们正在玩什么游戏以及本质上我们是为了做什么而存在的。
2. 愿景。接着，我们需要清楚地知道我们要实现的目标，胜利意味着什么以及我们如何判断是否已取得胜利——我们将如何衡量胜利，或者说胜利看起来以及感觉上会是什么样的。我们要注意的是，这两个处于最高位置的战略要素是如何密不可分的。明确我们的战争是什么与赢取战争意味着什么是密不可分的。
3. 沟通。战略的下一个基本要素是带有具体目的的沟通——影响——特别是营销和销售。营销和销售包括内部和外部两方面。外部让消费者和市场受到影响，采用企业创造的产品和创新品，从而获得成功。另外，在公司内部推广战略，也能取得成功。举例来说，和员工沟通公司的使命和愿景是非常重要的。如果员工不理解组织使命或愿景，那么他们就不可能有效地为此作出贡献。
4. 参与。利益相关者合作共赢式的参与和沟通密不可分；事实上，参与始于沟通，然后扩展到关系的所有方面，包括建立关系、合作与关系管理。当关系是合作型时，在互利共赢关系中，价值将会得到最大程度的彰显、释放和体验。运行价值释放和互利共赢价值体验的整个模式是思考组织商业模式的一种方式。
5. 领导力。战略的下一个因素基本上是整合各种资源以实现整体战略的计划和行动。必须在理解哪些资源是可用的，决定如何使用这些资源的基础上——创建核心焦点，管理、激励和驱使这些资源。我把这称为"资源赋权"——带动资源，授权给他们，并让他们负责。领导力还与自我赋权和责任感有关，在最优秀的组织中，领导行为在组织的各个层级都会发生。
6. 创造力。通过改变机构和转型，创意和创新与领导力联系在一起了。用于改进的创意要么与其他创意相辅相成，要么被更棒的创意取代。将创意变为现实是战略的一个重要方面，它与战略的最后一个要素相联系。
7. 文化。战略的最后一个要素在于理论联系实际，如美国固特异（Goodyear）轮胎广告"Where the rubber meets the road"，被引申为发挥实际作用，派上用场或理论联系实际——组织文化。这正是将潜力转化为行动力的地方。这是个体自尊心、团队动力和行为的表层。在这里，个人心理将融汇到组织心理的"鸡汤"中。组织是由个体组成的——个体心理以复杂的形式沟通、互动、表现或表现不当，我们称之为组织心理或"文化"，这是实施战略的潜能或能力的根本——个人和组织的能力、技能、专业知识，由心态（个性、动机、信念和态度）实施和决定。这也是"当前的行动"，将绩效转化为可监控和评估的战略结果。

我发现，用战略要素构造出一个金字塔模型是很有用的（如图5—1所示），它简要地展现了各个战略要素之间的关系。在这个金字塔模型中，潜藏着一个逻辑，它基于一个事实，那就是越低的层次中包含越多的细节，复杂度也越高，也需要更多的产出和改变。

少 ← 变化 → 多　　低 ← 复杂程度 → 高

使命
目的
我们为什么存在我们是为了做什么而存在

愿景
"成功"的定义、目标

沟通
沟通、价值的营销和销售

参与
运行价值在利益参与者的关系中释放

领导力
对资源的应用、指导、聚焦、赋权

创造力
创新、创意、创意研发、将创意变为现实

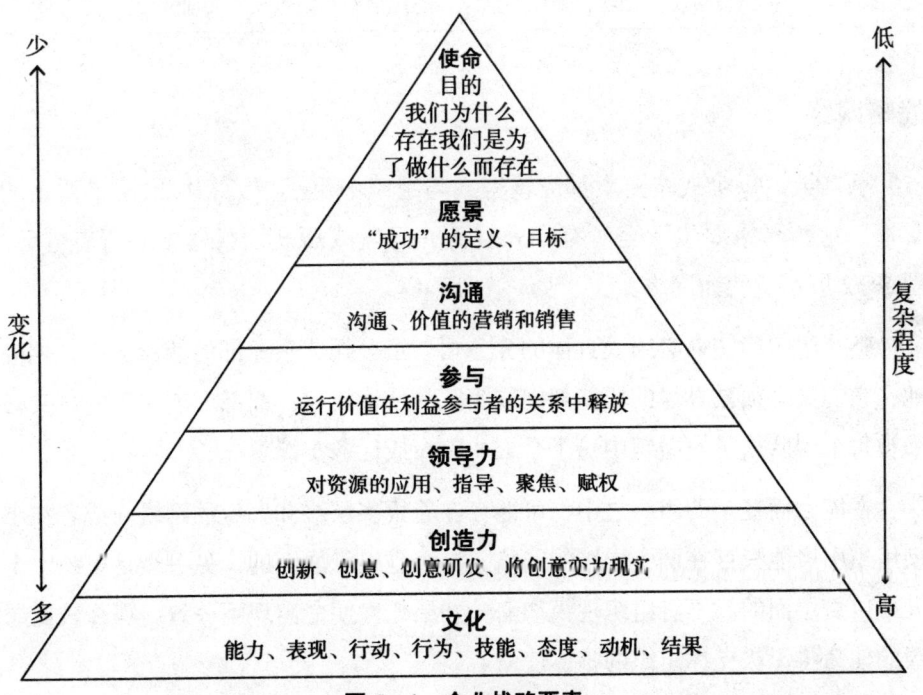

文化
能力、表现、行动、行为、技能、态度、动机、结果

图5—1　企业战略要素

战略和企业家的七个美德

你可能已经注意到战略要素与企业家七美德直接相关（详见表5—1）。

表5—1　　　　　　　与战略要素相关的创业七美德

战略要素	企业家七美德及其与战略相关的定义和理解
使命	精神目的：我们为什么存在以及存在是为了做什么
愿景	富有远见的目标：胜利和成功意味着什么
沟通	影响：沟通、营销并销售价值
参与	协同合作：利益相关者参与和价值体验
领导力	责任赋权：指导、组织和使用资源
创造力	创新思维：创造力、改进创意和价值创造
文化	心态驱动：心理、个性、信念、态度、动机、技能、专业知识、行为举止

战略网络

事实上，每个战略要素都应该得到与组织中更小单元相关的网络要素的支撑，这些网络要素下至所有个人层面并涵盖战略规划或实施的所有方面。图5—2展示了使命网络。

整个组织的使命必须受具体的分公司、子公司或事业部的使命支撑；相应地，它们又必须被具体的职能部门或团队的使命支撑；而部门或团队使命又必须被每个团队成员、组织中每个人的使命或任务支撑。

在庞大而复杂的组织之中，可能存在着很多层级和大量的网络。或者在小型组织中可能只存在两个层级的网络，一级是组织层面的，另一级是组织中个人或成员层面的。不管组织规模如何，如果任何使命出现不一致，那么较低层级的使命将无法支撑组织的整体使命。

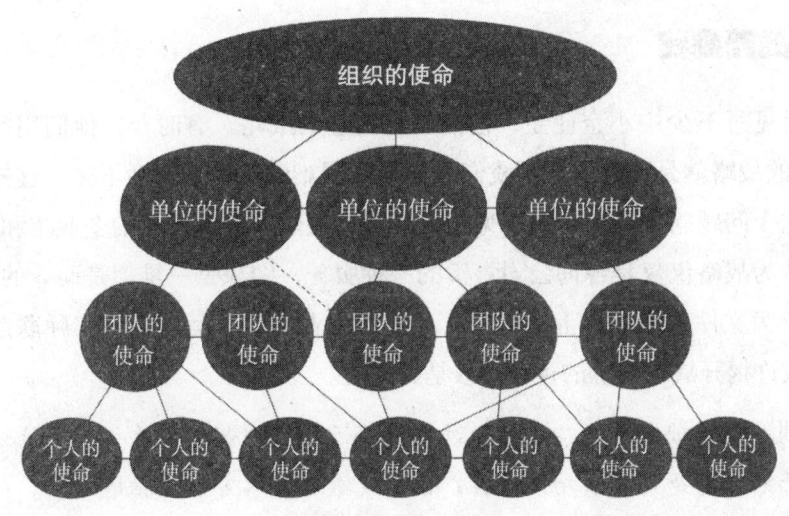

图 5—2 使命网络

需要注意的是，从较低层次到较高层次使命的垂直方向上的联系可以被认为是一致性支撑，而水平方向的联系则被认为是代表低层级使命的协调性和依存性。

其他战略要素也可以得到以下完全相同的结论。

- 组织成功的整体愿景必然被更具体的组织部门愿景支撑，并最终由个人贡献者的一致性目标支撑。
- 组织整体的沟通、营销、销售战略必然由低层级的一致的沟通支撑，直到个人影响层面。
- 整体的利益相关者参与必须转化为较低层级上的更具体的利益相关者参与，直到下至个人关系层面。
- 领导也必须流向组织各个层级，直至个人授权和资源管理层面。
- 组织的整体创造力也必须被各层级的创造力所支撑，直至具体个人层面的创造力和创意。
- 最后，组织的整体文化由个体心理、心态、技能、个性以及在不同团队或部门内，不同角色相互影响而形成的亚文化共同组成。

战略揭秘

我见过不少中小企业主，他们没有明确的战略。有时候，他们用类似于"我们的战略就是赚钱"或"我们只是要在艰难的时期努力活下去"这样的说法将这个问题搪塞过去。我也见过对战略冷嘲热讽的大公司的企业主和高管，他们认为战略仅仅是咨询公司售卖的一种服务，结果是一堆似是而非的文件，最终沦为文件架或抽屉上的装饰，与他们企业的日常运营没有实际联系。因此，或许揭开战略概念的神秘面纱是有用的。

- **规划**。在基础水平上，战略不过是高瞻远瞩，即制订并执行一个计划。这个计划可能是为了成功、生存、成长或撤退并尽可能优雅地退出。如果组织中存在做某事或实现某事的战略意图，并为了这个目标而开展任何形式的计划、指导行动，那么战略就存在。
- **学习**。战略的另一个例子是持续尝试某事，从结果中学习和摸索前进的一系列行为。
- **协调**。当组织基于正式的协议、承诺、结果问责制的相互依存关系，尝试协调式活动时，那么战略也在运行。
- **SWOT 管理**。SWOT 管理理论也适用于战略运行，即寻找途径来探索机会（opportunities）、对抗威胁（threats）、管理风险、开发新的优势（strengths）、消除弱势（weakness）和消除浪费。
- **领导力**。任何为了实现特定目标而实施的领导和管理资源的尝试都与战略相关。
- **创新**。致力于使企业创造和释放的价值最大化的行为是战略的最后要务。
- **变革管理**。任何人有意识地应对变化就是在使用战略。战略是要主动出击、对变化作出反应、应对、驱动和管理。然而，参与变革后往往会大吃一惊。

战略循环

开发和实施战略的过程应该是循环的（如图5—3所示）。很多组织致力于战略规划循环：一月，董事会静修（到一个暖和的地方，打着高尔夫，品着美食，饮着美酒来点燃创意的思绪）；二月，召集部门经理开会；三月，研究战略交付计划；四月，做预算，等等；最终形成装订整齐的文件，置于CEO办公桌左边抽屉的上面。然而，有效的战略在于实施而非规划。

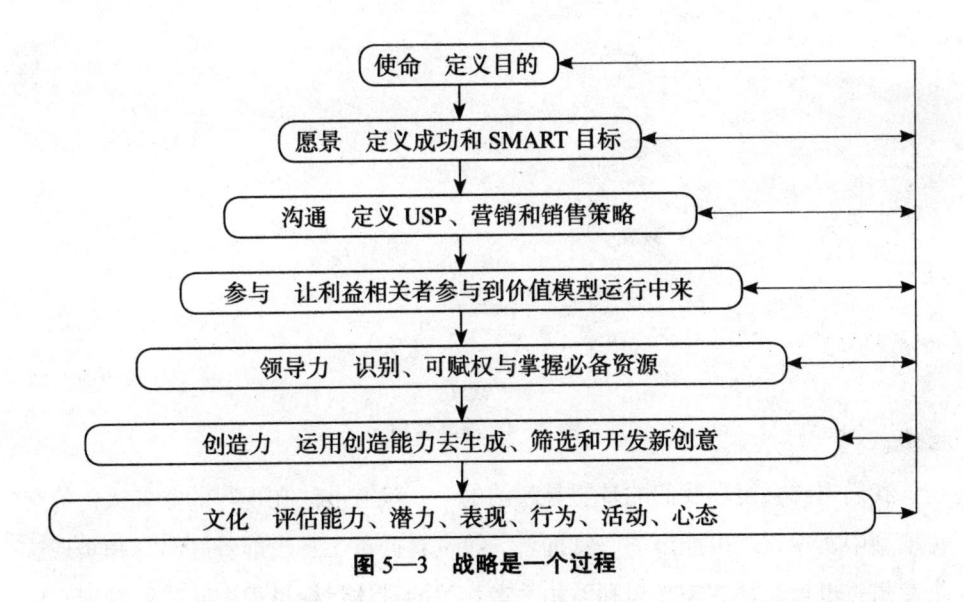

```
使命    定义目的
  ↓
愿景    定义成功和SMART目标
  ↓
沟通    定义USP、营销和销售策略
  ↓
参与    让利益相关者参与到价值模型运行中来
  ↓
领导力  识别、可赋权与掌握必备资源
  ↓
创造力  运用创造能力去生成、筛选和开发新创意
  ↓
文化    评估能力、潜力、表现、行为、活动、心态
```

图5—3　战略是一个过程

所有战略要素的规划和实施过程是联系在一起的。当一个新的获取成功的愿景出现时，使命可能需要重新被考虑。如果营销、销售、利益相关者参与和资源利用共同证实这个愿景是不可能实现的或者可能是不够大胆，那么这个愿景就需要做出改变。如果实际表现和结果显示，成功需要更多的资源，这些资源要么需要被使用，要么它们是不可用的，那么可能需要重新考虑目标，甚至可能使整体的愿景和使命受到质疑。

战略梦想

从某种意义上讲，战略就是将梦想变为一个新的现实（愿景），同时坚持真正目标（使命）。一个激动人心的新梦想的出现，可能会导致重新考虑和扩大目标。然后，当我们走进实现梦想的现实中时，梦想可能又需要作出调整。

在"梦想"隐喻模型（如图5—4所示）中，我们还可以看到战略的循环性。

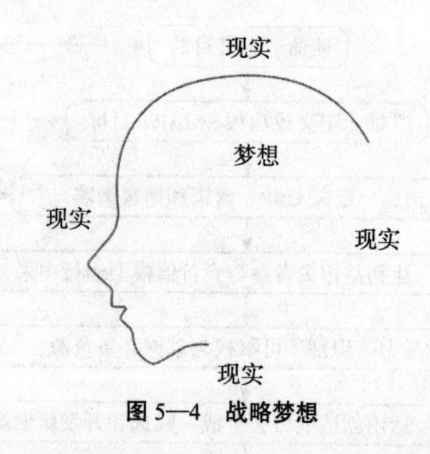

图5—4 战略梦想

我们也许会发现我们的梦想是超前的——没有办法在现行的业务或价值交付模型中实现它。可能市场、管理者、投资者或员工还没准备好参与和实现这个梦想；也可能是在定义与利益相关者相关的具体目标过程中，我们发现有些目标显然是不能实现的，这需要我们重新考虑这个梦想；可能我们只是没有所需的资源，这就要求我们获取更多的资源，否则就重新考虑我们的目标；或者，我们可能会发现自己被创意匮乏、变革阻力或组织惰性所阻碍。当然，当最终将战略实施"落地"时，我们可能会发现现实需要一步一步来。也许，我们个人、团队或整个组织的实践通通没有效果，这需要我们想出新的创意，使用新的资源，或者重新考虑更高层级的战略要素。

现在已经明确的是，战略的循环性是一个过程。所以，我们最终要考虑的是如何将战略要素和过程与企业家心流的核心心智联系起来，并定义我所认为的"战略 DNA"。

战略 DNA

早期，让我惊奇的是，个体企业家心智与组织战略要素存在显著的相似性。我开始认为它们之间存在着一种"共舞"，即高度交互的双螺旋 DNA 结构（如图 5—5 所示）。我将这个看作企业机能、心理和战略的 DNA。当然，这种"共舞"关系也是一种连接个体企业家和组织战略的架构，这两者都旨在创新。

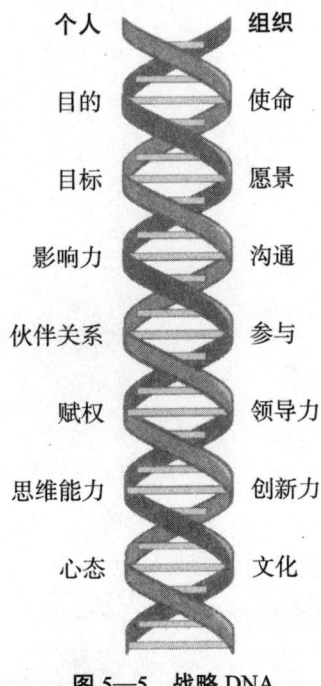

个人	组织
目的	使命
目标	愿景
影响力	沟通
伙伴关系	参与
赋权	领导力
思维能力	创新力
心态	文化

图 5—5 战略 DNA

我们已经定义了战略性创业创新的架构，现在我们可以来考虑"创新区划"（第 6 章）和"架构"（第 7 章）现象——一些企业家和组织如何以及为何会做得非常出色。接着，在第二部分，第 8 章至 14 章，我们将讨论创新的七宗罪——事情如何以及为何会变得非常糟糕——以及我们该做些什么。

第 6 章

创新域与创新区划

> 人类最大的危险不是目标太高无法实现，而是梦想太低信手即得。
>
> 意大利伟大雕塑家米开朗基罗

创新域

"在域中"意味着什么？在个体心理学中，这意味着做得很好、状态很好和感觉很好。换句话说，这意味着处于心流状态。在组织心理学和创新区划现象中，这一理论同样适用。下面是我给"创新区划"下的定义。

- 使创新投资回报率——创造新净值最大化，像其他的相关投资人一样对此进行衡量和追踪。
- 能有效创新，主动地参与其中，进行各种尝试，即便经历无数次失败，但仍然不断学习，绝不停滞。
- 在人类事业中的某一特定行业、市场或领域，成为一个创新者甚至是创新领袖。
- 处于企业家心流状态之中。
- 对无形的、可衡量的结果，如创新投资回报、竞争性优势以及市场份额与利润的增长感到满意或非常满意。
- 感到被喜爱，包括客户的推崇、反馈、价值、拥护和忠诚。这种感受会影响董事会董事、企业的所有者、员工以及其他利益相关者。爱总是会传播的，它具有感染力。

根据上文中对于创新的定义，创新域可以被定义为新净值的创造。而这里的价值是指因心愿达成、企业家心流和创新战略而达到的一种心理状态。

潜在的创新投资回报率随着"架构"效率的提高，呈指数增长（如图6—1所示），这一现象将在本书第7章展开说明。这一关系所暗含的现实是：在任何一对关系中，价值均随着关系质量的提升而增长。在我看来，关系的质量都是由"架构"决定的。因此，新价值的创造和产生可以通过增加创新，即基于企业有效的建立、管理和优化价值创造中所有相关关系——实现。

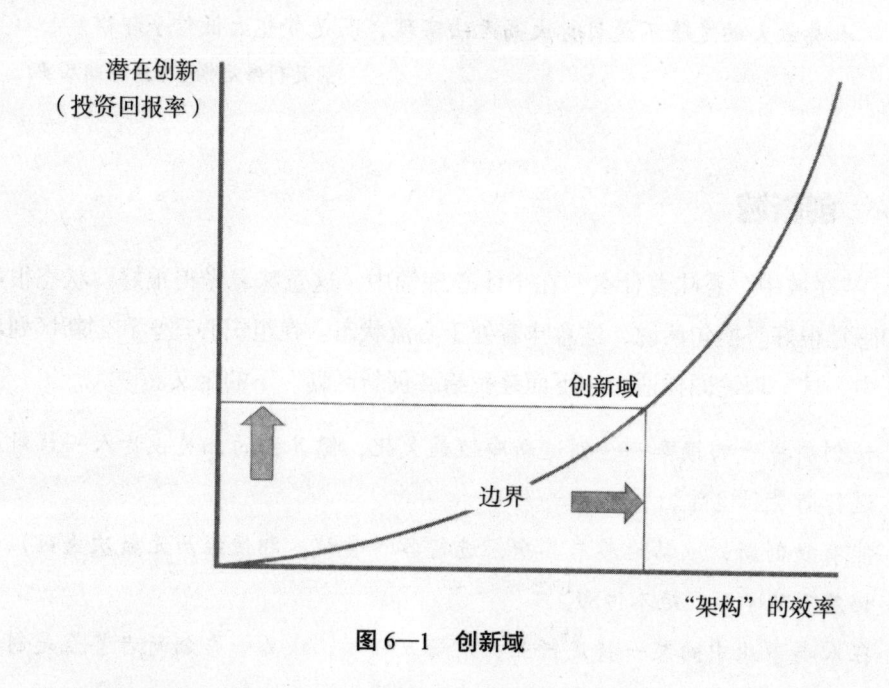

图 6—1 创新域

有效的架构有很多方面，包括企业家与战略之间的、个体与组织心理学之间的、不同心理中枢之间的架构。每一位企业家都必须在自己内心中搭建心桥，将功能、驱动、动机、基础需求以及渴望的结果相互连接。同样，组织为了预期结果的实现和最终的成功，也必须在组织职能与特定战略计划之间架构。

最广义的理解是：架构指建立有效的相互关系，即引入人的参与，以及他们的观点、价值、行为和思想。协作、创造性冲突、顾客驱动设计、开放创新流程、创新合伙、成功的科技商业化、成功的变革管理、"蓝海"战略以及其他人类潜能的实现都是成功架构的重要例证。一个系统的、战略性的在软性要素与硬性要素之间架构的方法是企业创新与战略成功的必要条件。

创新域反映了一家企业在某一特定关系（桥梁）内创造、生产和交付价值的能力，如对企业至关重要的关系——企业与客户。值得注意的是，创新"域"与创新"分区"是不同的。创新"分区"是关于最大化问题的，即如何保持在创新域的前沿。

创新域可以被看作企业正在其中"玩耍"的创新"沙盘"。之所以说"创新玩耍"，是因为企业不会总是对的，总是会有不可避免的踌躇不定的阶段、错误的开始、模糊的路径以及失败的尝试，不参与就不会有收获。正如 IBM 公司的托马斯·沃森（Thomas Watson）所说的："要想提高成功率，请先加倍失败率。"这句话在 1983 年也曾被范·奥森（Van Oech）引用过。

正确地领导那些正处于创新域前沿的企业，将会拓展并最大化他们的创新域。如图 6—1 所示，创新域将箭头所指的方向持续扩大。这些企业将获得长期持久的优势。他们将实现更好的创新结果，并创造更多的价值和更高的投资回报率。与此同时，他们将获益于持续的创新域扩张。我称之为"前沿学习"。

创新区划

而创新"区划"是企业通过优化企业家心流和战略，并持续向最佳区域迈进，从而处于"前沿"、最大化价值创造的结果。最佳区域的前端，即图 6—1 中坐标的右上角的创新域。因此，创新区划是创新领导者引领着创新的"前沿"。这一概念让我想到去尝试改写一个不知出处的名句："如果你不生活、不引领、不学习、不热爱处于前沿，那你就太浪费资源了。"

第 7 章

架构的艺术与科学

> 当你和别人发生冲突时，有一个因素能决定它是破坏还是深化你们的关系，那就是态度。
>
> 美国心理学之父威廉·詹姆斯

心理学桥梁

我们不妨想想，为获得企业创新的成功需要构建哪些桥梁。我们应该明确认识到，不同于真实的桥梁——历经多年建成并可能持续使用多年，我们这里要说的心理学桥梁，需要随着时间的推移不断地创建、再造和优化。

第一座关键的桥梁建立在个人与组织之间。一边是个人、创业领袖去激发团队和组织的能力；另一边则是组织让更多的人参与创新和战略，并发展企业文化的能力。

另一座非常重要的桥梁建立在心理中枢之间。看看那些成功的企业家，当七个心理中枢实现有效的联合与架构时，最佳业绩、创新区划、心流就会产生。而且实际上，连接心理中枢的桥梁是关键的成功要素。总之，这些桥梁是实现成功战略、创新和创业的"关键路径"。

架构模型

对于关键路径上的每一个节点，个体企业家和创新组织都有明确的需求和预期的成果。

对个人而言，具体的需求和预期的成果有相应的创业驱动。实际上，这些驱动是在个人需求或预期成果与心理中枢的契合点之间架构的。在每组驱动和成果之间还存在着关键的心理机能（如图7—1所示）。

桥梁的概念是对关系的有效比喻。我用"架构"这个词不只是指创建关系桥梁，它还指维持和巩固这些桥梁，确保越来越多的内容通过桥梁。那些应该在关系桥梁上顺利通过的内容包括信息、沟通、欣赏和价值。正如前文所述，价值只有通过与人、产品、组织或任何实物的关系才能被交付或体验。因此，价值的概念以及相关的创新和创业概念本质上就是架构。某些特殊的桥梁是获取成功的路上必不可少的。

一座对企业成功创新十分有效的桥梁是企业家与创新之间的桥梁，是一种让有抱负的企业家与创新过程建立有效的个人关系的能力。

创新不是只靠个人努力。因而，在个人心理学与我们称之为组织文化的结果之间架构是至关重要的。在某种意义上，这里存在着一座桥梁，它连接着各个心理中心，这些心理中心存在于个人与个人之间以及个人与组织之间的创新共舞双螺旋结构之中。

另一座重要桥梁位于创新和顾客之间（普拉哈拉德和克里希南于2008年提出的观点）。这种关系是对创新的严峻考验，所要考察的是在实际中，是否产生了新的净值。而且，如果创新不是由顾客的需求、需要、欲望以及最终的价值所引起，那么它很可能会失败。

最后但同样重要的是，成功的一个关键性决定因素是企业家和企业在心理和文化构成的软性要素，与绩效、结果、创新和战略构成等硬性要素之间架构的能力。

第 7 章 架构的艺术与科学

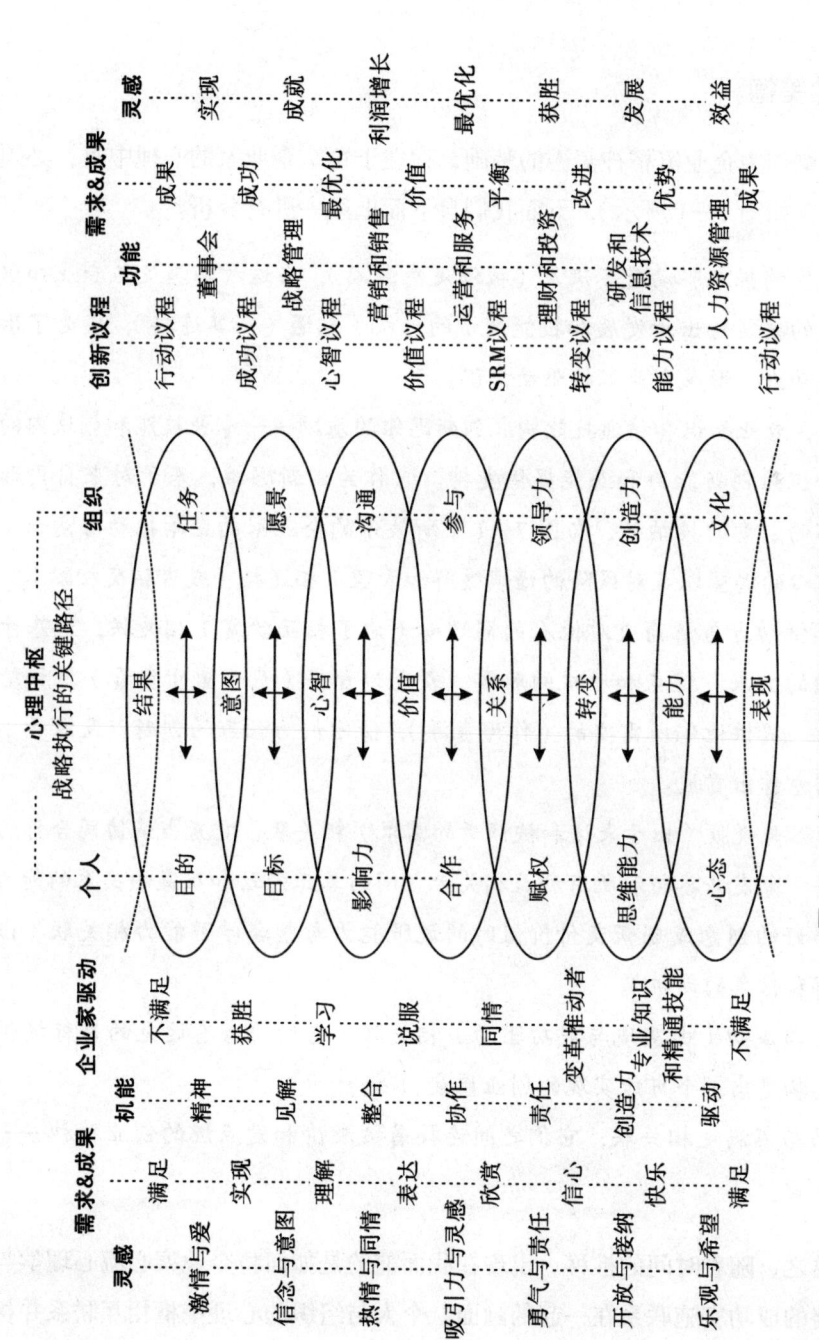

	个人	组织	
需求&成果			**需求&成果**
灵感			灵感
不满足	目的 ↔ 结果 ↔ 任务		实现
成果			
获胜	目标 ↔ 意图 ↔ 愿景		成就
成功			
学习	影响力 ↔ 心智 ↔ 沟通		最优化
最优化			利润增长
说服	合作 ↔ 价值 ↔ 参与		
价值			获胜
同情	赋权 ↔ 关系 ↔ 领导力		平衡
平衡			发展
变革推动者	思维能力 ↔ 转变 ↔ 创造力		改进
改进			效益
创造力和专业知识			优势
驱动	心态 ↔ 表现 ↔ 文化		
不满足			成果

企业家驱动	心理中枢 战略执行的关键路径	创新议程 功能
机能		
精神		行动议程 董事会
见解		成功议程 战略管理
整合		心智议程 营销和销售
协作		价值议程 运营和服务
责任		SRM议程 理财和投资
创造力和精通技能		转变议程 研发和信息技术
		能力议程 人力资源管理
		行动议程

激情与爱	满足
信念与意图	实现
热情与同情	理解
吸引力与灵感	表达
勇气与责任	欣赏
开放与接纳	信心
乐观与希望	快乐
	满足

图 7—1 个人心理学与组织心理学之间架构

架构的美德

桥梁作为企业家精神美德的基础，存在于每个企业家的心理中枢，必须得到优化（如图7—1所示），下面我们自下而上逐一进行分析。

1. 企业家的根本驱动是不满足（被满足感激励），当这种不满足与专业知识和精通的技能（出于发展和技能展示的动机）相遇（与其连接），成为了乐观的驱动力，形成企业家的驱动意识。
2. 同样，专业知识和精通技能构成创新思维的基础——专业技能和领域内的专业知识为创新能力和潜能提供支持。它作为创新思维，基于对来自内部和外部的创意的接纳性，与图7—1中所展示的企业家的变革推动者意识（出于信心的渴望以及对风险的谨慎缓解和管理）相连接（或者相交相融）。
3. 变革推动者与情商或对他人的同理心（为了相互欣赏）相关联，这基于对他们的需求、观点和动机的欣赏，表现为责任（基于勇于负责）授权给他人——提供他们所需要的（作为资源），使他们为预期的创新以及源于下面的创意作出贡献。
4. 同理心与说服（出于表达和被倾听的需求）相关联，它充当着协同合作的基础——激发并参与和所有利益相关者之间的真正强劲和双赢的关系的能力。
5. 销售好的创意或创新交付价值时的说服能力与整合学习能力相关联（出于理解和信息的动机）。
6. 学习与成功（由实现与成功驱动）相关联，它们为富有远见的目标提供支持，构建出一个可能实现的创业愿景。
7. 成功与不满足相关联，它们之间连接着被激情和爱点燃的创业精神——精神宗旨。

总之，随着时间的推移，出现在我面前的是如何将企业家心流心理学与创新战略的成功实施联系在一起的画面。个人与组织的心理中枢相互联系并相互影响，这样一来，使得它们与相邻的心理中枢（见图7—1）也关联和互动起来。详情如下。

1. 心态/文化。个体心态在"文化鸡汤"中相交相融。而基底的铺垫是绩效——运作状态。再往下，这个环（它是循环的）与顶端的心理中枢——目的和使命相连接。绩效成为结果。我们还会回到这里，但是让我们先向上看，从心态/文化到创造它的潜能或能力。

2. 思维能力/创造力。与创新相关的一个重要潜能是产生创意以及对这些创意的创造性开发的可能性。向上驱动，它引发转变——变革和改进。向下驱动，它们之间的互动还会驱动更大的创新潜力和能力，以及竞争创造或其他优势的发展。

3. 赋权/领导。赋权/领导是从转型中获取一种重要的能量，这种转型即为变革推动者和变革管理，它继续向上流，驱动利益相关者参与，做任何有助于获得成功的事情。向下的能量流可以被认为是领导团队的参与，以及来自利益相关者（涵盖更宽泛的团队）为成功转型而采用的各种形式的参与支持。

4. 参与/协作。利益相关者参与依赖并驱动具体的参与，它还需要信任和责任。在这些利益相关者关系中，价值通过伙伴关系得到彰显和体验。

5. 影响力/沟通。一部分往下是关于管理价值体验和欣赏，一部分往上是价值表达。它是衡量和欣赏价值，建立关于顾客和其他利益相关者需要和重视做什么，竞争对手都在做什么以及外界正在发生什么的信息。这些信息还向下驱动或流动，引导销售和营销方面的努力以永无止境地追求增长。

6. 目标/愿景。SMART目标和愿景需要以信息作为基础，在现实中"落地"，而且还驱动智能引擎关注于开发观点以及理解战略意图和方向。它们指导着学习和信息收集。向上看，目标和愿景与宗旨和使命相连接——它们源于彼此并相互驱动。

7. 宗旨/使命。在顶端，宗旨和使命定义"实现"和成功——组织为什么存在，它的存在是为了做什么，以及在某种意义上它正在玩什么游戏，这就定义了赢对它意味着什么。组织聚焦于目标性的使命导向，这驱动结果和绩效——可衡量的结果。在这里，我们可以将"绩效管理"看作为驱动心理发展和文化进步而做出的一种努力，这一努力具有宗旨/使命导向。

激励创新战略的议程

正如与企业家心智和企业家心流相关的讨论，这里存在着具体的需求和预期的成果，它们与每个心理中心的结点相关联。同样地，组织也有战略需求或预期成果与每个心理中枢的结点对应（如图7—1所示）。另外，这里还存在着一个与每个需求成果相联系的组织驱动器，它以整体战略中的一种具体议程或创新议程的形式存在。

1. 行动议程驱动结果。将宗旨/使命和心态/文化联系起来的是绩效和结果，它们被行动议程驱动——谁在什么时间做什么、为什么这么做、怎么做以及和谁一起做，等等。行动议程必须有具体的时间安排，而且通常被称为30/60/90天行动计划。向上看，它连接着能力——你只能做你有能力做的事情。向下看，它连接着战略意图——行动的重点。

2. 成功议程驱动成功。意图将目标/愿景和宗旨/使命联系起来，它驱动着使命和组织愿景的成功实现——"成功硬币"的两面。意图向上与（意在）结果连接，向下以信息为支撑。没有信息的意图只是个"坏主意"。

3. 信息议程驱动优化。信息连接在影响力/沟通和目标/愿景之间，它通过从内外部获取的知识、优势、劣势、机遇和挑战评估，来支撑上面的意图的各种重要数据，以及以下面的价值展现和衡量为基础。正确的信息可以优化组织，并使其处于当前最优状态。

4. 价值议程驱动价值。连接在合作/利益相关者和影响力/沟通之间的是价值——在营销组合和销售过程中展现和表达价值，在经营商业模式、供应和价值链或流、顾客服务以及体验中交付价值。价值特别是评估价值，向上驱动信息，向下则驱动着利益相关者的参与，这些利益相关者的价值和价值体验影响着整体价值的最大化以及组织的价值（估值，如果相关）。

5. 利益相关者关系管理议程驱动平衡。连接在赋权/领导和伙伴关系/利益相关者之间的是参与——让利益相关者、合作伙伴以及员工和其他资源参与——向上驱动价值展现，向下驱动转变——平衡记分卡，它从财务、市场或顾客、文化和运营四个方面考虑组织在战略上的投入，以求达到平衡（需求正确的平衡）。

6. 变革议程驱动改进。在思维能力/创造力和赋权/领导之间连接的是转变——向上驱动着加入到变革之旅的参与者们，向下驱动着持续变革和改进的能力。

7. 能力议程驱动优势。将心态/文化和思维能力/创造力联系起来的是创造各种战略优势的潜能或能力——向上驱动着持续的改进、变革和转变，向下驱动着绩效和结果。

战略规划和实施

图7—2显示了战略要素在制定战略规划时如何联系起来，以及重叠区域（在创新议程中驱动战略实施的架构）是如何与组织机构连接的，这些组织机构可以说与战略的各个方面都相关，但是在某种意义上，它们与每一个心理中枢更相关。

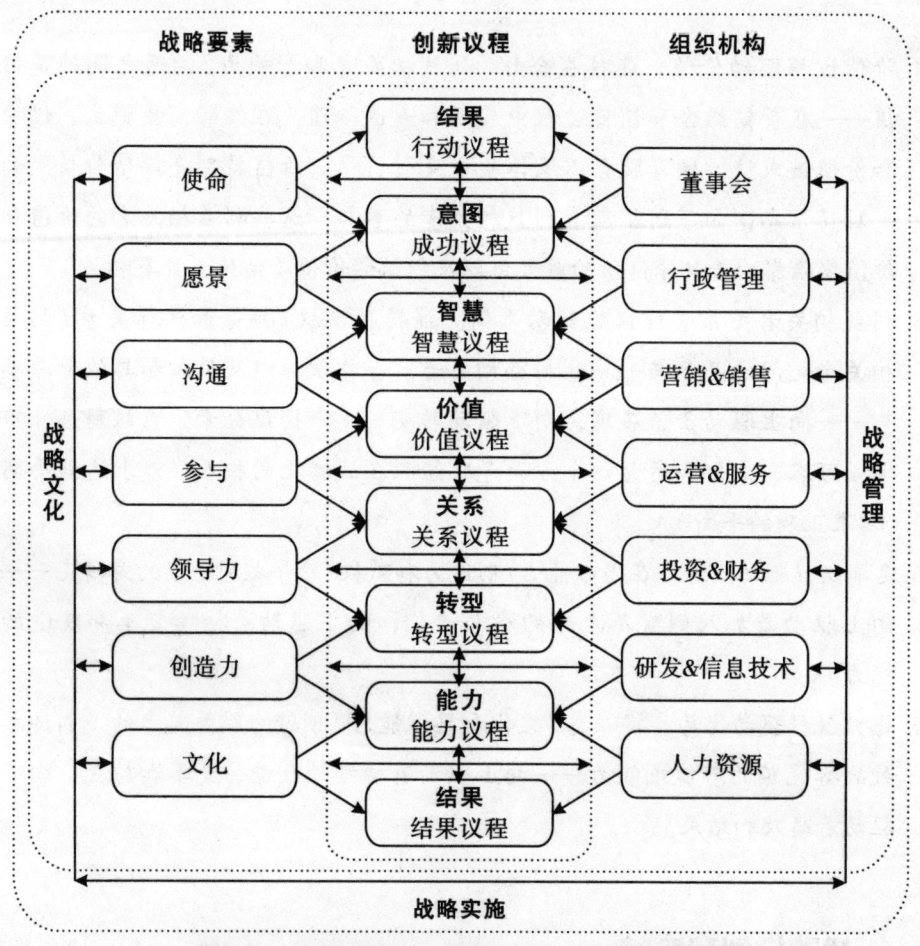

图 7—2 在战略规划、管理和实施中架构创新议程

战略要素	创新议程	组织机构
使命	结果 / 行动议程	董事会
愿景	意图 / 成功议程	行政管理
沟通	智慧 / 智慧议程	营销&销售
参与	价值 / 价值议程	运营&服务
领导力	关系 / 关系议程	投资&财务
创造力	转型 / 转型议程	研发&信息技术
文化	能力 / 能力议程	人力资源
	结果 / 结果议程	

（外框：战略文化 — 战略管理 — 战略实施）

在检验模型的逻辑严谨性过程中，即检验所有要素与功能的关系时，领导力、财务结果与投资之间的关系最为模糊。我认为，领导力在组织的管理者团队中是最明显的。然而，资源的管理特别强调通过专注、指导、激发和授权各个角度来实现期望的结果。我们将之称为"资源管理"。但是现实情况是，从最现实和最完整的意义来说，领导力素质才是这里最需要的关键成功因素。其中最重要的观点可能是，当提到组织所做的财务预算决策，也就是最终转化为他们选择如何整合资金、人力、系统、工具这些有限资源的决策时，这才是最需要但往往最缺乏领导的情况。关于这一点，我们将在后面谈到创新七宗罪时

再讲。现在，我们就只说，很显然更多的组织需要投资开发组织机构中的核心领导素质，特别是在产品管理或营销部门以及控制着预算和投资的财务部门。

架构思想领导

当组织架构中战略架构工作到位后，我便开始思考与战略、创新和创业相关的各种现有思想领导与这个模型之间的对应关系。我们将在第二部分定义和讨论创新的七宗罪，在此之前，我们先看一些非常著名的领导理论。

领导变革

1996年，科特在领导变革的开创性著作中明确了领导通常会犯的八个错误，对此提出了有效驱动战略变革的八个步骤。尽管科特的步骤有既定顺序，但是我们可能要注意战略要素同样需要管理。在我看来，科特的八个要素与战略的七要素是有联系的（如图7—3所示）。

科特变革领导的错误
引用自科特（1996），意大利文：我的评论

战略要素	科特变革领导的错误
使命	7 "太早宣布成功"（"完成使命"）
愿景	3 "低估愿景的作用"（或缺乏愿景）
沟通	4 "愿景沟通不足"（或者没有沟通）
参与	2 "没有构建强有力的领导联盟"（缺乏关键利益相关者的参与）
领导力	6 "没有创造阶段性成果"（一个失败的领导）
创造力	5 "放任种种障碍阻挠新愿景"（一个失败的想法）
文化	8 "没有将变革深植于企业文化之中" 1 "过于自满"（失败文化的根源）

图7—3 与战略要素相关的变革领导错误

蓝海战略

金（Kim）和莫博涅（Mauborgne）于 2005 年将"蓝海战略"定义为用改变游戏规则的方式，重新定义企业模式，使企业至少能够暂时脱离现有的竞争。在我看来，他们用战略蓝图来确定和交付新的价值以实现差异化观念，通过理智地分析消费者和市场需求以及竞争性产品，在富有远见的目标和愿景与新价值和价值交付模式之间架构。当然，成功取决于所有的创新日程的准确性和可行性。

好战略

罗曼尔特（Rumelt）于 2011 年认为，"好战略"（思想与行动的联合）需要满足以下两个关键条件：

1. 基于关键战略要素联盟的凝聚力；
2. 基于集中资源和行动的力量，以及时常从富有见地的（"蓝海"）重构问题或情境中开发出关键的新优势和竞争性优势的力量。

新发现的力量通过成功的、革命性的变革领导，在领导力、资源集中授权与开发优势能力之间架构。这些新力量能够克服困难，战胜竞争对手或跨越障碍以获得成功。凝聚力则是将所有的行动议程与组织心理和行为的方方面面联合起来，以获得心流、最优绩效和预期成果。

创新角色

凯利和利特曼（Kelley & Littman）于 2008 年定义了 10 种创新角色。我列举了这 10 种角色，还有他们避而不谈的挑剔者这一角色，并加入了在创新过程中非常重要的 3 种角色（如图 7—4 所示）。

第 7 章 架构的艺术与科学

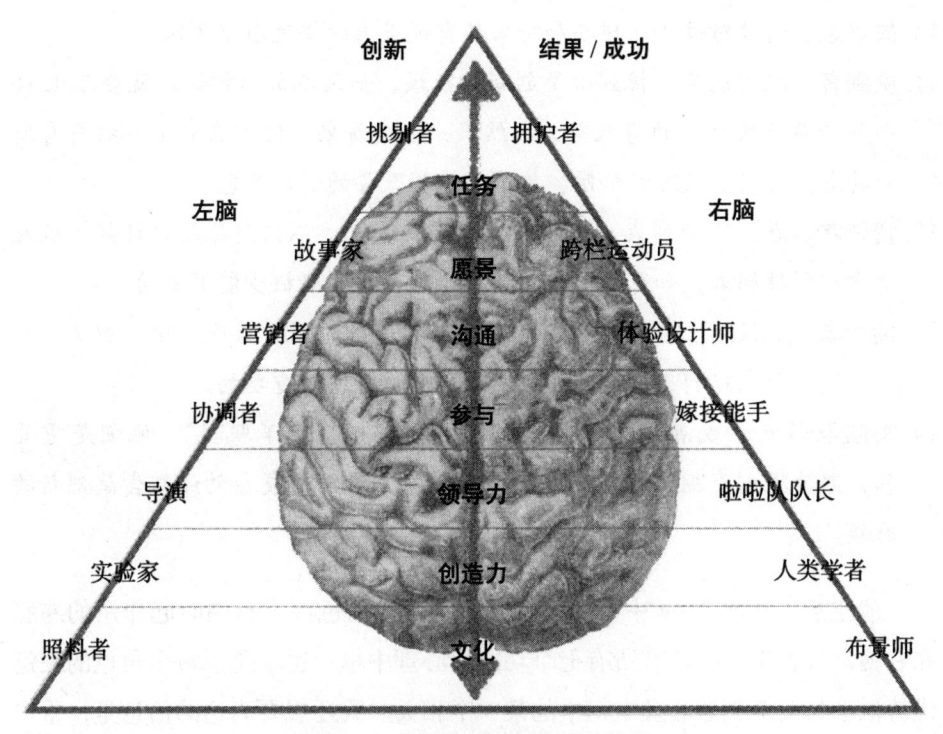

```
              创新              结果/成功
                  ↑
              挑剔者    拥护者
                  任务
    左脑                        右脑
              故事家         跨栏运动员
                  愿景
           营销者    沟通    体验设计师
           协调者    参与    嫁接能手
           导演    领导力    啦啦队队长
           实验家   创造力    人类学者
           照料者    文化    布景师
```

图 7—4 创新角色与企业家心理

来源：右脑图片源于维基共享 CC BY-SA 3.0 [协议文本]

下面是对这 14 种角色的描述。

1. **人类学者**。他们是敏锐的观察者，经常基于自己的洞察力提供重要的创意。
2. **实验家**。通过实验开发新的创意。
3. **嫁接能手**。通过将观念和创意并行实现超前思维。
4. **跨栏运动员**。能够找到解决问题的办法，跨越障碍的途径以及事半功倍的方法。
5. **协调者**。将人力凝聚起来，带动积极性并完成任务。
6. **导演**。项目的规划和驱动，挖掘出最好的人才。
7. **体验设计师**。设计能够实现改进和价值的体验。
8. **布景师**。创造真实和虚拟空间来繁荣创新文化。
9. **照料者**。支持和促进凯利所说的"人力的创新"。

10. **故事家**。通过对过去、现在和将来具有说服力的描述激励团队。
11. **挑剔者**。凯利认为，挑剔者是创新的麻烦，如果不加以控制，就会阻止10个创新角色所付出的勇敢努力。然而，在我看来，他们在我们忽略自身所处的危险时指出风险和陷阱，扮演着非常重要的创新角色。
12. **营销者**。在凯利的列表中被忽略，但在我看来，不只是体验设计师，从人类学家到挑剔者，如果没有与营销视角结合，创新极少能够成功。
13. **拥护者**。也没有出现在凯利和 IDEO 公司提出的创新角色之中，但是，我认为这个角色在创新开始到结束的过程中都是绝对重要的。
14. **啦啦队队长**，或者如科特与1996所称的"支持变革联盟"。他们是重要的，因为很少有拥护者会"单干"，特别是在大型或复杂的组织尝试创新的时候。

请注意，在图 7—4 中，我不是说每个创新角色都没有同时起作用的左脑和右脑，或者是同时拥有所有七个功能性心理中枢；也不是说每个角色的关键优势似乎与七个创业心理中枢中的某一个相关。我还想要表达的信息是，重申多样性价值，即十四个大脑要优于一个大脑。

3M 公司的创新七大支柱

另一个关于成功创新的必要条件的观点来自全球创新领袖 3M 公司（美国明尼苏达矿业制造公司）。它的创新"七大支柱"模型与当前战略模型中的组织因素相关。下面引用列表来自阿尔恩特（Arndt）在2006采访3M公司研究实验机构的副总裁拉里·温德林（Larry Wendling）时的一篇文章。

1. **使命**——3M 的创新支柱1："从高层管理者到基层员工，整个公司都必须致力于创新。" 3M 的使命宣言是"创新地解决问题"（3m.com）。
2. **愿景**——3M 的创新支柱6："3M 通过计算过去四年中商业化的新产品在公司整体收益的比例来衡量它投入的研发资金是否物尽其用"。它通过创新交付价值的战略意图与现实和指标明确联系。毫无疑问，这个方面的愿景与关乎成长和业界领袖的更宏伟、更具体的愿望相关。

3. 沟通——3M 的创新支柱 4："沟通，沟通，再沟通。3M 的管理长期以来强调在研究人员中间开展正式或非正式的广泛联络。温德林称之为 3M 的秘密武器。"内部人际网络在谷歌（其中之一）也是一个"秘密武器"，它与外部人际网路、营销沟通等都是非常重要的沟通活动。

4. 参与——3M 的创新支柱 7："研究必须与顾客紧密对接。为了开发真正有价值的产品，在进入实验室埋头苦干之前，3M 员工往往要花费大量的时间和消费者进行沟通。"尽管参与不只需要顾客，但客户关系是非常重要的，应当成为它的核心。

5. 领导力——3M 的创新支柱 5："这群把自己称作'3M 人'的员工，为他们那些最终可以研制成产品的发明而感到骄傲。3M 独特的经营管理手段为这些经验丰富的员工提供了双重的职业通道，使他们不进入管理层也可以不断得到晋升。"再次强调，这是对资源的领导和赋权的一个方面，这使得员工不管选择哪条职业通道都觉得值得。

6. 创造力——3M 的创新支柱 3："3M 宣称拥有 42 项不同的领先技术，这一资源优势可以让研究人员将想法从一个领域应用到另外一个领域。例如，3M 技术人员将制作多层塑料镜头的技术应用于其他领域，从而开发出了耐受性更强的研磨材料、反光性能更强的公路标识，以及不需要拼命抓紧就能有很好效果的高尔夫手套。正如温德林所说，单向型公司往往会在它们第一次成功之后就陷入发展的僵局。"科技平台对创新是非常重要的，但是同样地，它们只是创新的一个方面。

7. 文化——3M 的创新支柱 2："企业文化必须有意识地传承保留。"这些言语适当地反映出 3M 致力于培养有效的组织文化，并为绩效和创新结果努力实现潜能的最大化。

或许通过图 7—5 来看 3M 公司的创新七大支柱阵容会有所帮助。

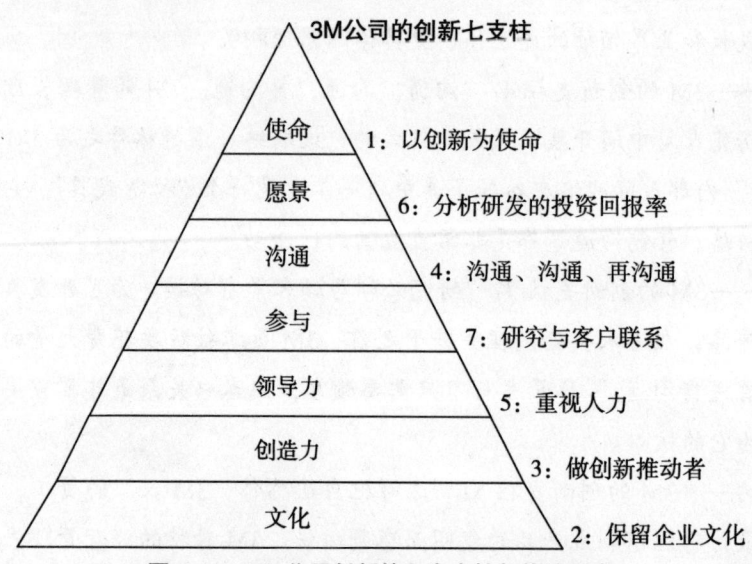

```
                    3M公司的创新七支柱
                         /\
                        /  \
                       /使命 \      1：以创新为使命
                      /------\
                     / 愿景   \    6：分析研发的投资回报率
                    /----------\
                   /  沟通      \  4：沟通、沟通、再沟通
                  /--------------\
                 /   参与          \ 7：研究与客户联系
                /------------------\
               /    领导力           \ 5：重视人力
              /----------------------\
             /     创造力              \ 3：做创新推动者
            /--------------------------\
           /      文化                   \ 2：保留企业文化
          /------------------------------\
```

图7—5　3M公司创新的七大支柱与战略要素

谷歌创新的八大支柱

2011年，谷歌公司的广告业务高级副总裁苏珊·沃西基（Susan Wojcicki）如下描述谷歌创新的八大支柱，我将它们与当前的架构联系起来。

1. 使命——谷歌创新支柱1："拥有一个共同的使命。"
2. 愿景——谷歌创新支柱6："听从直觉召唤，参考数据判断……雇用那些相信不可能最终会变为可能的人。"
3. 沟通——谷歌创新支柱5："随时随地，尽情分享……我们的员工都学识渊博，是有能力做出完整决策的人才。"
4. 参与——谷歌创新支柱7："成为一个良好的创新孵化平台……开放性有助于提高人人参与的积极性。"
5. 领导力——谷歌创新支柱2："大处着眼，小处入手……无论你的计划多么宏伟，你都需卷起袖子，从某点着手。"
6. 创造力——谷歌创新支柱4："四处寻找灵感。"

谷歌创新支柱3："力争持续创新而非短暂的完美……我们的更新迭代过程

通常给予我们宝贵的教训。观察普通用户是如何使用我们的产品,这是检验我们产品最有效的方法,以督促我们对反馈意见采取行动。当产生问题时,早日从中学习,并能够及时应对,这要好过在错误的路上渐行渐远。"

7. 文化——谷歌创新支柱八:"不要害怕因失败而失败……失败很正常,只要你懂得从错误中吸取教训,并尽快纠正……日益增长的谷歌员工来自世界各地,带来了各自不同的背景和经历。一套强烈的共同原则让所有的员工融为一体,共同前进。我们只要能坚持说'Yes',抵制说'No'的文化,接受失败的可能性,同时不断地重复重复直到达到我们认为正确的程度为止。"

谷歌创新的八大支柱与战略七要素的联系如图7—6所示。

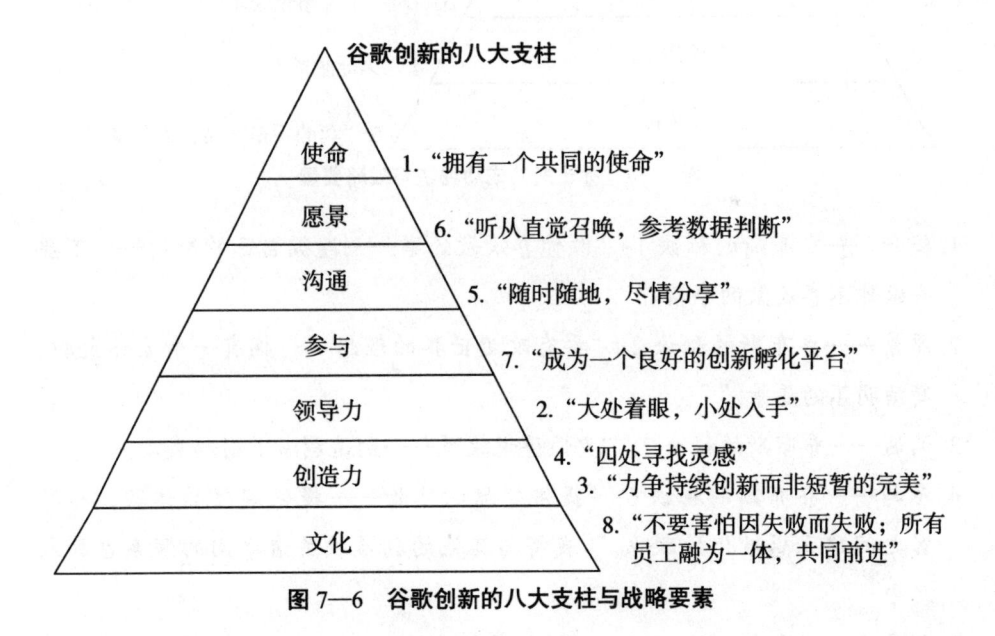

谷歌创新的八大支柱

- 使命　　1. "拥有一个共同的使命"
- 愿景　　6. "听从直觉召唤,参考数据判断"
- 沟通　　5. "随时随地,尽情分享"
- 参与　　7. "成为一个良好的创新孵化平台"
- 领导力　2. "大处着眼,小处入手"
- 创造力　4. "四处寻找灵感"
　　　　　3. "力争持续创新而非短暂的完美"
- 文化　　8. "不要害怕因失败而失败;所有员工融为一体,共同前进"

图7—6　谷歌创新的八大支柱与战略要素

史蒂夫·乔布斯成功的七条秘诀

在2010年加洛(Gallo)归纳的乔布斯成功的七条秘诀问世之后(如图7—7所示),我的战略性创业创新模型可能或多或少地得到最终的证明。希望乔布斯不要介意我改变他的"秘诀"顺序，我这么做的原因在于，尽管他的秘诀已经排了序，但是我从加洛的陈述中并没有获得顺序感。

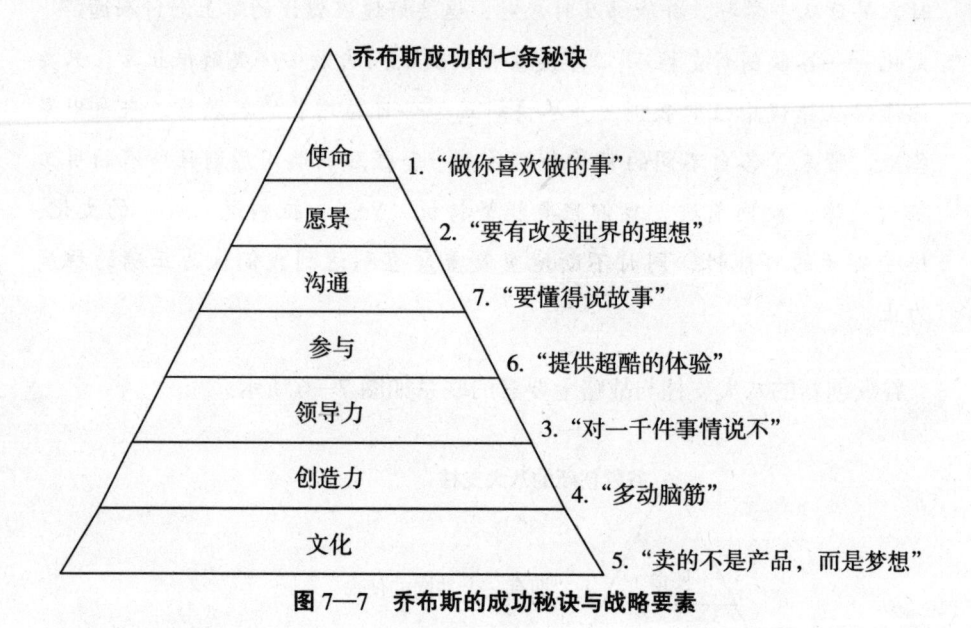

乔布斯成功的七条秘诀

- 使命 —— 1. "做你喜欢做的事"
- 愿景 —— 2. "要有改变世界的理想"
- 沟通 —— 7. "要懂得说故事"
- 参与 —— 6. "提供超酷的体验"
- 领导力 —— 3. "对一千件事情说不"
- 创造力 —— 4. "多动脑筋"
- 文化 —— 5. "卖的不是产品，而是梦想"

图 7—7　乔布斯的成功秘诀与战略要素

1. 使命——乔布斯的秘诀1："做你喜欢做的事——遵循自己的激情——不要去做你不喜欢做的事情。"

2. 愿景——乔布斯的秘诀2："要有改变世界的理想——拥有一个宏伟大胆、简洁明了的愿景。"

3. 沟通——乔布斯的秘诀7："要懂得说故事——制造刺激并引起轰动。"

4. 参与——乔布斯的秘诀6："提供超酷的体验——提供超酷的体验，与顾客之间建立感性化的联系。"我将与其他的利益相关者之间的联系也加入其中。

5. 领导力——乔布斯的秘诀3："对一千件事情说不——专注于关键的关系。"在我看来，专注是领导力的一个关键方面，它可以确保我们将时间和精力恰当地投资于最重要的关系和资源上。

6. 创造力——乔布斯的秘诀4："多动脑筋——跳出固有思维——创造意想不

到的联系。"同样地，这不是创造力的唯一重要项，但它是非常重要的一个方面。

7. 文化——乔布斯的秘诀5："卖的不是产品，而是梦想。"在我看来，这就是乔布斯思想、苹果品牌及其文化的本质。

现在，我们已经定义了创新分区的概念以及连接各种企业家和组织心智的潜在现象，在本书第二部分，我们将讨论导致创新失败的创新七宗罪。

The SEVEN SINS of INNOVATION
A STRATRGIC MODEL FOR ENTREPRENEURSHIP

第二部分
创新的七宗罪

我们并不是因为我们犯下罪孽而受到惩罚，而是被罪孽所惩罚。

——美国著名作家阿尔伯特·哈伯德

创新的七宗罪是通往成功道路上的主要障碍。这七宗罪是从个人心理学的七个主要方面及其对应的组织心理学的七个主要方面衍生而来的。当某个心理中枢阻塞了，这些罪恶就会现身，扰乱企业家的心流，并阻碍创新的成功。

值得再一次强调的是，这些阻碍物之间存在乘法效应。假设有两个心理中枢各自被阻塞了90%，那么就会出现以下的乘法效应：

$$100\% \times 100\% \times 100\% \times 100\% \times 100\% \times 10\% \times 10\% = 1\%$$

在本书的第二部分中，我将描述一下各个心理中枢是如何相互影响并产生共鸣的。当它们的秩序被打乱时，心流就不会产生。当其中一个心理中枢呈现出不健康的状况，它就会影响另一个，并最终影响整个个人和组织的心理状态。各个心理中枢及其特征，与驱动力、动机和情感相互影响，从而制造了创新的七宗罪。

将七宗罪和企业家的美德之间的关系列示出来，可能会对你有所帮助，如图Ⅱ—1所示。

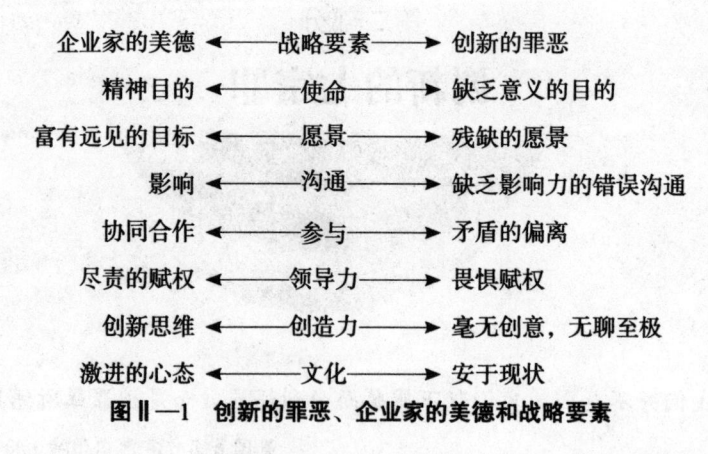

企业家的美德	←战略要素→	创新的罪恶
精神目的	←使命→	缺乏意义的目的
富有远见的目标	←愿景→	残缺的愿景
影响	←沟通→	缺乏影响力的错误沟通
协同合作	←参与→	矛盾的偏离
尽责的赋权	←领导力→	畏惧赋权
创新思维	←创造力→	毫无创意，无聊至极
激进的心态	←文化→	安于现状

图Ⅱ—1　创新的罪恶、企业家的美德和战略要素

值得引起注意的是，我们要时刻提醒自己留心阻碍企业家的障碍以及美德的矛盾面，就像图Ⅱ—2中所示，它们是创新七宗罪的基础。

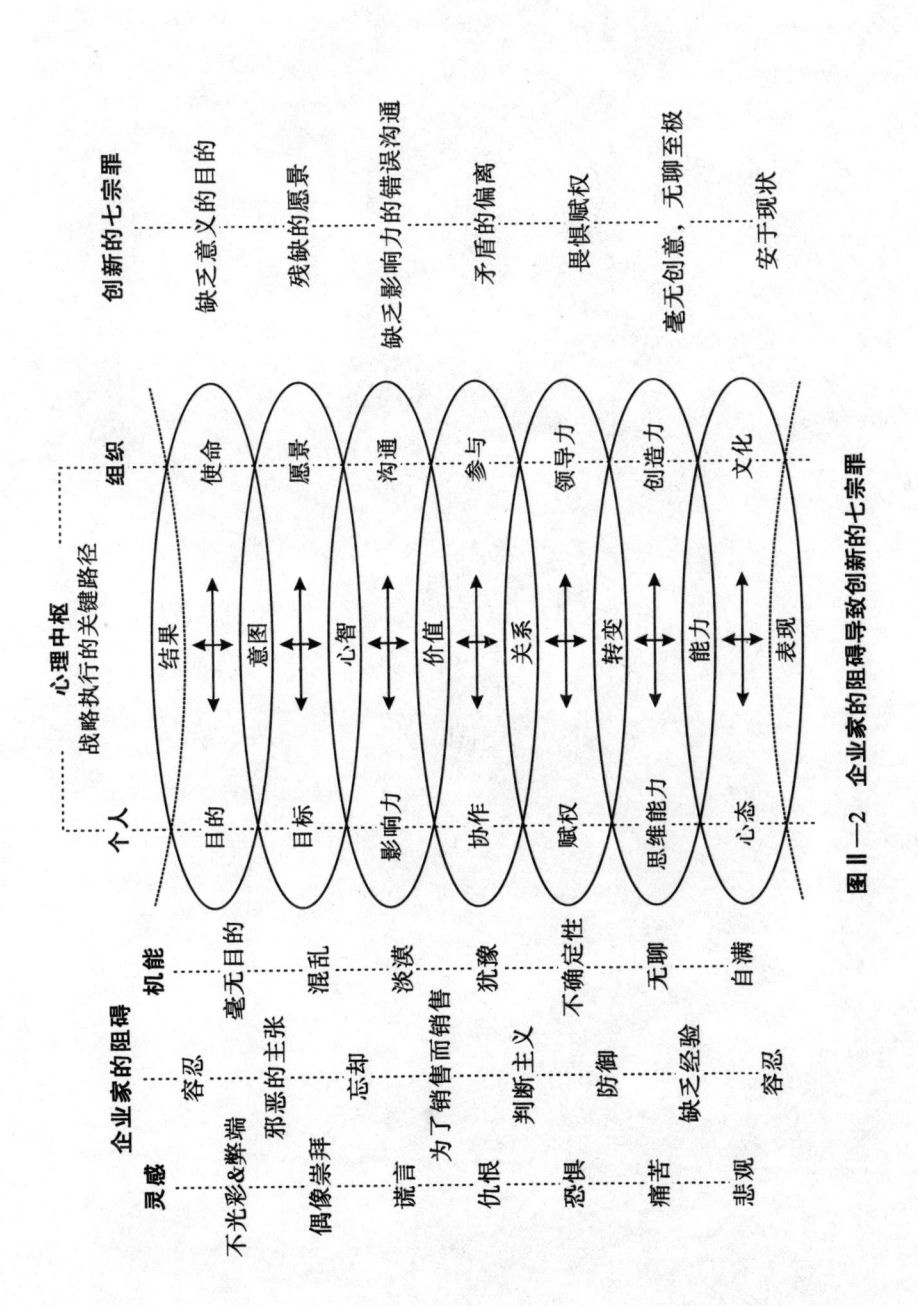

第二部分　创新的七宗罪

创新的七宗罪

- 缺乏意义的目的
- 残缺的愿景
- 缺乏影响力的错误沟通
- 矛盾的偏离
- 畏惧赋权
- 毫无创意，无聊至极
- 安于现状

心理中枢

战略执行的关键路径

个人		组织
目的	结果	使命
目标	意图	愿景
影响力	心智	沟通
协作	价值	参与
赋权	关系	领导力
思维能力	转变	创造力
心态	能力	文化
	表现	

企业家的阻碍

灵感	机能
不光彩&弊端　容忍	毫无目的
偶像崇拜　邪恶的主张	混乱
谎言　忘却	淡漠
为了销售而销售	犹豫
仇恨　判断主义	不确定性
恐惧　防御	无聊
痛苦　缺乏经验	自满
悲观　容忍	

图Ⅱ-2　企业家的阻碍导致创新的七宗罪

The SEVEN SINS of INNOVATION
A STRATEGIC MODEL FOR ENTREPRENEURSHIP

第 8 章

创新的第一宗罪：缺乏意义的目的

> 忘记了自己的目的是愚者最常做的事情。
>
> 德国著名哲学家弗里德里希·尼采

第一宗罪：缺乏意义的目的

科技推动

一个缺乏明确意义和说服力的潜在创新充其量只能算作一次"科技推动"的案例，即用既有的方案去寻找问题。"只要我们生产了，人们就会慕名而来"就是它们得以发展的咒语。在科技推动的情况下，企业家、工程师或其他一些技术专家创造出了一个解决方案，随后移交给其他人——通常是市场营销和销售部门，去寻找可以用此方案解决的问题以及愿意为之付费的人群。科技创新显然是最常见的毫无意义的创新。

对金钱的追逐

另一类愚蠢的创新行为是由企业家对于金钱的渴望而激发的。这一点曾被卡奥（Kao）等人在 2002 年明智地指出："今天的工作是为了明天的不劳而获。"这种言论是否刺激并提高了你作为护士、飞行员或领导者的信心？反正它们没能刺激我。同样地，如果一个组织声称其目的是为了企业所有者的致富，使他们过上上等的生活，这能够激发我们作为顾客对于其产品的渴望吗？

无论是人还是公司，纯粹为了钱而工作是完全无法激起人们的兴趣，因为钱与目的毫无关联。它只是经济体中的一种交易机制。任何有价值的事情必须具备目的性。而金钱仅仅具有交易价值，通过它，我们可以去兑换一些真正具有内在价值的事物。在以贵重金属、珠宝、珍珠或贝壳做成的货币时代，不同形式的钱就没有真正被衡量过其内在价值。它们看似有用，实则仅仅是衡量财富的工具或交易的机制而已。

因此，让我们来澄清一下：企业家精神的内在动机不可能是为了挣钱。但可笑的是，现实中很多野心勃勃的企业家的核心目标就是为了创造亿万财富。如我们在第3章所讨论过的，财富、地位以及财务保障都属于人类的动机。但动机和目的并不是一回事，将其混为一谈是危险的。

如果一位企业家创建一家新公司的核心动机是自我富足或自我扩张，那么这家企业将难以成功。最好的企业是在创立之初就被企业家赋予了明确的价值的。它可以为顾客提供实际的价值，而不是仅仅为了实现企业家的个人目的。最好的企业家想法是基于满足客户需求、解决客户问题和/或为客户提供价值的。

不清晰的需求

我见过许多企业家，试图为他们的"大想法"找到清晰的需求、问题或价值。然而事实上，我所接触的大量的企业家其实都只是在试图将他们的"极客"想法用正常语言表达出来而已。他们陷入到了自己的创新内容的技术细节当中，例如，他们的创新是用来做什么的？那些技术如何运作？或他们的网站或电子商务模型是如何发挥功效的？他们并没有从客户的角度去想问题，并没有去解释他们的想法是如何满足客户的需求、解决客户问题或如何提供价值的。这也是典型的科技推动。

伟大的企业家永远从对需求的理解以及实现需求的目标出发。福特公司希望提供的是移动，迪士尼公司希望生产的是快乐，巴斯德公司（Pasteur）希望挽救生命。他们以及其他的成功企业家都非常清楚自己想要实现什么、他们的企业为何存在，以及企业存在所需要做的是什么。无一例外，他们都不仅仅是为了挣钱而存在的。

拖延的进度

那些难以从客户的视角清晰表达观点的企业家，同样难以获得合伙人、投资人、同事以及其他股东的支持。无论这位企业家正试图在企业内部引领创新，还是创立自己的创新企业，无法清晰表述目的的结果都是一样的——拖延的进展。拖延的进展会产生更高的开发成本以及其商品在市场上较弱的表现。在美国麻省理工学院创新实验室中，通过纵观各家企业和研发项目的表现，我们发现一个为期六个月的"做/不做"的决策会使研发成本翻倍（拖延的周期会使核心资源及相关资源流失，也会增加管理费用），并使最终的市场影响力减半（错失市场时机导致更激烈的市场竞争以及替代产品的出现）。总之，所有这些负面影响最终都将直接削弱投资回报率以及业务。

如果一个想法被拖延过久，它也可能会直接死掉。除非在少数极端案例中，想法需要等待"它的时代的到来"。一个不够清晰的想法或一个无法表达清晰的观点引领者都有可能造成同样的拖延进度的后果。想法无法实施，进度无法快速推进，错失最佳时期，最终一败涂地或结果与应有的成功相比大打折扣。

底线

接下来，我们需要检验一下作为一位雄心勃勃的企业家，你的想法是不是代表着一项全新的业务、一个全新的产品或带来商业的进步。看看你能不能给你的妈妈或其他人的爸爸妈妈讲清楚。确保你所讲述的对象跟你不太一样，并没有受过类似的培训、思维角度不同、且不具备相同的行业知识。将你的想法讲给他们听，如果他们搞不明白你在说什么，那么再试一试。直到你能够给你的父母、配偶或孩子讲清楚你要做什么。接下来，你就可以去挑战更严峻的测试——向你的潜在客户解释清楚。

潜在创新不可逾越的底线——创新七宗罪中的第一宗罪,也是最致命的一宗——是一个有力的、吸引人的、清晰的目标。创新需要引领者,而有效的引领需要有力的目的以及清晰和富有激情的讲解。如果你还没有做到这点,那么马上去做。

缺乏意义的目的背后的心理学根源

接下来,我们将探讨一下缺乏意义的目的是如何由心理中枢的缺陷、封闭、压抑、错误连接所引起的。

使命偏离

当然,第一个心理中枢是关于目的的。因此,这一心理中枢的封闭意味着在创新中缺乏明确的目的,从而导致本质上毫无意义。我认为这是可耻的——它是荣耀的矛盾面,与主线和更高级别的使命截然相反。

但是,一个更为普遍的问题是:一个潜在的创新的目的或意义在什么情况下是无法与更高级别的使命所关联的?如果一个创新与企业家的整体价值观或激情有所偏离,那它将很难获得很好的引领或得到拥护者或组织内部更广泛的支持。同样,一个创新如果无法与企业的基本使命同步,那么这个创新也很难推行。即使这个创新可能是伟大的,但如果它不能帮助一家企业实现它的目的或使命,它对于这家企业而言也将是毫无意义的。也许它应该发生在别处。

目的与愿景偏离

在阐明创新如何为企业的成功作出贡献以及成功该如何被衡量和判定后,如果人们发现这一创新与企业成功的愿景不相符,那么这个创新就不太可能会获得投资或其他支持。即便这一创新本身可能具备明确的愿景,但当这一愿景与"母公司"所制定的成功战略不能保持一致时——即创新不在企业的战略框架中——这一创新的目的对于企业的愿景而言，将变得毫无意义。

无效的沟通与影响

如果没有就某项创新的目的与潜在的股东进行有效的沟通，如果它没有在企业内部和外部进行成功的推介和销售，那它将不可能被付诸实践，并止于缺乏意义。

另一种创新失败的原因是创新的目的不能引发他人的兴趣，从而无法将这一创新变成计划推广给企业内部的营销和销售团队。在这种情况下，创新领导者的首要目标是将想法推广和销售给企业的内部员工，特别是负责营销和销售的人员。因为这些人未来将对这些创新产品的营销和销售负责。

利益相关者参与不足

如果对于那些需要积极参与到创新实现的人（即合伙人、同事、投资人或其他利益相关者）缺乏理解，或在创新的目的与这些人的需求和期待之间未达成理解与共识，那创新的目的就很有可能会被改变。所有的股东都需要特定的目的以满足整体目标的实现。否则，他们的参与将变得毫无意义。或者说，他们就不算是真正的"相关者"了。

另一个因利益者错配而削弱创新目的的情况出现在某一创新的利益受众与企业整体利益的受众截然不同时。特别是当上述两个群体存在需求与计划之间的冲突时，这种情况尤为明显。

领导力无效

创新的目的也会因没有阐述清楚创新项目的开展方式而变得毫无意义。例如，谁去负责什么？哪些资源需要被使用和管理？该如何为获得成功而激励并授权人们？

在企业内部，一个常见的失败原因是无法获得必要的资源。资源总是有限的，因此除非创新的目的能够吸引资源的投入，并能够吸引人的关注，否则创新同样会被扔到缺乏意义的垃圾堆中。我们来看一则对于创业企业家以及创业领导者的评论："热恋中的发起人总是会被创新所迷惑。他们深深地迷恋着自己的想法，他们希望预算可以根据生产来制定。他们希望其他人都能屈从于自己，并愿意一直为创新的成功等候，哪怕是超出理智的时间，只为将他们的想法变成现实。"

此外，如果一项创新没有专注在领导力上或未涉及领导力，那么这个创新注定会失败。哪项创新不是以在某一市场、行业或领域获得领导地位而存在的呢？

创造力错配

如果一项创新没有融入一个明显的创新元素，那么则毫无意义。这一创新必须能够为世界创造新的价值、创造变革或进步，并从某种层面造福世界。如果这一创新并不是受到一个激动人心的"大"（或"小"）的创新想法所驱动的话，其目的将难以维系。而创新成功的概率应该与这一想法的质量和心理"大小"成正比。

另一个可能出现在企业内部的创造力错配的情况往往会发生在一个创新想法超出了当时的主流观点时。一个伟大的想法也可能会被溺死在矛盾的、不相容的想法的海洋里。特别是当这一新想法缺乏有效和果断的领导时，新想法将难以生存。

文化断层

最后，如果缺乏潜在的才干、潜能、能力或技能去实现创新，创新将会是痴人说梦，毫无意义。此外，创新的意义还必须在某种程度上与企业领导者的动机、信仰、态度、技能、专业性和心态，以及组织的主流文化保持一致。

充满意义的目的

总而言之,上述任何一种情况出现在个人或组织心理学中,都将触发创新七宗罪中首要且致命的一宗——缺乏意义的目的。而它的反面——创新精神的第一个价值——就是充满意义的目的。它是激发有效创新的必要条件。

任何一位企业家必须具备充满意义的目的,使所有人的心理中枢产生共鸣。

1. "目的"的基础是关于人的心理或"精神"的实现——一个人更高层次的目的。
2. 关于目标的成功实现绝对是有明确的定义的——即预期的创新的影响力。
3. 创新的目的和价值是能够被清晰地表述、传达和沟通的。
4. 对需要被积极引导参与到创新实现的群体,如合伙人、同事、投资人或其他利益相关者必须进行充分的理解,并有计划地去实施。
5. 对于如何领导一次创新,将其从想法变为现实——通过交付、管理和领导必备的资源——必须要有清晰的计划。
6. 创新中必须蕴涵一个重要的"大"(或"小")的能够创造新价值的想法。
7. 企业家在创新过程中必须具备必要的潜力、能力或才干去推动创新的实现。而这些能力必须基于对该某领域的专业知识、相应技能、动机、驱动力以及永无休止的不满足。这些都是企业家精神或心智的核心层面,与更高层次的目的息息相关——即造福世界,至少是一步步地提升。

我们还可以去思考关于创新或一个组织如何产生创新这一更为广泛的问题,充满意义的目的是如何与组织心理学的各个心理中枢或文化产生共鸣。

1. 任何创新的根本意义需要与组织整体的根本目的或使命(即组织为何存在)

产生共鸣。

2. 预期创新的目的需要与企业对于成功的愿景相一致，而且必须清楚如何才能获得创新的成功，对于如何来衡量和断定成功的标准也必须明确。

3. 市场营销计划——全面的市场营销组合（包括想为客户提供什么、如何提供、如何定价、如何分销等问题）需要被清晰地定义，当然还有创新的核心价值主张。

4. 需要一个股东参与计划——了解在交付中所有需要被搭建的关系以及如何激发人们对于创新的喜爱——包括在团队内部建立关系、与所有客户、投资人建立关系，以及与所有其他利益相关方建立关系。

5. 需要明确创新将如何被领导和管理，包括谁会做什么、需要哪些资源、创新将如何在市场、行业或领域中获得领导地位。

6. 创新需要具备一个创造性的目的，即为世界创造新的价值，或通过某种方式将某些事物用于造福世界。

7. 创新的目的反映了企业中核心人物的信念、态度、心态、动机、性格和行为模式。

总之，当进入与目的相关的"心流"状态时，创业者就是达到了自我实现和优雅的状态——实现了更为崇高的目标。相反，当创业者或更大组织的心智有一面或多面发生偏差，它产生的无意义目标就成为创新的最致命原罪，能够让创新的努力尽数付之一炬。

有意义的创新议程

充满意义的创新目的依赖于成功的企业创新议程的实施，并对之产生影响。

1. 确保创新目的符合战略意图的目标与整体愿景与使命（即"成功计划"）的达成，从而得以实现。

2. 企业的"知识议程"是能够支持有意义的目的的，最新的知识可以回答最核心的问题——企业为何存在以及为什么这一创新至关重要。同时，知识所带来的效果也应受到企业整体目的的驱动。
3. 目的与"价值计划"相连接。"价值计划"定义了被交付的价值组合以及交付时如何体现目的的实现。
4. 一个有效的"股东关系管理议程"要求充分理解与企业相关的股东目的，以及如何通过创新的目的服务于企业的整体目的。
5. 任何"变革议程"都需要满足创新目的与企业整体使命的一致性。使命本身可能具备一定的多样性或变化性，比如当使命被要求必须接纳某一创新时，使命就必须能够自我更新。
6. 一个有力的"能力议程"服务于目的，并受目的的引导。
7. 最后，目的驱动行为。只有通过"行为计划"才能将目的与结果关联起来。

创新精神的实现

综上所述，当企业家完成了自我实现和荣耀（即达成了更高层次的目的）后，他们就会进入一种关于目的的心流状态。相反，如果企业家或组织的一个或更多方面的心理中枢被错配了，首先致命的错误就是无意义的目的。它将会削弱创新的结果。

第 9 章

创新的第二宗罪：残缺的愿景

> 人人都把自己视野的极限当作世界的极限。
>
> 德国著名哲学家亚瑟·叔本华

创新的第二宗罪

阻碍创新的第二宗罪是指缺少愿景，拥有不清晰、混乱或残缺的愿景，或者成功的愿景是可望而不可即的。残缺的愿景与心理中枢的故障有关，这个心理中枢与见解、远见、直觉、智慧以及成为领袖的意图相联系。让我们来看看这一特定的罪行所表现出的各种形式。

愿景错配

任何愿景都是一个或一系列的目标，它们既丰富又宏伟，足以成为愿景。另一种说法是，宏伟的愿景和目标是对较小的愿景和目标的汇总。图 9—1 展示了一个宏伟、大胆又冒险的目标或愿景是如何由一些较小的目标和愿景组成和支撑的。当个人、组织或其他利益相关者的愿景发生错配或产生冲突时，问题就会出现。

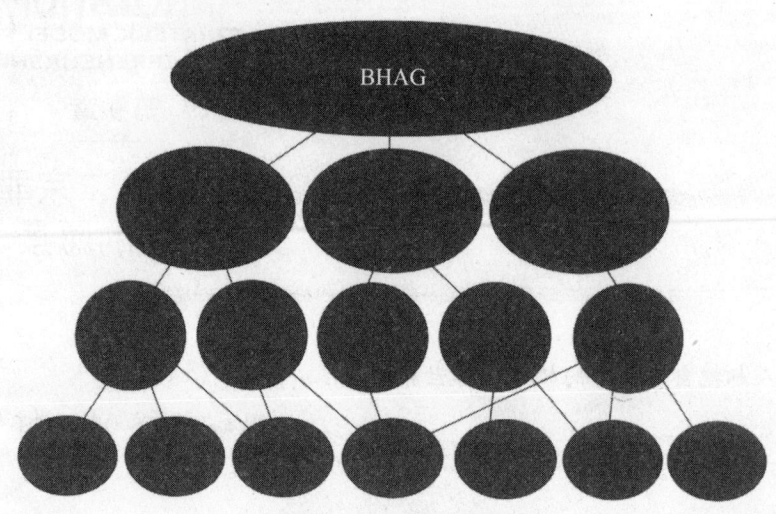

图 9—1　愿景的网巢

坏的红海

残缺的愿景本质上就是"红海"战略和"坏"战略，看不到任何可能。当领导者能够透过争论、交战和日常运营来发现问题时，他们就有机会去展望新的潜能、新的梦想以及新的未来的现实。正如德鲁克所说："预测未来最好的方式就是去创造未来。"

愿景通常由目标组成。换言之，在大多数情况下，一个宏伟、大胆又冒险的目标（BHAG）可以被拆解成各种子目标。主宰世界的愿景可以被拆解成一系列较小的目标或步骤，虽然它们之间存在着复杂的相互依存关系，但它们可以独立存在。

一切照旧

对于很多企业而言，存在的问题仅仅是愿景无法超越"一切照旧"。正如库珀（Cooper）所言：

太多的企业只要过得去就行。它们的经营目标在于比去年强一点……只要实现如此成就，他们就会非常激动。因为他们已经甘于平庸，无法绘制出一个非凡的蓝图。

不幸的受害者

丰富大胆的愿景要好过那些贫乏平庸的愿景。实际上，"成功理论"认为，一个十分详尽的、由很多具体子目标构成的愿景要比一个不够详尽的愿景更具引导性和吸引力。其结论是，当拥有清晰而详细的、并具形象化的预期结果时，吸引力法则所带来的效果最佳。

在我看来，拜恩（Byrne）所谓的"秘密"并不是什么秘密。消极的想法、态度和信念往往会导致消极的结果，相反的情况则适用于积极的结果，这是事实而非魔术，是心理在起作用。之所以说我们的态度塑造了我们周围的世界，原因在于我们的感觉、我们的所思所想以及我们对生活和关系的态度这些微妙之处都会影响到其他人甚至是其他生物。我们的态度甚至还会影响我们与非生命体的关系。想想网球运动员与球拍、球、球网以及网球场的关系——美好或糟糕的日子之间的差别都是由态度而非这些实物所决定的。

我相信幸运是靠自己创造的。当我们态度积极时，我们就会更具吸引力。当我们拥有积极的人生观时，我们往往会吸引有利于积极结果的帮助。意外发生并非偶然，而是有意为之。在心理上，我们总是被那些态度积极的人和动机所吸引。只是我们并不能总做对而已。

我们的愿景通常会以很多方式而变得残缺。在生活中，我们可能会产生受害者思维，开始相信事情的发生是因为让我们受害的这个或那个人、这件或那件事情。我们可能会丧失梦想和积极思考的能力，或者意识不到只要努力就能改变的现实。

这是谁的愿景

我们既可能会对我们应该渴求什么感到困惑，也可能会承担他人的目标或愿景，把它们当作自己的，即使它们最终并不适合我们；我们可能还会用尽所有的方式去获得一个大学专业学位，之后却意识到它可能只是我们父母的一个梦想。而且，我们所有人往往被渴望财富和炫耀性消费的消费主义文化所影响。

目光短浅

体现创业者和组织的愿景残缺的一种重要方式就是目光短浅。很多组织在思维以及为创业和创新所设定的需求和条件等方面，都是只关注短期目标，以至于它们执着地偏爱能带来短期渐进式提升的思维和行为，而不是大胆的颠覆性创新。

与从持续改进中获得的较小且更具即时性的利益相比，大的颠覆性创新通常需要更大的投资和更长期的持续努力。对于一些人来说，持续的改进并没有错，一个由成千上万个小目标组成的以求改进的愿景似乎看起来更振奋人心。但是，与那些在行业或商业范畴内部持续改进的人相比，能够改变游戏规则的人往往能够获得更多的回报。

另外，组织高层的震荡也是短期发展主义的一个根本诱因。当企业的CEO们考虑到自己领导一个组织的任期，他们的动机往往是要交付一些跨度相对短的成果，通常的时间跨度只有几年。因而，当面临选择获得相对即时的收益的短期投资，还是选择在他们任期内可能看不到交付价值当能改变游戏规则的创新投资时，很不幸，他们会很明确地选择"短视"。他们以及董事会都需要望远镜。

好高骛远

眼光远大（好高骛远）也有可能会造成愿景的重大残缺。很多企业家遭受过拥有过于宏伟的愿景之苦，他们看不到较小、较为短期的步骤的价值，无法一路欢庆。从较小的、短期的收益中获得早期的支持和收入，这对实现更长期更宏伟的愿景来说无疑是一种更好的途径，这要好过迅速尝试一条铤而走险的路，如图9—2所示。

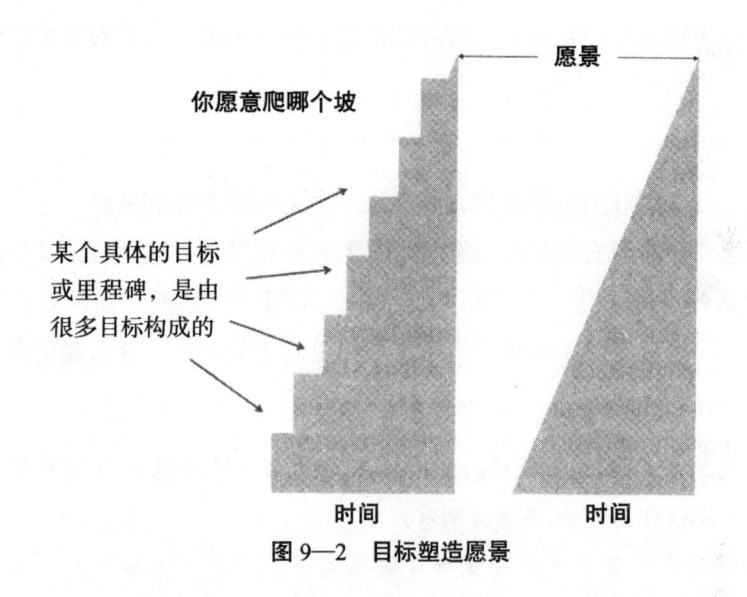

图9—2 目标塑造愿景

无法聚焦方向

愿景也可能会令人困惑不堪，变得模模糊糊——看到重影、三重影甚至更糟。清晰的愿景需要聚焦，不要试图做得太多，也不要做得太快。我们不可能同时关注两个完全不同的方向还能看得清楚。有时候，企业家和组织需要选择一个最优的方向。

战略选择或决策通常需要在愿景的层面上做出——选择方向——而且，实施战略也需要在投资、利用和集中资源的层面上来制定。不同的战略选择框架展示如下。

- 安索夫矩阵（Ansoff Matrix）。其思考的是关注新产品还是现有产品，或是进入新市场还是守住现有市场。

- 波士顿咨询公司优势矩阵（Boston Consulting Group' Advantage Matrix）。其思考的是如何将企业所有的产品从销售增长和市场占有率角度进行再组合。
- 波特通用战略矩阵（Grand Strategy Matrix）。其思考的是关注于差异化战略、一体化战略还是成本领先战略。

在做出明智选择的基础上，所有被推荐的框架的根本原则都是聚焦方向。

愚蠢

实际上，对于好的愿景来说，智慧是一个必要的条件和基础。一个好的梦想不仅要建立在对现实清晰的理解基础之上，还要具备彻底理解该梦想是什么以及可能是什么的智慧，并需要拥有推理、学习、洞察模式和预测意外的能力。以下这些框架有助于知识的汇集和找出见解上的差距，这需要更深入地进行分析。

- 当有人询问应对机会和威胁的核心优势是什么以及必须克服的弱势是什么的时候，SWOT分析就显得特别有用了。
- 如果要进行有关竞争地位和竞争可能性的分析，那么不妨考虑波特的五力模型以及四角模型。
- PESTEL分析模型。它关注的是各种外界因素，比如政治、经济、社会、技术、环境和法律因素。这些因素的变化趋势是如何影响战略的。

如果没有智慧，没有学习、消化和理解相关信息的能力，又不能将其转化为自己的见解，那么愿景就会变得毫无意义。

愿景背后的心理学障碍

与其他心理中枢一样，残缺的愿景被认为是与个人心理以及组织心理互为因果关系，通过与所有其他心理中枢互动产生共鸣。

当发生以下情况时，愿景就会出现残缺。

1. 关于成功的定义并没有与个人和组织目标产生共鸣。
2. 没有平衡好野心与现实。例如，如果一个愿景尽管大胆，但不能够持续，或者是没有建立在见解、直觉和知识的基础之上，它就可能是不现实或不切实际的。
3. 对于成功是什么样子，未能有效地阐明和表达出来，对成功的感觉以及成功到底像什么，没有一个清晰有力的阐述意识。
4. 未能对实现成功的愿景有清晰的认识：谁需要参与，他们应该作出什么样的贡献以及每个人应当如何从"成功的假设情景"里获取价值。
5. 没有稳固的、专注的、指导性的赋权领导力，这种领导力通过决策来确保成功所需资源的集中和分配，从而推动愿景的实现。
6. 未能制定出一个具体的、明显的改进方案。
7. 没有将愿景根植于正确的心态和文化当中，包括在现实中展示愿景的能力和潜能的基础上，抱有"愿景是可以实现"的坚定信念。

总之，以上任何方面的心理障碍都将导致愿景的残缺，进而导致创新无法进行。

高瞻远瞩的目标

高瞻远瞩的目标是那些清晰而长远、专注且富有远见的愿景的基础。企业家的第二个美德是可以通过以下方式来实现。

1. 确保目标、愿景与宗旨以及使命相一致，让它们以"成功议程"的形式共同构成战略性意图，明确制定企业必须为什么样的成功而努力。
2. 将目标和愿景建立在有关消费者需求、满足消费者需求的直接和间接的竞争方式、SWOT 和其他相关的分析等这些完整、精确和最新的情报基础上，构建企业的"信息议程"，从而通过时间和各种情境来优化成果。
3. 确保目标与由 USPs（独特的销售建议）定义的"价值议程"、消费者价值体验最大化的计划以及价值（商业）模型，明确地联系起来，它们都受企业价值的支撑，旨在使企业价值最大化。
4. 确定与每个利益相关者群体相关的具体目标，并以"利益相关者关系管理"的形式存在，制定出能够在企业内外部的重要关系中得以实现的 SMART[①] 目标，旨在更好地平衡组织不同利益相关者之间的优先顺序。
5. 确保企业变革的目标清晰，在"变革议程"中明确规定改进需要实现什么，什么时候实现，如何实现以及通过谁实现。
6. 确定为实现企业或组织的整体成功而必须开发的核心能力的具体目标，从而构成"能力议程"，以开发成功优势。
7. 确定具体的结果，它们是由个人、团队和企业作为整体通过"行动议程"而实现的，这个议程旨在绩效最大化。

梦想和现实的平衡

再次强调，制定目标和愿景就是在梦想与现实之间找到平衡。在某种意义上，只有通过将梦想根植于现实，我们才会保持清醒。因此，我很欣赏荣格下面的这段话："只有当你能够察看自己的内心深处时，你的视野才会变得清晰起来……向外看的人活在梦中，而向内看的人则是清醒的人。"

[①] SMART，即 Specifie（明确的）、Measurable（可衡量的）、Aeceptable（可接受的）、Realistic（实际的）、Timed（有时限性的）。——译者注

第10章

创新的第三宗罪：
缺乏影响力的错误沟通

沟通中最大的问题就在于你自以为它发生了。

爱尔兰剧作家萧伯纳

创新的第三宗罪

缺乏影响力的错误沟通是创新的第三宗罪。我们已经了解了创新的前两宗罪，无法成功地与他人就创新目的和愿景进行沟通，将会阻碍创新的成功。但还有很多其他的错误沟通情境也会削弱创新。当然，最糟糕的结果就是差劲的沟通者甚至不以为然，将冷漠置于无能之上。让我们来看看以下几种错误沟通的存在形式。

沟通的作用

企业的兴盛或衰败与沟通的好坏息息相关。沟通并不仅仅是精雕细琢的新闻稿、网页、宣传册、博客或演讲。我们沉默的时候反而传达得更多。我们通过一切的行为进行沟通，通过我们如何行事进行沟通，甚至通过我们的不作为进行沟通。我们的肢体语言反映了我们的态度和情绪。它们可能表现得与我们口中的言辞或想要传递的信息截然相反。语音语调、抑扬顿挫以及每一点社交的细枝末节，对于顾客体验的影响甚至会超过实际所提供的服务。跟进不足或沟通缺失可能会导致错失机会。相反，过于迅速的跟进则会显得急切与绝望。

商业沟通的世界充满了悖论，干扰着我们的想法，使大量有才华的高管和优秀的企业犯错。接下来，我们先后退一步，想想沟通在企业中到底承担着什么样的角色。从战略角度来看，沟通是一座桥梁或一剂黏合剂，它将顶层的使命和愿景（战略意图的两个重要方面）与底层紧紧相连，这一切都从建立关系开始。传递意图使得目的和方向得以实现。此外，关系构建过程中的沟通是价值的传递。从心理学角度来看，这对于价值的体验至关重要。而沟通在战略意图方面的桥梁建立得越完善，它越会成为一种智慧的传递，指导和引领战略的实施。

沟通缺乏

很多类型的错误沟通都是失败与平庸的根源。奇怪的是，我们的精神世界就是由沟通而产生的，而且我们生活中的大部分时间都用在处理关系或与人交流上，那么为什么我们在沟通方面仍然如此失败？很显然，对于人类这一物种来说，进化的路途还很漫长。每当我们去回想起那些通过文字或言语影响或改变了我们世界的杰出人物，甘地、丘吉尔和曼德拉这些伟大的领袖和才华横溢的沟通者就会浮现在我们的脑海里。但如果你去思考是什么支撑了苹果、3M或其他一些引人注目的公司的成功时，却发现尽管没那么显而易见，但沟通自始至终都起到了核心的影响作用，从实验室的研发，到全球化市场推广。天才往往依赖于有效的沟通。而事实上，绝大多数人都不善沟通，失败的沟通仍占据了主流。

无效的市场营销与销售

最基础的沟通是由一个信息和一个媒介组成，其中还包括一个传播者和一个听众或受众。企业沟通的作用在于：

1. 阐明可提供的事物；
2. 说明该事物对于目标受众的潜在价值；

3. 影响目标受众去购买或以其他方式与企业建立联系,即市场营销与销售的核心目的。

企业中最常见的缺乏影响力的错误沟通形式是,没有认识到每一位员工都承载着营销与销售的职责。很多人对于这一说法都不屑一顾,甚至予以中伤。他们认为"销售"是不值得他们关注的,甚至在他们眼里,销售人员都是失败者。

我们可能都听过那个声称自己可以把冰卖给爱斯基摩人的推销员的故事,但卖给别人他们并不需要的东西是愚蠢的和难以为继的,更别说其中还包含了对道德的违背、资源的浪费和对于环境的恶劣影响。这正是缺乏影响力的沟通的经典案例之一。只有当我们拥有值得去说或去提供的,我们才会张口,才会打开电脑,才会拨通电话。如果话语不是发自内心的,不是真实而诚信的,不是为了帮助受众的,那还是闭嘴吧。我的母亲曾说过:"如果你不能口吐善言,那么还是保持沉默的好。"对我而言,无论是否善言,如果你所说的话不是为了以某种方式真诚地帮助他人,那么就什么都别说。

有效的销售是为了创造互利共赢的关系,而如果做得得当,销售人员可以成为一个可求助的、可信赖的合作伙伴。当企业中的每个人都意识到他们正在直接或间接地接触客户时,当他们进一步都把企业内部或外部所接触的每一个对象当做客户时,他们就会认同自己的职责与营销和销售相关,并会认同自己渴望提供的价值。营销与销售并非低人一等的肮脏的商业行为,反而是连接和积极影响目标群体并为之提供价值的核心工作。因此,营销与销售是每位员工的职责所在。而目前来看,这一想法即便是在商业企业中也尚未被大众所接纳,更别提那些公共部门和专业服务机构了。

由于无效的市场营销和销售,那些被充分产品化或正在产品化进程中的伟大创新也会在投资回报率面前失利。机能失调存在很多种可能性,比如在营销或销售方面投资不足,用错了人选或方法,未能参与到竞争中或在竞争中作出了错误的回应,或错误的定价。但缺乏影响力的错误沟通可能会导致创新在进入市场之前就被彻底毁灭了。接下来我们看看它们是怎么发生的。

信息禁锢区

错误的沟通可以通过多种形式抑制或扼杀创新。这里，我不想仅仅指出沟通中的错误，而想更为广泛地说明沟通中可能存在的各种缺陷。其中组织内部最为常见的沟通缺陷就是沟通的缺失，特别是当重要的信息需要被人们知道时，或当人们因为不知道"发生了什么"而感到缺乏参与感时，抑或是当人们感到迷茫时。

以下是几个错误沟通或沟通缺失的例子。它们都对创新的发起造成了伤害。

- 创新团队的努力没有被转化为客户或市场的需求，而竞争对手却将之转化成功了。
- 管理层不了解创新的真正进程，比如创新将不能按时完成、支出超出预算、进度偏离了计划，换句话说，创新将难以完成预期的交付。
- 在创新与计划之间未能有效地协调和管理资源。
- 未能了解对于资源的额外需求，导致交付推迟或失败。
- 制造方、运营方或供应商未能及早地获得有关创新所需的资源的指示。
- 由于销售或服务部门的沟通失误，营销人员并不了解客户的需求。
- 没有人真正倾听或理解客户的真实需求。
- 销售人员完全不清楚创新的成果将是什么。
- 财务、人力或信息技术部门对于创新的内容并不了解，更不知道如何参与其中并作出贡献。
- 高管搞不清楚在其组织内部发生了什么。

无意义的沟通

有些人喜欢听自己说话。但如果他们所说的话除了让自己高兴以外并无任何目的性，那么沟通本身就是无意义的。

如果目的不清晰，那我们很难得到想要的结果。我们所做的任何事情包括沟通都需要一个明确的目的。任何缺乏一个理由的沟通都是无用的噪音。因此，如果我们停下来想想，如果某一个沟通并没有明确的预期结果，那么这样的沟通就是在浪费彼此的时间。

混乱的想法

在思考的过程中也总是充满了无用的噪音。如果一个人的意识流与思想流是无序的、随机的或蜿蜒曲折的，那么这个人很难想清楚或表述清楚问题。思想实际上也是一种沟通形式，一种内在的自我对话。如果我们的想法是无意义的、涣散的或缺乏重点的，我们甚至很难去激发或影响我们自身的行为，更别说去影响他人的想法和行为了。此外，当我们倾听时，我们的想法、感受、忧虑、判断等都会产生内心中的噪音，使我们很难听到事情的真相。

绝大多数的噪音来自自我意识。自我意识专注于生存、相对的地位、对财富的感知以及对喜欢与爱的渴望。如果我们可以让自我意识的"肌肉"稍稍放松一会儿，于人于己都大有益处。

失败的倾听

自我意识对于沟通的另一个影响就是阻碍有效的倾听，进而削弱双向交流。一个不平衡的自我意识希望被倾听，却又不在乎或不接受对方的影响。

柯维曾说："先去理解，而后被理解。"如果我们不去理解我们的听众，我们将无法有效地与他们进行相关的、有力的、引导行为的、有影响力的沟通。少说多听，我们才能真正了解发生了什么——事实的精妙之处，才能看到我们自我意识和感知之外的事物。此外，如果我们少一些唠叨，我们的沟通将会更好。少即是多。当安静的人开口的时候，人们更愿停下来去听。

现实差距

提高沟通技巧是一件重要的事。但首先我们需要有一件值得说出来的事情。显然，在企业沟通中最重要的元素是一个具象的命题，并且这一命题能够吸引潜在的客户。没有一个清晰的命题——一个"核心真理"或一个具有说服力的、热情的"声音"，想法和潜在的创新终将归于平淡。

为了创造市场成功和投资回报，一个创新必须基于一个可靠的市场营销战略，以及一个贯穿始终的有效的内外部沟通计划。如果创新的价值无法得到清晰的阐述，创新很可能被扼杀在襁褓之中。

有效的声音的核心在于对价值的沟通，影响潜在客户的产品购买与使用。这些价值包括市场营销信息、与潜在客户的接触以及销售。如果一个创新的潜在价值被错误地沟通了，甚至被完全淹没了，则创新将无法吸引来自潜在客户、外部利益相关者（如投资人、供应商或合伙人）的支持。

信息超载

同样，过多的信息——另一种噪音——也会导致一叶障目。好的沟通是关于内容的，另外时间和传播媒介的选择也很重要。

错误的媒介选择

加拿大著名的沟通学者马歇尔·麦克卢汉（Marshall McLuhan）曾说："媒介即是信息。"我们用来传递信息的媒介与想法的内容本身一样重要。

举个例子，在你为下一封电子邮件点击"发送"之前，想一想，你是否应该直接给对方打个电话。你是不是可以通过直接的意见交换和内容澄清来节省更多时间，而不是选择将时间浪费在邮件的往往复复上？或者说，在你按下电话的"拨出"按钮之前，想一想，你是否应该直接走过去，甚至坐趟飞机亲自前往，来个面对面的交流。人类是容易受习惯影响的生物。但如果要做一个好的沟通者，我们需要学会尽可能避免让习惯牵着我们走，替我们选择沟通媒介。

电子邮件和电话的确都是伟大的创新，但没有比聚在一起全身心地投入——眼神交流、对话、一起吃喝——更好的沟通方式了。

你有一封垃圾邮件

企业的沟通中充斥着电子邮件。而事实上，大量的邮件都是毫无意义的垃圾，它们分散了人们在工作中的注意力，降低了人们创造成功的效率。它反映了我们混乱的思绪、生活以及工作空间。它是另一种形式的噪音。

欧洲最大的信息技术公司——源讯（Atos）在2011年末宣布了一条令人震惊的禁令——禁止使用电子邮件。追踪一下这条新闻的后续报道，我们会发现一个并不令人惊讶的结果，它甚至不具备什么新闻价值。截至2014年，它们（仅仅）禁止内部使用电子邮件（相当令人失望）。十年之前在甲骨文公司，我们就曾审视过邮件是如何被使用或滥用。邮件是一种重要的工具，但同时，它也是效率损失的罪魁祸首之一。我们的研究显示，我们的技术员工每天花费三分之二的时间在收发邮件上。需要注意的是，我们这里说是"花费了"而非"投入了"。因为绝大多数的邮件是无效的、浪费时间的和无意义的。

数不清的不必要的、耗时的、高成本的邮件往来每分每秒都在发生。因为最初的邮件总是不能把问题解释清楚，从而引发了更多的问题，以及之后的解答、回复，甚至对于所问问题的错误答复。在按下"发送"键之前，先问一问自己，为什么要发邮件，你期待什么样的回复（决策、告知还是什么），谁需要收到这封邮件，而谁不需要。CEO真的需要被抄送进来吗？如果每个人都抄送CEO，他们还有时间做自己的本职工作吗？简言之，发送之前，请先确保每一封邮件都合情合理并被正确地使用了。对电子邮件的沟通方式进行管控，无疑是个人或企业减少错误沟通的第一要务。

表述不清

绝大多数人不会花时间去合理规划并执行他们的沟通。无论是说话还是书写，都要尽量保证言简意赅。通常，简单的言语反而是箴言。时间就是金钱，更少的词能传递更简洁、清晰、明了的信息。考虑一下，在你按下"发送"键之前，再读一遍、编辑一下、缩减掉不必要的词。同样的方法也适用于说话，远离噪音。如果我们的思想、言语、邮件满是噪音，我们将变得行为混乱、表述乏力、模糊不清、毫无魅力。我可以继续滔滔不绝，但无须赘述，你已经懂了少即是多的道理。

不诚信的影响力

沟通的最终目标是产生影响力。但是不诚信的影响力永远不是互利共赢的基础。缺乏诚信，沟通所创造的更多的是恶而非善。那么什么是诚信？它的定义是诚实的、有道德的、符合伦理的、正义的、真挚的、高尚的、体面的与荣耀的。从本质上和心理学层面来看，它是指一种完整的、一致的、凝聚的、整体的、坚实的与可靠的状态。个人与企业缺乏以上任何一种态度或诚信，都会造成创新的致命缺陷。缺乏诚信，就不能产生诚信的影响，除非是意外。而更有可能的情况是他们的影响力将是自私的、邪恶或险恶的，换句话说，不诚信限制了影响力的价值。

有效沟通背后的心理学障碍

创新会因错误的沟通或无效的沟通受到阻碍。由于个人和组织的心理中枢受到阻碍或压迫，创新在以下几方面将受到削弱。

1. 沟通没有与创新传递价值、利益或解决问题这些核心目的相关联。
2. 沟通并不是基于对客户需求和体验、市场趋势与划分、竞争、相关监管以及任何影响成功营销和销售的内容的认知和理解而产生的。
3. 沟通并非基于事实和价值。价值包括诚实与真实。有价值的创新应该是切实的、"白纸黑字的"、值得大声宣扬的、值得付诸实践的。而实践的方法即是通过一个信息和一个合适的媒体或媒介。
4. 在一段重要关系中，沟通缺乏恰当的、双向的倾听和表达互利共赢的意愿。

这些重要的关系包括对于目标客户的关系和其他所有重要的利益参与方的关系等。
5. 沟通无法有效地激发和管理必要的资源去实现创新。
6. 沟通无法清晰地阐述很明确的创新观点。
7. 沟通没有与个人的想法或主流文化相融合。在现实中，这将无益于创造好的表现或结果。

总而言之，如果以上任何一个心理学层面的问题被压迫了，错误的沟通将会成为挡在创新面前的拦路虎。相反，有效而及时的、清晰的具有影响力的沟通，将会推动企业家价值的第三个方面的实现——诚信的影响。

诚信的影响

有效的沟通在针对听众方面具有明确的目的。在沟通之前，阐明你的目的并反复重申，致力于将其简洁有力地表述清晰。沟通不是关于你自己，而是关于听众的。为听众定制信息，传播有用的信息、价值、利益，并付诸行动。将一个产品或服务推销给别人，必须将对方的问题和需求相匹配，与你的解决方案的独特之处相匹配。练习将你的推销压缩在30~60秒之内，想象一下你们正同乘一部电梯。将你的推销设计得引人入胜、充满激情、幽默风趣，并引发对方思考和进一步对话。令沟通以行动结尾——至少获得一个电话号码，或一个回电的承诺。将推销作为一次美妙关系的开始、一次美妙的邂逅，而绝非粗暴的打劫。

高效且诚信的影响应该确保在各个战略性创新议程之间起到有效的桥梁作用。沟通应该是：

1. 由战略意图引导和驱动；
2. 在才智与对听众的理解方面都有丰富的见解；
3. 基于价值和传递价值及利益展开；
4. 以听众为核心，使特定的利益相关者感知到沟通；

5. 以改变和改进为导向的；
6. 基于交付的能力而展开，且保证言出必行的；
7. 是以结果为导向的，与战略意图保持一致，并追求某个特定行为作为结果的。

更多收获

尽管沟通噪音是问题的一部分，但在现实中，更多的企业仍然会从更多的沟通中获益，只要沟通能够符合上述条件，就能产生诚信的影响力。对于沟通而言，没有什么能比聚在一起、聊天、问问题、共同商讨并探索更好的方式了。融入人群之中，参加社交活动，与大家见面并聊聊自己所不知道的。创造性地去探索你能帮助他人的方式，寻找共同利益以及你的同道中人。你还可以在线加入兴趣组、加入对话或加入关系网。无论你现在认识与否，下一个与你对话的人在未来都有可能颠覆你的世界。

沉默是金

沉默是智慧的源泉。智慧可以源自更好的倾听和对他人的理解。但智慧同样可以源自内在。一个成熟的想法可以变为另一个鼓舞人心、有价值、有创意的想法的源泉——想法可以创造一项事业、创造价值、转化关系或改变世界。言语比刀剑更有力。古吠陀宇宙学（Vedic cosmology）认为，最初的宇宙大爆炸只因一句话——一句将想法说出来的话。

改进沟通

综上所述，我们可以通过简单而有力的一些行为来改进沟通。只有这样做了，我们才能如同领袖和变革推动者一样提升个人的效率，推动团队和组织，改进自身能力去将想法变为现实，提高生活质量、造福世界。我们还将改善与同事、客户以及所爱之人的关系。也许最重要的是，我们能够改变我们最本质的关系——思想与想法之间有意识与无意识的源泉。

第 11 章

创新的第四宗罪：矛盾的偏离

> 两个灵魂的相遇就像两种化学物质的接触：一丁点的反应就会彻底改变它们。
>
> ——瑞士心理学家荣格

创新的第四宗罪

核心利益相关者矛盾的偏离是创新的第四宗致命之罪。在一项创新中，与任何利益相关者的关系的缺失或失效，都将会限制或完全阻碍创新的成功。让我们来看看偏离是如何破坏组织成功、企业家成功以及创新效果的。

忽视核心关系

成功的创新需要所有利益相关者的有效参与。从最基础的层面来看，创新的使用者和选择者的"消费者视角"对于确保将创新聚焦于解决问题、交付利益以及满足需求是至关重要的。否则，这只会是一个无人问津的创新。

而参与是构建重要关系的桥梁，它的出发点是将创新与消费者的需求联系起来，确保以有趣而新奇的、更好的或成本更低的方式来满足这些需求。

让我们思考一下以下这些对于创新成功至关重要的关系以及创新失败者决策失误的典型方式。

- 消费者是创意、智慧和见解的极佳来源，然而令人惊讶的是，通常他们的意见被采用的程度都极低，常常被误解甚至是忽视。
- 通常，合作伙伴，比如供应商、销售或分销渠道、物流或外包生产商对于组织交付创新的能力是极其重要的，而在创新的过程中，却往往疏于充分咨询他们的意见，从而导致延迟交付创新或没有能力按照计划交付创新。
- 创新团队——组织中需要为创新所作出贡献的人，通常会因缺少凝聚力、沟通、创造性冲突，不清楚目标或方向，缺乏团队合作，而无法有效地参与。
- 投资者要有效地参与，否则那些领先的创业者将无法继续成功地吸引和维持其发展所需的投资支持。
- 如果监管机构或其他政府机构没有适当地参与其中，或没有被积极对待，他们可能会让创新变得举步维艰甚至使其无法实现。
- 社团、社会和外界环境往往会被忽视；然而，如果一项潜在的创新会影响他们，忽视他们的利益就会危及创新。

失衡

利益相关者有效的参与需要我们兼顾各方——在（平衡）利益相关者的利益中左右逢源，有时候还需做出艰难的抉择。正如本尼斯所说："在不同利益相关者的竞争性要求中找到适当的平衡。所有人都声称自己理应受到重视，而有些人却宣称比其他人更重要。"除了要平衡利益相关者，并从所有利益相关者的视角实现成功外，这里还需要很多其他方面的平衡。

平衡记分卡

由于平衡记分卡[①]（BS）极高的流行度，一提到平衡，我第一个想到的就是它。

[①] 平衡记分卡通常缩写成BSC，但是，由于一些明显的原因，我将把它缩写为BS。——译者注

广受欢迎的 BS 方法是基于以下认识：战略必须要在财务和非财务业绩之间实现平衡。非营利性组织特别偏爱一种参与战略的架构，这种参与战略不完全受到来自对利益相关者价值、账面利润或其他财务方面成功指标的考虑所驱动。对于政府机构、公共事业组织以及一些非政府机构（NGO）这样的组织来说，消费者价值以及其他有关消费者和市场方面的业绩明显比财务方面的业绩更重要。

卡普兰和诺顿借用了他们的客户——来自亚德诺半导体技术有限公司（美国一家半导体上市公司，简称 ADI）的亚瑟·施耐德曼（Arthur Schneiderman）的想法，他们认为，组织需要考虑财务/利益相关者、顾客/市场、运营/质量，以及组织/文化方面的表现。每个组织都会反映出一些可能需要注意的因素。卡普兰和诺顿的战略因未标注对于原文献的引用而饱受批评。但更重要的是，这个模型预先假定战略（特别是使命和愿景）是存在的，这样就使得 BS 只是一个实施战略的模型，而非创造出一种战略。

正如上文所述，我认为战略的开发和实施（或规划和执行）是必须被编织成一个创造性的循环过程。因而，将战略视为"给定的"，是 BS 方法中一个致命缺陷。

BS 方法被批评为无法应对新的创新经济。依照伏尔佩尔（Veolpel）等人所说：

- 财务指标应该关注广泛的利益相关者的价值而不只是股东的价值；
- 顾客关注应以提升顾客的成功和建立合作伙伴关系为目标，而非仅仅关注顾客满意度和与他们维持联系；
- 流程改进应关注于优化网络协作和提升优势；
- 学习与成长应当致力于全系统，而非单单地将组织作为分析单元。

在我看来，关注组织所在的整个系统和网络，比不仅仅关注组织的行为更有价值。关注所有利益相关者而不只是股东，并认识到所有利益相关者包括顾客，在组织行为过程中，会获得经济利益以及其他定性和定量的利益，这也是有价值的。但是，对我来说，它们或多或少地只是语义上的区别，而未实现从 BS 到另一种实质性飞跃的方法的跨越式改变。而且，新提出的方法只是和 BS 一样既含糊不清又不合逻辑。比如，怎么才能将网络利益相关者价值中不可或缺的顾客价值财务指标，与顾客成功以及顾客维度分离开来呢？

BS 和"系统性"记分卡的底线是它们作为参与战略的媒介或框架，从根本上就是错误的。然而，BS 及其相关的方法证明了以下三个重要的论点。

1. 制定战略时应当考虑在财务和非财务方面的组织绩效之间实现平衡，并不是任何东西都可以用财务指标来衡量的。
2. 制定战略时需要认识到组织拥有不同类别的利益相关者，如股东、员工、客户，每一个利益相关者都很有可能从公司获得以财务或非财务形式表达的利益。
3. 战略的制定不仅要确定核心目标（关键成功因素、愿景等要素），还要确定衡量每个目标实施进度（每个成功因素的关键绩效指标）的方式、具体任务以及实现目标的措施。

让我们来看看与不同利益相关者相关的必须实现的其他方面的平衡。

短期与长期利益

显然，利益相关者们会拥有短期和长期的战略利益，从而导致它们可能在战略层面上产生冲突。比如，很多基金经理期望获得短期收益，考虑到他们的持有量，他们往往会做出可能带来长期消极后果的决策，从而影响战略性管理。与股东投资者以及分析师们建立有效的联系，是一项"棘手的业务"，这种巧妙的左右逢源的做法如果做得好就会很成功，否则会非常痛苦。

员工希望在短期内获得薪酬和好的工作条件等，而且还希望在远期获得安全、职业发展以及更多的物质性回报。显然，所有其他类别的利益相关者——政府、社团、供应商、合作伙伴等都拥有长期和短期的利益。但是，有个更有趣的观点需要说明，那就是，尽管利益相关者们的短期利益可能大相径庭，但是他们长期的战略性利益则往往趋于一致。因此，让利益相关者们看到这些共同利益，将有利于组织战略性管理。

组织有时候必须做出艰难的决策，它需要在利益相关者的利益之间平衡。让我们来看一个例子。员工通常期望因短期的优秀绩效而获得更高的工资和其他激励，而这些奖励有可能出自企业利润，因而就会削减了投资者的短期回报。尽管他们的短期利益产生冲突，但是长期利益是趋于一致的。激励员工是长期成功和价值创造战略中的一部分，很显然，它对企业所有者也是有利的。同样地，为了改善企业的财务状况，以及提升企业市场估值以及吸引投资的能力，而支付较低的工资或奖金，这对员工来说可能也是一种好的长期战略。

我看到一些组织不遗余力地尽可能让他们的利益相关者之间保持距离，并且相互分离。我认为尽管这是为了避免冲突，但它也是基于短期思维的。只有在利益相关者之间建立起联系，长期利益之间才会有沟通并趋于一致，才有可能在整个利益相关者范围内创造和支撑更为有效的平衡成功的战略。

战略与战术

不同于短期和长期战略考虑，战略和战术的平衡是指需要对它们实施适当水平的关注。

定义可能是有序的。战略是指战略计划及其整体实施，这些计划的目的在于赢取战争。战术则是指战略实施的某一层面，特别是指作为整体战略组成部分的具体议程的实施细节。战术可能是执行作为整体战争战略一部分的具体战役，或者是管理能力议程的某一方面，比如参与继任计划。

如果管理仅仅关注于高层次的战略，没有给予较低层次的战术实施应有的关注，那么它们将会失败。管理中更典型的例子是过分关注于战术，以至于无法正确地规划和执行战略。"救火""忙于工作""埋头管理"这些术语都让人脑海中浮现出管理者太忙而不能制定战略的画面。这位管理者可能是富有效率的，就好比爬梯子很快，但却是无效的，它取决于这个梯子是否被置于正确的墙上。显然，任何企业如果不以战略为指导，盲目飞行，那将注定会失败，至少（即使能够侥幸存活）无法充分发挥自己的潜能。

现存的与潜在的利益相关者

战略一个常见的错误就是关注于已知的利益相关者，而忽视未知的、意想不到的或被遗忘的利益相关者。目前你的最大客户和你未来的最大客户哪个更重要呢？能够帮助你在不可预见的行业转型中存活下去的未来合作伙伴又如何呢，他们是为你现有的生产提供支持还是交付给你过时的技术？十年之后的下一代员工将需要什么以及想要从你这个"最佳雇主"这里获得什么，你知道吗？

而这一切的关键在于战略规划和管理需要尽可能多的与过去、现在和将来的利益相关者相关的智慧。我们不仅可以从过去和现在的经验中学习，我们还必须预测未来，并管理现在。考虑到分析与规划的时间和资源是有限的，要有效做到这一切，我们需要在目前已经参与进来的利益相关者，以及出于某些原因，我们期望未来参与进来的利益相关者之间，进行一些平衡。

冒险与风险规避

战略平衡的一个关键方面通常会介于冒险和风险规避之间，特别是在创业创新方面。任何的资源配置都会涉及一定程度的风险。任何的企业活动以及我们的日常生活也都涉及风险。但是，与持续改进措施、渐进性增长或一切照旧相比，花费时间并投入资源去实现潜在的突破式创新、大胆的目标以及成功的愿景往往会涉及更高程度的风险，正可谓"不入虎穴，焉得虎子"。

关键是我们要找到值得冒险的事情，进而缓解它们可能发生的不利方面，也就是说，管理风险以便最小化不利事件发生的可能性及其对结果的不利影响。如今，风险管理还关注积极事件的发生概率和影响的最大化。

经得起考验与实验

"如果它还没坏,就不要修理它"这句俗语中无不饱含着智慧。尝试新的方法需要冒着失败的风险,但是,它也意味着我们可以找到更好的方法,或是从失败中学习。以下的引言很好地总结了这个道理。

- "我没有失败,只是发现了 10 000 种不可行的方法。"——托马斯·爱迪生
- "成功并不在于从不犯错,而是在于从不犯相同的错误。"——乔治·伯纳·萧(George Bernard Shaw,1912)
- "一个人不犯错误,是因为他不够努力。"——韦斯·罗伯茨(Wess Roberts,1987)
- 我很庆幸自己很少关注好的建议,如果我接受了它,那么我可能就已经错失了一些最珍贵的错误。——埃德娜·文森特·莫蕾(Edna St. Vincent Millay,1940)

持续性与突破性创新

我们已经讨论了连续性、渐进性或持续性创新活动的风险程度与回报,这些活动与突破性的、大胆的、富有远见的创新相关。但是,抛开风险不说,任何组织的资源都是有限的,也就是说,所有组织都必须在大的收益和小的收益之间做好平衡。

如果一家企业仅仅关注于提出"下一个大事件",而做不到改进,无法降低成本,不能提高质量保证或用其他方式为现存的产品增加价值的话,那么它们很可能会在输出新技术之前就失败。

相反,更为常见的是,如果组织仅仅关注于增长性创新而不考虑潜在的突破性创新或者至少是更显著的进步,那么它们可能会被远远地抛在后面。这是短期主义和风险规避在作祟,它们共同使得绝大多数的领导者和企业永远无法应对引领创新时所面临的挑战。他们只是创新追随者、晚期采纳者、沉闷的苦干家而非开拓者。

熟悉的与新鲜的

寻求现有利益相关者与潜在利益相关者之间的平衡也是一项巨大挑战。对于绝大多数人而言，被已知的事物吸引是天性。我们中相对少的人会被无人问津的道路、阴暗的角落、我们不认识的人，或是名不经传的"陌生"事物所吸引。只有对少数人而言，陌生的事物才具有独特的诱惑力。然而与此同时，大多数人却又往往喜欢一些新鲜的事物；只要它的理念是略微熟悉的、新鲜的并有所改善的，我们就想要它。

因而，平衡的另一方面是考虑你是否过度迷恋熟悉的事物，或者可能是过度喜欢新鲜的事物。你做好平衡了吗？

稳定与颠覆

与突破性创新的概念略微相关（重叠）的是颠覆性创新（突破性创新并不总是破坏性的，但是颠覆性性创新却通常是"突破性的"而不具有渐进的性质）这一概念。颠覆性创新由鲍尔和克里斯滕森首次定义的，颠覆性创新使得现存的产品、生产或交付技术（商业模式）、企业或其部门，有时甚至是整个行业变得过时或无关紧要。

颠覆性创新已经成为一种咒语，被身处陈旧的或难以改变的创新领域的领导者以特别响亮又刺耳的方式吟唱着。它的假定前提是"系统"内对改变的抵抗力或是稳定力惯性需要去颠覆。这在某种程度上可能是真的，但是我发现这些声音有点太刺耳了，而且它们传递的信息特征是什么应该改变，而缺乏具体建议，我们不能为了改变而改变。

毫无疑问，颠覆可能是好的，但是稳定也可能是好的。有一些创新能够对企业起到稳定作用，使得它们更具灵活性并能够平安度过变革的风暴，一个普遍的例子就是多元化战略。简而言之，不要把所有的鸡蛋放在同一个篮子里。

此外，总之一切都需要平衡。人和企业需要一定程度的稳定，同时也需要迎接改变。在一家企业中，一些利益相关者往往或多或少地需要彼此平衡看法和需求，这是很重要的。但这并不意味着可以依据共识来进行管理。如果需要稳定，那就不要通过"驱逐"变革者来实现——使得他们觉得改变是不可能的。帮助那些渴望改变的人理解改变什么时候发生以及如何发生可能是个问题，这会激励他们去改变。另一方面，如果需要改变，那就讨论那些不愿意改变的人的担忧或恐惧，可能会帮助他们看到改变的需求，而且，考虑他们关注的问题可以支持风险管理。

创造与毁灭

这与上面所讨论的观点相关，但又略有不同的是在创造的力量与毁灭的力量之间获得适当的平衡。有时候，事物的摧毁是为了给更好的事物让路；有时候，批评现存的机构、领导者、实践和政策是有用的；有时候，某些特定的人需要从企业撤换下来并驱逐出去，以让新的机构或新的领导者能够脱颖而出。

创造和毁灭是另一种形式的舞蹈，因此，它需要另一种平衡。了解事实真相，在任何既定的组织中，在任何既定的时间点上保持适当的平衡，可能同战略过程一样神秘。但是，不管潜在的过程是什么，事实上，到了某件事或某个人需要离开的时点，"系统"自然是会知道的。这就像"白纸黑字"一样显而易见。

竞争与合作

大多数组织必须竞争，而所有的组织都会从更多或更有效的合作中获益。在个人意识、团队心理或组织文化中，竞争天性与合作天性是相互矛盾的。我应该分享我的观点吗？以期望有人能够完善它，或者也可能窃取它，将其据为己有。我们应该将我们的创意开发出来，以打败竞争者，还是因他们拥有我们所缺乏的专业或资源，一起合作，可能使我们做得更好？我们应该暗中监视他们，获取他们的信息，还是谋求合作呢？

另外，挑战在于获得平衡。因而，请记住，在寻求改善平衡的过程中，大多数人和组织将竞争性意识扎根于内心是很重要的。

矛盾的偏离

矛盾是一种介于吸引和排斥之间的中立状态——我们将其比喻为人与人或是与我们相关的任何事物之间的化学反应的舞蹈。当各心理中心之间存在障碍或无法产生共鸣时，矛盾的偏离就会发生。

1. 利益相关者的目的不相关、不一致或者不清晰。
2. 成功关系的愿景和定义无法共享或者无法相互支持。
3. 由于价值矛盾、信任缺失、期望不匹配或误解而导致的沟通有误，破坏了关系的结构。
4. 关系中缺少必要的凝聚力——没有吸引力，没有化学反应，没有同情，或者是没有价值交付的限制潜能，或者没有欣赏——或者无法在关系中找到适当的平衡和双赢的框架。
5. 领导与组织的其他部分偏离——未能鼓舞、激励资源、提供方向或是以其他方式授权给它们——或者领导团队成员之间相互背离，这导致缺少凝聚力、连贯性或协调性的战略或行动，而且通常在整个企业的每个层级为不当的参与制定标准。
6. 在创造性冲突、合作式学习（实验、犯错和改进）、共同开发创意以及共同创造方面缺少参与。
7. 表现的动机、态度、能力或潜能之间不具有协同效应或不一致。

总之，上述任何心理方面都会降低利益相关者关系的有效性，从而导致创新的第四宗罪——矛盾的偏离将限制或阻碍成功。另一方面，对利益相关者提供适当的身份认同、考虑以及参与，往往来自第四个创业美德——协同合作。

协同合作

合作是一种"新的竞争"。更重要的是，在获取合作优势后，持续性竞争优势将如期而至。

强有力的合作者很可能会从早期接触到的更多的想法中获益，而且，他们也更容易将他们最初的想法开发成强大的制胜理念。一个合作者是很乐意分享其半成品蛋糕的，在其他人提供的烹饪原料的帮助下，就会把这个蛋糕做得更漂亮、更有影响力。为自己设置"新目标"的人或组织可能会获得成功，但那也不是经常的。而且，他们这么做从中所获得的快乐并不多。而合作者在合作过程中会获得更多的快乐，他们能将化腐朽为神奇，将普通的好点子转化成伟大的想法与项目。

与单干者相比，合作者拥有的另一个优势是更广阔的世界观，这一世界观是建立在更全面的信息和智慧之上。单干者往往活在精神的洞穴里。

即便合作者和单干者都拥有同样伟大的想法（也许单干者是偷来的），至少从理论上来说，就像我们现在拥有一个公平竞争的机会，那么合作者仍然会享有独特的优势。合作者所拥有的核心优势之一就是更高的情商，它处于卓越的合作能力之首位。一般而言，合作者更有可能建立广泛的支持联盟，并与利益相关者建立广泛的合作，这是最终取得成功所必需的。换言之，一个伟大的合作者更有可能成为一个有效的拥护者，并能够吸引到他人的支持，而且这种支持是病毒式的。

史蒂夫·乔布斯说："要想将真正有趣的创意和新兴的技术引入到一家能够持续创新多年的公司，需要多学科的知识。创新需要多学科的投入。"从与不同学科视角碰撞和开发中受益的创意，将胜过其他没那么幸运的创意。要制造出更好的捕鼠器，不要雇用一群机械工程师。只需雇用他们中的一员，再加上一些其他类型的工程师、一个营销专家，尤其是需要一只老鼠，或者是某个能够以老鼠的视角观察世界的人。重点是要让尽可能多的人且尽可能丰富多样的观点混合参与其中。此外，天生的合作者具有关键的优势。

在创新的过程中，你必须具有交叉学科的知识。创新的阻碍，比如一项有关启动或砍掉项目的延迟决策会产生巨大的浪费。另外，合作者比非合作者更具优势。我们当然不需要全体成员的决定，但与非合作者相比，合作者会更有可能掌握所有的关键事实。合作者花费更多的时间"以他人为镜"。拥有很多稳固关系的个人或企业能够更好地向他人寻求借鉴，并能够更好地聆听和理解反馈，而且还能够更好地参与合作，帮助他们将小的商机转变成其他有价值的领域。合作者在此方面是具有优势的。

一个健康的组织需要一系列的产品，还需要不断的投资来保持产品的更新，但是不要以过分投入为代价。不协调的产品组合是世间最糟糕的事情。如果你对某件事有绝妙的创意，但它与你现存的产品组合不符，那么就放弃它；或者卖掉你的公司，转而投身新的创意。

除了产品组合，对组织的其他方面进行投入也极为重要。一个成功的组织不仅拥有伟大的产品，还要拥有伟大的人才。组织要投资于开发领导者，而非追随者；投资于培养一种创新文化——价值导向型的、以顾客为中心的合作者。这样，它们在任何时候都会获得成功。

最后，成功的人和组织通常都拥有战略规划———个指南针、一个心目中的目的、一种使命以及一幅成功的蓝图。对此，合作者具有关键的优势。单干者则没有战略规划和实施的过程。CEO每年"下山"一趟为底层员工指明方向和愿景的日子已经一去不返了。如果员工们不清楚战略，他们就不会为之努力，他们需要拥有它并去激活它。在这个旅程展开的过程中，他们需要参与到它的形成与持续的进化中，这就是协作的结果。

总之，在创新方面，开发协作技能的人会拥有很多重要的优势。合作，特别是与外部的合作，可能是件令人进退两难的事，但是学会处理它，会为领导者和创新者个人带来优势，同时也为试图最大化投资回报率、利益相关者价值、让世界更美好的组织提供可持续的竞争优势，使之从中受益。如果你想要获得胜利，就要去开发合作优势。

要开发合作优势，就需要在不同的战略创新议程之间搭建起桥梁。

1. 建立在共享战略意图基础上的合作，能够使宗旨和目标变得清晰并具有协同性，达成更好的协调，避免了期望偏离或议程不清。
2. 充满智慧地合作，共享重要的信息，这在参与外部合作时尤其彰显其深刻的见地。
3. 通过合作者清晰的双赢价值观驱动价值。
4. 认识并尊重所有参与到各方合作的利益相关者。
5. 致力于改进和共享变革议程。
6. 撬动优势互补的杠杆，同时也满怀希望地增强合作者个人的能力提升。
7. 一切基于行动，这样一来合作者就不仅仅是在谈论合作，而且还会在实际行动中好好合作，获得具体的预期成果。

参与

从根本上来说，企业就是关系的集合——与顾客、员工、合作伙伴以及其他利益相关者。关系和参与是问题的关键并成为心理中枢，这绝非偶然。因此，这些关系是否有效参与，通常是成功与否的关键决定要素，这也当然毫不奇怪。

The SEVEN SINS of INNOVATION
A STRATEGIC MODEL FOR ENTREPRENEURSHIP

第 12 章

创新的第五宗罪：
畏惧赋权

> 没有伟大的领导者是通过自己独揽全局或独占声望而成就的。
>
> ——美国"钢铁大王"安德鲁·卡内基

创新的第五宗罪

畏惧赋权是创新中的第五宗罪。它会阻碍创新并将创新的努力变为伪创新。

对领导力的错误理解

市场上关于领导力的书籍远远多于世上好的领导者，而领导力的"专家"又比领导有方的企业多。尽管有如此之多的书籍和专家，我发现关于领导力，我们并没有一个科学的体系、一个清晰的定义、一个框架或解决如何有效地领导这一问题的明确指导。由此，我们就不难理解，为什么无效的领导力比比皆是，绝非个别。

大多数"如何领导"的指导手册更像趣闻轶事集：成功的高层管理者分享他们曾经来之不易的智慧片段，抑或是专家学者分享他们对于成功或失败的领导者的观察。我并不是想说他们的智慧毫无意义，而是想说我们缺乏一套连贯的理论或实践指南去指导我们如何领导。

鉴于以上所有不明之处，我们可以先从给它一个精准的定义入手。"领导力"是指个人或组织的行为、流程、职责、责任或职务。我们常常认为领导者是那些被授权、被任命或被委托去制定方向和做出决策的个人。如果某人是被正式任命的管理者,那我们就会说他相对于他人或组织而言是领导。但是,领导力不仅可以是正式指派的,也同样可以是非正式的。我们有时会管那些具有影响力的人叫做"幕后的领导"。这些领导者往往没有一个正式任命的职位,但他们却可以引领和影响整个事件。巫师梅林(Merlin)[①]就是这样一位领导者(如果他真的存在),而亚瑟王只是名义上的统帅。

在竞争性活动中,我们同样对于领导者和跟随者有所区分。在体育、音乐或其他社会活动中,我们根据个人在其中所获得的认可和成功来决定他是否是领导者。在这些领域,领导力更多的是关于"什么是最重要的"。一个高尔夫球手的领导地位是根据他所获得的奖杯、赢得的奖金或名声与盛誉而决定的。关于成功的定义通常比较主观。我们可能会根据一些保健因素(如个人生活、同事关系等)评估他地位的上升或下降。比如,随着泰格·伍兹(Tiger Woods)私生活的曝光,他的支持率所产生的变化。

此外,我们也会将组织或国家视为"领导者"。微软公司的"领导团队"是一个重要的团体,而开放源代码倡议组织(OSI 或它的前身——自由软件运动)则显得没有那么重要。它的领导力是在广义领导力下的一个子集。我们会说,微软公司是一个领导者,因为它主宰着某一市场,是某个市场的领头羊,或比它的竞争者更优秀。我们也会说开放源代码倡议组织是一个领导者,因为它也在某一领域——世界范围的软件开发与传播——引领主要创新。但领导力的形式各不相同,且具备的价值也各不相等。

此处需要强调的是:任何定义下的领导力都可以以价值来衡量,它与成功的定义紧密相连。我们对于好或坏的领导者的评价取决于我们所关注的重点。接下来,我们举个不太久远的例子,来看看这位众所周知的"领导者"吧。

阿道夫·希特勒作为德国的元首,他无疑是被正式授权掌管一切的领导

---

① 英格兰传说中亚瑟王的挚友。——译者注

者。但他是否是一位"好"的领导者呢？有些人会说，他是一位非常强势的领导者，具备巨大的影响力、个人魅力以及凌驾于全体国民之上的权力。

此外，有些人还认为他使德国迅速崛起，从民族自豪感和工业生产的角度来看，他使德国快速摆脱第一次世界大战和《凡尔赛合约》所带来的毁灭性的打击。然而，我简单的关于评判什么对于领导者最重要的理论清晰明了地指出，希特勒是一个糟糕透顶的领导者。价值就是评判标准。没有任何一个人可以否认希特勒对于第二次世界大战中的巨大价值毁灭负有不可推卸的责任。当然，还有很多其他灾难需要他负责。至今，人类仍然在忍受当时由他一手造成的死亡所带来的痛苦，等等。

当然，战争也刺激创新在通信、医疗和物理科学领域的发展。但这些仍然无法与希特勒及其纳粹组织所对人类造成的巨大伤亡以及不计其数的波及当下的连锁反应相提并论。在那段历史时期，德国把自己当作世界的领航者、主掌世界的种族和欧洲的代表。如果他们真的赢得了战争，那么一定会有无穷无尽的书籍歌颂希特勒及其亲信的领导。然而，没有什么能够掩盖希特勒作为侵略者的本质。他所获得的一切都要别人买单。因此，最终评估一个人或组织是否是好的领导者的标准，应该是看他对历史的影响是正面的还是负面的——而不应仅仅看他是否在一时之内满足了一己私欲。

历史观

一位领导者或一个领先的组织（公司、国家或文明）的整体影响或"净价值"即便可以衡量，也是很难的。我们既要从全球的视野来审视，又要纵观时间长河的沿革。比如说，现在我们可以说罗马帝国长期来看是"好"的，因为它留下了法律、文明和其他创新。但是，我们很难衡量其中的成本——毁灭其他文明及存在，以及它们为世界作出贡献的可能。

大英帝国以及其他的欧洲帝国也一样，它们对于美洲、非洲和亚洲人民的影响也难以评判。我推荐大家看看戴蒙德（Diamond）关于地缘政治的一个有趣的总结。但为了总结我们当前的讨论，让我们来直面这样一个现实：我们衡量某人或某组织是否是好的领导者，与我们对于他们创造或毁灭（包括机会成本）的价值以及两者之间的平衡的主观态度密不可分。我的主观态度是，希特勒对于德国和世界都是一个灾难。我觉得我们仍在为此不断地付出代价。

我认为希特勒是时代的产物，他不是存在于真空之中的。从某种角度来说，他是被他所在的时代创造和塑造出来的——来自奥匈帝国的一个贫穷的奋斗者，经历了第一次世界大战前后的洗礼。人性屈从于一种被伪装成合理的自我利益的疯狂。那些被这种想法所折磨的人误以为他们正在提升自身的净值而忽视了其他人的代价。他们通过残杀或征服周边的人民，并夺走他们的土地来充实自己的帝国。在这种氛围下，"爱情与战争是不择手段的"。人们只在乎赢，而不在乎如何赢。获得最多的即是赢者，即便得到的已经在争斗中被摧毁。这就是基于竞争的领导力模型。赢家通吃，胜者为王，并由赢家撰写历史。

传统的自上而下的领导力

竞争的领导力模型——赢家即领袖——与传统的自上而下的领导力模型一脉相承。事实上，这种自上而下、命令与控制的领导力模型与竞争模型有着同样疯狂的起源。自上而下的领导力源自于命令与控制、军国主义和战争。

在自上而下的领导力中，独裁者（或类似的角色：大帝、元首、皇帝、国王、女王等）命令将军在战争或战役中取胜。将军命令上校，上校命令少校，少校命令上尉、上尉命令中尉、中尉命令军士、军士命令士兵去战斗、去杀戮或去献出生命。一名优秀的士兵不去质疑权威，并愿意为上级的利益而献身。而"上级利益"即指独裁者及与其分羹的同谋者的利益。

独裁者的动机也许源自于愿景而非自我膨胀。在最糟糕的情况下，独裁者的唯一目的就是使自我及其忠诚的捍卫者富足。

但许多大独裁者——对历史产生巨大影响的人，无论好坏都是为崇高和荣耀而奋斗的。亚历山大大帝、凯撒大帝、拿破仑以及希特勒，均属此类。他们对世界都留下了浓墨重彩的一笔。我们对于他们的影响、对于他们所创造的整体净价值——即改变他们生前和身后这个世界的价值（创新）——的讨论将永无止境。但这并非我们的讨论重点。我们的重点在于，一定存在着一个度量衡——数字的——可以评估每一位领导者。尽管我们人类可能永远不会知晓，但我们可以感觉到它的存在。绝大多数人会认同，希特勒的整体得分应该是负的，因此他是一个坏的领袖。相反，我们也会感觉到罗斯福、丘吉尔、甘地和曼德拉等人却是好的领袖。他们为人类留下了正向的净影响。后面提到的这些领袖，都不是独裁者。但我们过一会儿再对此展开讨论。

在传统的领导模型中，独裁者或最高领袖坐在至尊之位，因大智慧而发号施令。这些领袖站在更高的视角，拥有更清晰的方向和愿景。也许这些领袖享受那种站在高空享受清新的空气以获得清晰的思路和远见的感觉。在理想的情况下，这些"神一样"的领导者应该为了整体组织的利益而去指导人民去做什么或怎么做。但在现实世界中，领导者却往往是那些拼尽全力向上爬，不惜践踏或伤害他人利益的人。尽管他们总是试图使忠诚的卫士环绕在自己身边，然而那些成就领导者的特性也同样存在于其身边潜在的领导者身上。因此，这些领导者势必会将一些宝贵时间花费在如何捍卫其领导地位上，而其他人又必定会将一些精力用于谋划篡权夺位之中。这就是我们常说的"组织政治"，它是每一个组织的首要"副业"。

传统的领导模型出现在人类文明的早期，它也是引领人类在一场竞争（通常是与残酷的生存环境斗争）中得以幸存的最古老的组织形式。传统领导模型的根源是武力——命令与控制。随着社会的复杂化与组织的壮大，领导的艺术随之萌生——它由简单军事链条拓展为成熟的政府官僚体系。但传统模型的形式和功能并未改变——层级分明，自上而下。

传统的领导模型非常成功，但也有许多缺陷。显然，它经受住了时间的考验，如今，大多数商业或其他类企业仍在不同程度上沿用这一模式，并获得了或多或少的成功。但是，传统领导模型至今仍被沿用的最主要原因并非它效率最高，而是因为通过传统领导模型获得权力的个体不愿从根本上改变这种模式。人们会本能地维持并保护它们的权力。传统领导模型是"最简单"的方法——它已经与人类心理达成了一种和谐状态。由于自我意识，我们中的一些人会去追求认同、荣耀、吹捧以及那些随权力和成功而来的产物。而那些不那么渴求这些的人们，会因为被权势领袖指明了方向、说明了意图或偶尔被他们爱抚或奖赏而倍感幸福。

根本缺陷

那么问题出在哪儿呢？这种现象的根本缺陷就在于权力本身。当权力变得集中并指向单一方向时，"系统"将变得缺乏智慧。为了增加某一系统的智慧，权力必须被分散。对于最具备可塑性且成功的有机体或组织而言，其传递信息的能力、决策能力以及对智慧的反馈能力都必须是分散的。通过分布式计算，我们的机体将可以近乎完美地去面对和应对这瞬息万变的环境。

为了最大化组织整体的生存可能，人们必须在各个层面上被充分授权。信息的流动必须变为多向的，以便在恰当的时间和地点做出决策。系统中的智慧随着神经连通与数据流动的增加而提升。应用于分析和决策的数据转化为信息，信息转化为知识，而知识将转化为智慧。当信息被少数权贵所控制，智慧则很难被开发出来。

当一个系统变得足够智慧，人们就会意识到一个等级森严的组织形式是次优的。因此，高成本的等级制度将会被取缔，而领导力并未受到影响；事实上，顺畅的沟通和其他功能上的优势还会提升整个系统的领导效率。那些为了权势试图囤积信息的人也会意识到，其他人拥有更有价值的见解和观点。

但事实上，绝大多数传统的、自上而下的领导者即便他们尊重专家的价值，他们也不会真正地对专家充分授权以分散决策权，他们乐于将专业人士限定在一个固定的空间内，拴着链子。但他们绝不会允许任何人，即便是专家，去质疑他们至高无上的判决、权力或决定。这是为什么呢？

恐惧与不安是人性中最本质的弱点。它们阻止了绝大多数自上而下的领导者提出改变，这就是自我主义。言外之意，自上而下的领导者最了解人性中潜藏的自我，或至少比他的下层更了解（而下层人员才更接近那些有待被理解和被解决的问题）。然而，自我主义的存在意味着不安。自我进化功能就是对自我防卫的自我认知。每一个自以为是、表面强大的传统领导者，其内在其实都是弱小的、极度缺乏父母关爱的孩子。这些人是有缺陷的——他们不安、缺乏信任，仅会使用恐怖与暴力，简言之，他们就是恶霸。

传统领导力模型的另一个缺陷在于，整个领导模型是为了将价值输送至顶端而设计的。金钱由客户流向销售和服务代表，最终流向企业的所有者。在企业的最高层，回报也是最高的。比如CEO、资本家、独裁者或是帝王。尽管其职务的名称和业务不同，但其模式是相同的，即自上而下的权力，自下而上的荣耀与回报。

当然，有些价值留在了层级之中。微小的财富被奴隶消耗（比如食物和水），或者被用来购买守卫和士兵的忠诚。层级越高，所分得的利益相对越多。但就系统整体而言，最大化的价值将流入顶层。事实上，价值金字塔与权力金字塔是相反的，如图12—1所示。从资本家或其他类型的专制君主的角度来看，这一模型完美无瑕，一切理当如此。但这里有一个漏洞——另一个根本的、致命的缺陷。

图 12—1　传统的领导力模型

传统领导力模型的最大缺陷是不可持续。不可持续的程度取决于不平衡的程度，以及造成不平衡的潜在贪婪。失衡越严重，模型崩塌得越快。总而言之，从根本上来说，传统领导模型是不可持续的，会存在很多的革命、抗议或宫廷政变——模型越不公平，变革越多。举一个简单的例子，如果一个独裁者拒绝与将军分羹，将军们很快就会取而代之。尽管奴隶翻身做农民所需要的时间会长许多，但奴隶终将会反抗。

处理这种不可持续性成本斐然。需要更多的努力去维护一种所谓的稳定。有一个词专门形容此类情况——自大。维护独裁者、将军等特权阶级的地位与利益需要很多努力、监督、眼线以及盯住眼线的眼线，比如盖世太保。自上而下的领导力结构必须依赖许多层级的管理。当决策的权力没有被分散，组织的设计是基于非对等的价值与信息流动时，说"不"就变得非常复杂。预期与感知必须被控制，恐惧必须被管理与衡量，并向下级施以合适的剂量。德国政治经济学家与社会学家马克斯·韦伯（Max Weber）甚至为了形容这种领导力模型，专门发明了一个我们所熟知并喜爱的词汇——"官僚主义"。你可能不敢相信，韦伯本人曾经就是官僚主义的卫道士，并曾声称官僚主义是一个美好的、高效的、理想的组织形式。

尽管有些人会认为，传统领导模型中的对称性是完美的，但是上面提到的"根本性缺陷"却是致命的不稳定与不可持续因素。

传统领导力模型最本质的问题在于它拒绝赋权。"赋权"通常是指将权力委派给其他领导的领导行为。赋权使他人有权管理特定的问题或机会，或获得某种赦免。但在此处，我想对"赋权"做出更为广义的定义。

赋权创新通过最大化地利用资源，完成目标任务。也就是说，赋权创新需要授权所有需要被有效整理、激发、应用和管理的资源，以推进创新。

当一项创新缺乏领导或发起人、缺乏可见的领导力时；当管理者缺乏领导技能或缺乏领导的动力与勇气时；当企业提出错误的战略时；当人们恐惧时，抑或仅仅当资源不足或被错误使用时，丧失权力就会发生。如果创新没有被正确且适量的资源所驱动，它将注定失败。

恐惧主义领导

让我们将恐惧主义领导的组织简称为WTF[①]。传统的恐惧主义领导模式的本质缺陷与人类和组织的心理中枢密切关联。它们在根源上与恐惧权力的丧失的错误想法相关。

1. 恐惧是一种非常重要的驱动力，是恐惧主义领导组织的重要引擎。在恐惧的气氛下，它会变成一种"文化"或一种心理。恐惧创造了一个"领导力禁行区"。

2. 在恐惧主义领导架构下，恐惧还限制了创造力与思维。恐惧阻碍了信任，而在缺乏信任的环境里，人们很难分享彼此的想法，或产生创新思想的碰撞。人们不会去尝试或承担风险或失败，因为他们害怕受到惩罚。恐惧将创新扼杀在萌芽之中。

3. 层级繁杂的管理官僚和监督者需要构建一个基于恐惧的、有失公允的WTF组织构架，以便制造出负担、自大以及为价值创造增加许多成本，将创新变为伪创新。此外，官僚主义是恐惧传播的载体。它会打压所有创意、燃起的希望和改进的想法。官僚主义也造成无效的决策、方向的缺失和重点的缺乏，即意味着对于创新的投入与授权不足。

4. 在恐惧主义领导组织内，价值管理模型在某种程度上总是不公平的。长此以往将导致该模型的不可持续性。如果价值的分布是不公平的，那人们就不会一直保持动力去参与并作出贡献。在极端的情况下，疯狂的贪婪会在短时间内为少数人创造巨大的价值，但同时也会为其他人带来巨大的灾难，并在很长时期内使他人丧失创造和享受价值的能力。雷曼兄弟（Lehman Brothers）在2008年对全球经济危机产生的影响就是一个典型例证。

5. 在恐惧主义领导模式下，人们畏惧说出真相。在这种环境下，帝王很少知道自己及其组织正在面临什么。也许组织已经陷入危机，但由于没有人敢

[①] 原书中作者将"恐惧主义领导"（working through fear）简称为"WTF"，该缩写词语表示愤怒的网络用语相同。——译者注

说话，谁都不愿汇报噩耗。

6. 恐惧主义领导的组织信息与权力（信息＝权力）的非公平流动与分享以及自上而下的运作方式局限了"系统智慧"。因此，恐惧主义领导组织通常都是盲目或迷茫的。它们需要一副厚厚的眼镜，花费巨大的成本聘请管理咨询公司去帮助他们看清事物，而他们自己是不可能做到的。

7. 最后，恐惧主义领导组织模型是不会授权的，这有悖于领导力的实际目的，即赋权。恐惧主义领导力无法在组织内部授权。他们集中了决策，而不是将其分散。它扼杀了授权资源并获得充分潜能的可能，并与最终的表层相连，形成环路。

总而言之，上述的心理学层面共同促成了创新的第五宗罪——无效的领导力，即缺乏对创新成功所需的资源并进行赋权。反之，对人与其他资源的尽责的赋权则是企业家精神的美德以及领导力的核心行为。正如比尔·盖茨所说："我们展望下一个世纪，领导者将会是那些能够赋权他人的人。"

尽责的赋权

一种全球领先的、最新的、更有效的领导力模式出现了。它充分消解了创新的第五宗罪，并支持了相应的企业家精神美德——尽责的赋权。我称这个新的模式为"倒立的、自下而上的领导力"，如图12—2所示。

如图12—2所示，倒立的、自下而上的领导者翻转了企业，用企业的头顶起了整个组织。他们是如何做到的呢？其实他们只是改变了思维方式而已。这是一种思维上的转变，很容易被概念化，但实施起来却比较困难。首先，我们将领导者的位置从企业的顶端移到企业的底部。把领导者想成承担整个企业全部责任的人，他们支持企业并为之服务，而不是获得支持与被服务。在新模式下，领导者是在底部的，是自下而上的领导，而非自上而下的。我相信你一定认为这只是思想上的一件小事儿，但这件小事儿对于思维方式的转变却至关重要。

第 12 章 创新的第五宗罪：畏惧赋权　　163

（倒三角形图：自下而上的责任赋权与领导力的实现）

图 12—2　倒立的、自下而上的领导力

另一个思维方式的改变在于组织领导力模式的转变。为了不被组织金字塔的责任重担压垮，领导者需要寻找他人去赋权。他们试图在组织的各个层级都注入领导力，让每个人都"拿起背包来"，承担责任，减轻整体负担。一个翻转的企业鼓励赋权。

从广义来讲，一个组织的全部目的应当被定义为尽可能地创造一个广阔的平台以服务潜在的客户。

理论上，翻转的、扁平的组织结构在顶端有更宽的"采掘面"。"采掘面"是指组织接触客户的地方。很多情况下，最重要的授权都是发生在"采掘面"上的。与客户直接接触的人必须获得授权去传达或展现价值，并获得解决随时出现的问题的权力。这种授权将真正接触的客户服务与普通的客户服务区别开来。当组织需要沿着管理链层层上报以获得服务决策（解决问题等）时，他们就已然失败了。他们损失了时间、价值，还有客户。

一旦一家企业实现了"翻转"的思维转换，它会自然而然地将自己改造为最大化价值传递的产物。金字塔将自己变形，其间可能会受重力的影响而自然坍塌，从而形成一个尽可能宽阔的顶端——采掘面——同时缩短中间的层级。一家拥有智能客户接触体系的企业，不需要繁冗的中间管理流程来消化、回报和监督决策。最初的转换是革命性的，是一次精神层面的从自上而下到自下而上的翻转。随后，接下来的事情随即发生——一个趋于扁平化的演进，更加分散的领导力模型，如图 12—3 中步骤 2 所示。

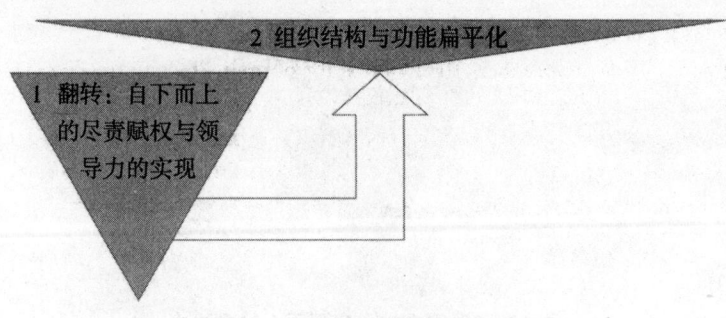

```
         2 组织结构与功能扁平化

1 翻转：自下而上
的尽责赋权与领
导力的实现
```

图 12—3　翻转组织的扁平化演进

在现实世界中，人们需要自上而下的指导，同时也需要自下而上的分权。两者之间的关系摇摆不定，就好像常说的随机应变的领导力——员工的能力各不相同。有时候你可以赋权，而有时候则不能。

开明的领导者会自然而然地接受自下而上的领导风格，并仅在必要时使用自上而下的指导和控制，例如，一个新的机会出现且一时间难以找到其他人去发展建立相应的能力时。绝大多数领导者和组织体现了一种自上而下和自下而上的管理结合。许多领导者试图授权他人，因为他们知道这样做是对的，然而当他们感受到来自下级的挑战和压力时，他们则会反其道而行之。在某些组织中，最高层领导的自上而下领导风格被开明的中层管理人员所扭转。在这些案例中，中层管理者可能会自我授权或授权其下属，而不顾自上而下的独裁。更多的企业正处于变革的过程中，正在从自上而下的专制独裁，转向自下而上的民主共和。

在任何既定的时间点，在任何一个组织中，我们都会找到一些不同于旁人、可以扭转领导力模式的管理者。在绝大多数企业中，我们会发现这些人混杂在一起。而那些倾向于采用新领导模式——自下而上、倒立的金字塔模式——的领导者往往效率更高。通过分散的而非集中在少数人手中的领导力，整个企业都会获得更加智慧、有效和有力的领导。如管理大师德鲁克所说："依赖天才或超人来管理的企业是无法存活的。企业的运营必须通过常人的共同努力来实现。"

创造有效创新的能力依赖于尽责赋权的人力资源，并与每一个战略性创新议程有关。

1. 从战略意图驱动创新的层面，确保人力资源是清晰有效的。因为了解战略的人可以为创新作出贡献，并去批判它、改进它并帮助它取得成功。
2. 通过吸引人才，让他们拥有、创造、分享知识与智力资源。因为智慧的人比愚蠢的人更高效。
3. 合理且公平地衡量人才所提供的贡献，并确保他们理解各自在创造和提供价值中所扮演的角色。因为在零和关系中，低收入的雇员很少会全力以赴地去作出贡献。
4. 赋权高效的利益相关者参与。因为能够在恰当时机向客户直接表达"是"或甚至是"否"的人，比那些必须向上级层层汇报以获得决策的人要有更高的优势。
5. 鼓励变革推动者。因为那些受到鼓励而能看到变革需求并敢于提出改进方案的人，远比那些害怕发表个人意见或因害怕承担后果而拒绝改变的人要有价值的多。
6. 通过教育、培训或其他提升个人成长、技能以及能力的发展机会来投资员工。因为人们会感激对他们所做的投入，并通过创造投资回报率"涌泉相报"。反之，人们只会觉得在被利用，而仅仅创造他们必须提供的那一部分价值。
7. 赋权行为可以使他人获得决策及随后行动的权利。该决策和行动会直接影响成功或失败的结果。不同于被剥夺权利的随从，他们无需等待命令。任何一位领导者的第一要务就是要去体察自身的心智，如中国古代最伟大的战略家诸葛亮所言："先治其内，后修其外；先理大而后治小，先克己而后制人。"

The SEVEN SINS of INNOVATION
A STRATEGIC MODEL FOR ENTREPRENEURSHIP

第13章

创新的第六宗罪：
毫无创意，无聊至极

> 感觉"良好"是创造力的首要敌人。
>
> 西班牙伟大画家巴勃罗·毕加索

创新的第六宗罪

所有的创新都开始于小创意，伪创新同样如此。因此，创新的第六宗罪——无聊透顶的毫无创意可以通过许多具体的形式展现：缺少创意；糟糕的创意；无法适应和拓展创意；不能参与到"外来"的创意中；不能充分听取或接受潜在的创意来源；以及不能及时扼杀一些创意以保证将精力集中在最值得开发的创意上。不管怎样，总之"要么创新，要么死"。加里·哈默尔（Gary Hamel）如是说：

就在某处有一颗子弹，上面写着你公司的名字；就在某处藏着一个尚未成名的对手，它即将淘汰你的战略。你无法避开这颗子弹——你只能先开枪。你只能超越其他所有的创新者。

创意不足

缺少创意或创意不足的主要原因有以下几点。

- 有些人或组织就是缺乏创造性。心理学家也不完全确定创造力源自哪里或者它是如何产生的。

- 员工既没有参与，也没有被适当或积极鼓励去为了潜在的新创意贡献他们的想法，互相挑战或挑战管理层的创意，参与创造性冲突，或是主动审视他们工作内外的环境，以寻找潜在的新创意。
- 领导者通过创造和维持一种自满文化甚至是恐惧的氛围，来扼杀创意、挑战和创造性冲突。
- 人们不问正确的问题。就像杰伊（Jay）所说："不具备创造性思维就会产生错误的答案，但是提出错误的问题却需要极具创造性的思维。"
- 客户不能通过结构化的程序，或者通过有效的销售、服务或其他任何与客户对接的员工，去适当地听取和参与，以捕捉他们的创意，比如焦点小组或类似NPS（净推荐值，前文已介绍）的调查方法。
- 当把"客户视角"视为一种创意来源时，区分选择者和使用者就显得很重要。现在有种趋势就是将注意力集中在销售效果和决策者——选择者身上，比如企业主或采购经理，或是他们的关键影响者。但是，如果让公司产品的最终用户适当地参与进来，那他们往往会是创新创意更好的来源。
- 潜在客户往往是完全被忽视的群体，如果被适当地引入到销售（"你为什么不购买我们的产品？"）或结构化研究（如NPS）中来，那么他们也会成为成长和创新的一个重要创意来源。
- 竞争者可以成为极好的创意来源，然而有相当多的组织是盲目的，通常，他们并不知道其竞争者擅长什么，正在计划什么，或者他们正在酝酿什么具体的创新。
- 根据全球对标管理网络（Global Benchmarking Network）2008年的调查，大多数组织（61%）并不能很好地实施对标管理的最佳实践，而这些对标管理是创新创意另一个非常重要的来源。另外，大多数对标管理只能与同一部门、行业、区域内的领先型组织抗衡。只有当它能与其他行业或地区的企业抗衡时，对标管理才会变得更有效。一个典型的例子是弗雷德·李于2004年对于《如果迪士尼经营医院》一书所发表的看法。任何服务性组织（如律师、会计师、餐厅或政府机构）都应该做成能与全球服务业最佳实践领导者迪士尼抗衡的对标，而不是与他们所在部门的其他组织抗衡。这将

第13章 创新的第六宗罪：毫无创意，无聊至极

能够很好地引导"突破性"创意，而不是那些渐进式改进的、毫无价值的创意。

- 供应商、分销商和其他合作伙伴也是创意来源，但他们经常被忽略；并且他们比较熟悉我们的组织，并具有"中立的外部视角"，这能帮助我们发现缺点、低效以及其他改进创意。潜在的问题是，有时候，帮助我们真正地解决问题并不能为供应商或合作伙伴带来最大利益，特别在他们的产品与此紧密相关的时候。比如，我曾经目睹了军队顾问和软件开发商雇用了数百人在一年的时间里去解决电信运营商的网络问题，而且看起来还打算继续这么干下去，虽然，一个更简便的方法可能需要从零开始重新设计而不是把已经存在的复杂问题堆积得更复杂。

- 外面的世界通常是又一精彩且极具有潜在价值的创意来源。事实上，大多数伟大的创新创意并不是来自研发部门，也不是来自我们组织内部和我们自己的脑子里。世界是个充满灵感的地方，大多数创业者和创新者应该花更多时间去探索它。

- 实验是一个重要的创新过程，但根据菲利普斯（Phillips）所说：

  大多数组织做了很多实验，不断完善某项产品或服务，而他们很少去做实验，以帮助他们发现将价值传递给客户的上百种方式（不妨回想一下爱迪生声称他已经知道了一千种不能造出灯泡的方法）。他们的失败不是因为实验的失败，而是因为他们从来都没有真正地实验过。

- 很多组织缺乏多样性以获得充足的观点来进行创新探讨。比如，休利特（Hewlett）等人的研究发现，78%的公司的领导团队缺乏多样性，他认为：

  没有了多样化的领导力，对于女性创意的认可可能将比白人直男少20%，有色人种则少24%，同性恋者（LGBT）少21%。这将以公司重要的市场机会为代价，因为这些天生的多样化贡献者能够理解保守市场上未被满足的需求。

- 休利特等人进一步指出一个缺乏多样性的领导团队只是问题的一部分，在广泛的员工中缺乏多样性是创新的另一个障碍。

- 最后，很多组织仅仅是没有遵照正确的流程。在头脑风暴会议中，由一号人物控制场面或是很快就转向讨论创意不可行的原因，这些都是无效的。如果组织不能建立起一种供所有员工自由地贡献创意的文化，那是不太可能创新成功的。

创意龙卷风

根据以上所述，很显然，创新成功的一个关键是获取尽可能多的创意，并将它们混合在一起，去看会有什么新创意产生，或者创意之间是怎么结合起来或怎么发生冲突的。而我们需要不断缩小创意的范围，形成聚焦。这经常被描绘成一个创意或创新漏斗，然而，我认为一个更好的描述性比喻是创意或创新龙卷风。它的挑战在于把龙卷风的顶端构建得宽点以捕获尽可能更多的创意，把它们充分地混合起来，形成一个龙卷风中心，如图13—1所示。

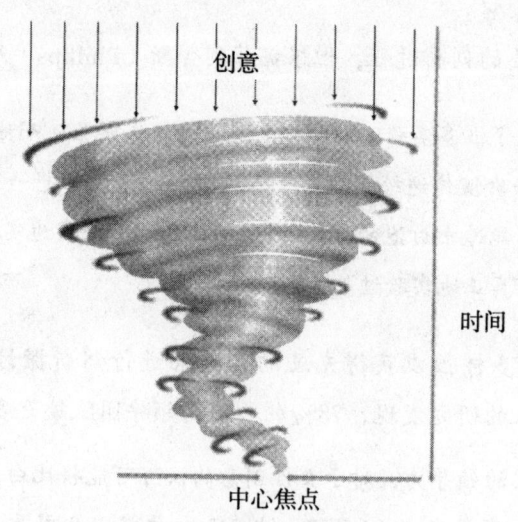

图 13—1 创意龙卷风

来源：http: pixabay.com

在创新的世界里，并不会有很多创意或一个坏的创意这种事情发生。创新机器需要很多创意素材。创意是任何创新的重要起点。在个别情况下，它们几乎一文不值，但最终将形成金砖，成为高度成功的商业的坚实基础。

伟大的创新公司会构建一个宽口的"漏斗"，最大化地捕捉创意。在其他条件相同的情况下，那些能更好地连接和倾听更多创意来源的人和组织将会获得成功。当然，这要以智慧、创造性、足智多谋为前提。但多数情况下，能够做到这样的并非偶然。创新型企业培养很多内在创造力，鼓励员工发现和分享创意。他们会鼓励人们去交流、玩耍、倾听和挑战。真正聪明的玩家考虑事情是超乎常规的。他们的视野超越了自己、超越了他们的文化和思维习惯，从陌生的领域寻找创意。有一些人甚至和他们的客户对话。组织如果能够适当引导客户参与创造，并把他们作为创新洞察力的来源，认真地考虑和理解他们的对手，同时能够作为与自身行业以外的创新领袖抗衡的对标，那么它将享有创意优势。

将大量的好创意作为创新机器的基本燃料和原材料放入这个"漏斗"之中是必要的。没有创意或只有极少的创意，企业难以创新。当然，创意需要创意来源，但问题的关键是要用很多方法将领导力与文化连接起来，这样领导就可以明确地培养和授意一种文化，在这种文化中，员工被鼓励并且乐意去分享他们的创意，而且不存在坏的创意，哪怕它只是半成品。恐惧扼杀创造性的表达。你可以询问任何一个音乐家，他们的表演是如何受焦虑所困扰的。同样地，创意的有效表达甚至是基本的分享意愿都会因焦虑而削弱。如果领导者创造一种恐惧、煎熬的氛围，那么创意培养将成为空谈，创新程序的源头也将会枯竭。

未被表达的创意将会错失机会。有一些人由于害怕被拒绝或变得更糟糕而不愿分享他们的半成品蛋糕，这就不能为他人提供完成烘焙它、冷却它，将它变得更绝妙的机会。为了确保那些用以支持创新机器运转的创意诞生，人们需要克服恐惧。找出那些恐吓他人、制造恐惧的地痞，并将其驱逐出去。告诉人们分享半成品也是可以的，而且任何创意本质上都是好的，并说到做到。为创意分享而欢呼，经常公布最好的创意并给其丰厚的奖励。创意是创新的原材料。

另一种引导创新者获得赢取对手的优势的关键方法是快速扼杀新的创意，这样就使得伟大的创意得以繁衍。与决定它们仅仅是好的创意相比，好创意本身不需要占用更多资源、传播时间或注意力。只有伟大的创意才应该通过创新程序得以培育。如果个人和组织试图培养太多的创意，失败则不可避免。追求少而精要好过做一堆烂事。

大多数组织并不能及时扼杀创意及其衍生出来的项目，从而避免将宝贵的时间和其他资源浪费在那些根本不会成功的事情上。由于缺少焦点，太多本可以成为创新者的人尽管付出了很多，但却收获甚少。他们没有把一件事情做到极致，而是做更多的事情，最终只能收获平平甚至彻底失败。比如，一个典型方案是，在面临削减研发部门预算的需求时，全面缩减预算，宁肯枪毙全部项目，而不是为最重要的项目维持充足的资源。这是一种领导失败——优柔寡断，缺乏对优先级的清晰认识，并且没有抓住重点——最终无法授权资源和项目，获得成功。这一领导决策的失败也是创意管理的失败。

创意阻滞

个人和组织精神的失败和缺陷催生了创新的第六宗罪——无聊透顶的毫无创意，具体表现如下：

1. 既不清楚某一项创新或一般性创新的目的，也没有以暗示、培养或需求创新的形式定义组织的整体目标。比如，比较这些明确包含创新的使命陈述：
   - 默克公司（Merck）："保护和改善人类生活。"
   - 明尼苏达矿务及制造业公司（3M）："创造性地解决那些悬而未决的问题。"
   - 通用汽车（GM）："通用汽车是一家参与到世界范围内社会责任践行的跨国型公司。我们致力于为顾客提供高价值的产品和服务，同时与我们的雇员和业务伙伴分享成功，并确保我们的股东能够持续收获高额的投资回报。"
   - 施乐（Xerox）："施乐是一家高品质的公司。高品质是施乐的基本原则。

高品质意味着为我们所有的顾客提供创意性产品和服务，充分满足他们的需求。品质提升是每个施乐员工的职责。"

2. 未能受大胆又现实的战略愿景鼓舞的创意，以及平庸乏味的创意都不能启发灵感，而那些完全不可能、不可行或仅仅是超越时代的创意同样不可能引领创新成功。

3. 没有被说出来、被分享或表达的创意，不现实的、错误的、基于错误信息或假设的创意，或者是不以创造价值为导向的创意，包括那些可能具有摧毁性的创意，它们都是有效表达创新创意的障碍。

4. 不能有效参与合作。这些合作包括创造性冲突和对多元化价值和观点的认可，以及各种创新利益相关者的需求。所有这些合作的缺失都会降低创新创意、思维和计划的数量和质量。

5. 如果观念和创意发展过程未被有效地激励、授权和引导，那么即使是伟大的创意也将被忽视，或者可能会挣扎、凋谢而最终导致死亡。

6. 无效的创造力，比如当创新想法未能被创业精神、变革推动者和改进的愿望激发出灵感时，或者当创意"汁液"不再流动或创造力的源泉即将枯竭时，这可能意味着对于创新而言，这里没有足够的好想法去发现和开发出伟大的创意。

7. 最后，如果没有创造的潜在动机，或者创造是可能的希望和信念，或者以知识的有效观念为基础，那么创意不可能产生也不可能得以实施。

总之，上述这七个心理层面中的任何一个都可能削减创造力或阻碍创造性的成功产生以及创新创意的发展；或者，它们可以共同催生第六宗罪——无聊透顶的毫无创意——可以说在创新开始前就击败它。相反，第六个企业家精神美德是创造性思维。

创造性思维

创业型和创新型企业使得创造性思维最大化，这种创造性思维与它们的战略创新议程相关，具体如下。

1. 当基于使命和愿景并保持一个明确的意图时，他们会开放思想并能拥抱新的创意，包括新的使命和愿景或者是对当前的使命和愿景的改进。这里的悖论是，在某种程度上，创造力依赖于试图创新与拥抱或接纳创新之间的平衡。

2. 知识孕育创造性思维。广泛地收集任何一个具体领域的信息，都是这个领域中播种创新创意的肥沃土壤。一张白纸可以成为思维的有效容器，但当大脑与手中的笔同步时，这张纸就将被相关的知识、理解和见解所填满。

3. 对一个具体领域的理解既是定性的又是定量的，它连接着信息，是具有价值的领域。当创意与价值议程联系起来，专注于创造、最大化和交付价值时，它们就被定义为创新的驱动器。

4. 最好的创意通常出现在关系中，就像一个创造性的合作成果，并得以产生、提炼和发展，所以，最有效的创新者会让所有的利益相关者积极参与到创造性思维当中。

5. 当创造性思维被变革推动者激励时——改进的愿望——并且对现状处于潜在的坐立不安的不满足状态时，那么创意更可能被积极地转变。

6. 创意出自于能力，比如来自专业知识平台、工具技术、现存的知识产权库、专业知识框架和知识库。组织发展和培养这些能力，在创造性思维方面，将比无创造性的组织更加拥有自然优势。

7. 最后但同样重要的一点是，当把创意投入到实践中时，创造性思维才是最有效的。没有付诸实践并缺乏后续跟进的创意都是废物。

第 14 章

创新的第七宗罪：安于现状

> 宽容是没有信仰的人的美德。
>
> ——英国作家吉尔伯特·切斯特顿

创新的第七宗罪

创新的第七宗罪是安于现状。它关乎心态、文化、潜力和表现，同样也关乎战略的落实。

平凡的根源

自我满足是平凡的根源。如美国教育家、社会学家与社会活动家本杰明·梅斯（Benjamin Mays, 1895—1984）所说："人生的悲哀并非源于我们的失败，而是来自我们对于现状的满足；不是因为我们做得太多，而是因为我们做得太少；不是因为我们力不能及，而是因为力所能及。"

自我满足有很多种形式。事实上，对于任何一家企业而言，只要有参与者的存在，就会出现各种形式的自我满足。安于现状的管理者和员工不会努力改变平庸的业绩和结果。

小富即安的所有者不会增加投资去改进；随遇而安的客户不会选择投诉，而会直接转向他处，如若别无他选，就会一直容忍下去。想象一下当年的苏联人民是如何忍受物资缺乏、服务态度恶劣的店铺的。基于绝望与别无选择，消费者们只能排起长队。甚至在苏联的严冬，他们也不得不站在商店外排队等候很久，只为得到几块面包。

关于自我满足与忍耐平庸的一般例子比比皆是。例如，在世界各地的机场都可以看到人们排着长队忍受着缓慢和差强人意的服务。我们之所以能够容忍，是因为我们相信等候在空中旅行过程中是不可避免。但事实真的如此吗？我们能否想象一个拥有更加先进技术的世界，能够让登机手续、安全检查和行李托运变得更快捷一些？显然，这是非常有可能的。只要机场、航空公司和政府能多花一些钱来投资，总有一天这些问题都可以解决。我让你们一起来想象的目的是：乘客在经历过高效的系统后，将无法再适应当前的漫长等待。正如俄罗斯的消费者已无法再回到苏联时期的购物体验一样。

而人类对于现状的忍耐又是惊人的。作为人类，我们厌恶那种放纵不可容忍事件的极端案例。但是在日常生活中，我们对于平庸的表现和结果却熟视无睹，把它们当成生活中不可避免的现实。为什么我们能够忍受每天数小时的通勤？为什么在打电话联系到客服人员之前我们要回答那么多选项？为什么我们能接受高达一半收入的税负（甚至超过一半）？特别是税负中的一大部分会用于维护庞大而低效的税收官僚机构。为什么我们可以忍受现在的医疗体系——收费高昂，服务糟糕？我们怎么能够接受一个每天都会意外"杀害"病人的医院？每年大约会有十万病人意外死于美国医院。如果我们有同样的几率在飞行中丧命，我们还会乘飞机去旅行度假吗？

事实上，人类是忍耐力惊人的生物。我们忍受大量的垃圾，特别是来自人类彼此之间的。似乎我们期待着他人的失信、提供糟糕的服务、打破承诺、令人头痛的领导以及在各个方面让我们失望。当然，每一次我们都很生气。但慢慢地，我们会找到积极的应对方法去忍受彼此。但人类最可悲的状态之一就是我们终将接受我们的状态——充满缺陷的状态。

自我满足的根源

如上所述，自我满足的根源之一就是容忍———一种期望值很低的状态，或并不满意但"习惯了"的状态。比如，1966年美国作家与登山运动员乔恩·克莱考尔（Jon Krakauer）发现"许多人生活得并不快乐，但他们并不打算通过行动来改变自己的现状。因为他们习惯了生活的安全、安逸与保守。所有这些都会带给人们平静的感受，但事实上拥有冒险精神的人生并不比有保障的人生更加危险"。因此，自我满足可能是源自对烦恼的宽容，也可能是源自对舒适、安逸和满足的渴望。确实，自我满足甚至可能来自对成功的感知。正如教友会牧师与发起人威廉姆·波拉德（William Pollard）所说："人们会因成功而产生自负，是因为他们相信对于明天而言，昨天做得就已经足够好了。"

不良业绩的根源

不良业绩可能是因为缺乏技能、专业性或其他必要资源导致的。但业绩同样也受到动机和正确的心态与态度的影响。没有动机，就没有业绩。而如果精神态度是错误的，那其所展现的"表现"结果往往并不会理想。美国的足球运动员、教练兼励志演说家卢·霍尔茨（Lou Holtz）对此作出了准确的描述："能力决定了你能够做什么。动机决定了你会做什么。而态度决定了你能做得有多好。"

最佳业绩心流只会出现在能力、动机和积极的态度与全部心理中枢产生共振的时刻。如表14—1所示。

表14—1　　　　能力、动机与态度同心理中枢的关联

能力与动机	心理中枢	成功者与失败者的态度
自我实现或帮助他人自我实现，达成有意义的目的	宗旨与使命	成功者说："我可以为你做什么？" 失败者说："那不是我的工作。"
去想象、感知和有见地地定义成功，并通过开发智慧的计划将其实现	目标与愿景	成功者：总是有计划，或正在制订计划 失败者：总是有借口
去影响、去分享真理、去销售或营销并去传递价值	影响力与沟通	成功者：总在解决问题 失败者：总在创造问题

(续表)

能力与动机	心理中枢	成功者与失败者的态度
去爱与被爱、参与、融入、合伙与协作，去赞美并去努力建立互利共赢的关系	参与与协作	成功者：与他人或团队合作共创成功 失败者：出现问题时指责他人
去领导、管理、负责，但同样启迪、引导、激励和赋权	赋权与领导	成功者说："这也许很难，但不是不可能。" 失败者说："这不是不可能，但很难。"
去改进、创造、学习和成长，向前、向上进步	思维能力与创造力	成功者：每一个问题都有答案 失败者：每一个答案都有问题
去表现、证明技能、专业性与能力	心态与文化	成功者：相信能够做到更好 失败者："出席"即可

对不良业绩的容忍

自我满足限制了组织成功以及创新成功最主要的原因是人们对于不良业绩的容忍。人们可能会轻易地把目光移开，心想："我挺好的，你不行。但这跟我无关。"或者人们只是认为，与其和同事争论，还不如接受即可。即便管理者和主管通常也会更倾向于容忍这种不良业绩，而不是指出他们低效率的行为、缺乏的动机或错误的态度。

不去直面不良业绩，除了会造成不良业绩者对自身表现的接受和持续外，还会带来很多问题。比如，对不良业绩的容忍会制造一个较低的标准，并向其他人发出一个信号——平庸是可以被接受的。平庸变得正常、被期待、被接受。如赖利（Riley）所说："当一个伟大的团队因自我满足而衰落时，它们总会不断地寻找新的或更复杂的理由去解释失败。随后，它们在思考为何失败方面将会极具创新，而忘记去思考如何成功。"

此外，努力刻苦的员工可能会因为组织对平庸或不良业绩的容忍而丧失动力。再也没有比看到不良业绩者获得容忍，甚至有时候被升职更令人泄气的了。

第14章 创新的第七宗罪：安于现状

舒适的企业文化

一个组织如果以"舒适的文化"见长，那么它将无法战胜平庸、不良的业绩、需要下决心解决的难题和必要的进步。对于平庸的容忍及其保持平庸的后果源自能力的缺乏、动力的不足、糟糕的态度以及错误或低效的行为。人们将失去成为前辈和专家的意愿，或不再抱有希望并遵循结果导向。总而言之，人们会对现状满足，但并不觉得开心。人们会忽视这种状况，继续生活，不再提起那些不满。墙上的字终将被墙纸覆盖，令人扫兴的事终究会被宽恕。这就是一种无意义的心理状态。对于一个组织而言，这是一种毫无意义的企业文化。

自我满足

成功也会诱发自我满足。人们普遍接受"我们之所以取得伟大的成就是因为我们做了正确的事，而没有必要去改进"这样的观点。长期持续的成功会使得管理层甚至整个公司都认为"维持现状"是一件好事情。但究其背后，是自负已经开始在作怪，同时，人们还默认了一个危险的假设——好就是"足够好"。但这一假设及其所带来的结果总会阻碍变革和进步，从而抑制创新的投资、业绩表现及其成果。

安于现状

如同其他六宗罪一样，第七宗罪——安于现状也是因个体或组织各个心理中枢阻塞或缺乏共振而产生的。其产生的时机如下。

1. 当一个人的动机、能力、信仰或态度与其个人目的不符，或当一个组织或创新的目的不能被激励并与人们以及人们的热情产生共振时。安于现状的人们毫无激情，并且仅出于习惯或为了挣钱而随意处事。人们不应为了金钱而是应因为热爱而工作。工作应该是愉快的。
2. 当人们无法专注于成功的目标和愿景，且不具备正确的精神态度去实现它们时。它包括最基本的信仰、直觉和对于可能性的洞察。舒适的企业文化会导致不清晰的目标、不明确的目标定义以及责任的缺失，从而阻碍目标的达成。这也变成了产生目标漂移（指目标在没有沟通或达成共识的情况下生成）以及目标、愿景偏差的温床。

3. 当缺乏对于创新、竞争、胜利或创造价值的渴望时；当不具备影响他人的意愿或接受创新的意愿，或当缺乏热情、同理心或诚信时。
4. 当关系尚未被建立或无效时，比如，由于缺乏参与或合作的意识或不具备相应的能力而缺乏共鸣或合作能力较弱。
5. 当个人或组织缺乏信心、勇气、权力、战略或能力，去领导、承担责任、做出决策、指挥或授权他人和其他资源时。
6. 当想法与创新因思想封闭、感知麻木、"非我责任"综合征、"我们都是这么做的"的想法以及其他不能对潜在想法的改进和开发抱有开放的态度而匮乏时。
7. 最后也是最本质的，当缺乏希望与动机时。当人们仅仅只是存在而已时。当灯都亮着，却无人在家时。

综上所述，第七宗罪——安于现状是源于不可能创新的态度和文化。而对应的企业家精神的第七条美德是自我驱动的心态。

自我驱动的心态

企业可以通过有效地采取以下不同的战略创新议程推广企业家精神和赢的文化。

1. 鼓励大家去追寻梦想，发现他们的激情所在，去做自己热爱的事业。如果组织中有人缺乏激情和不热爱本职工作，那么就去帮助他们重获热情或者让其离开。
2. 企业的知识工作议程的核心是去理解企业的文化以及企业员工的精神。关于人才发展与继任者计划的一个有用方法就是建立一个才能、技能和兴趣的数据库。此外，有关员工态度的心理档案、对于雇主的满意及不满、性格特征、智力及动机也是较为有用的数据。比如詹姆斯·塞尔（James Sale）发明的动机地图（motivational map）可以清晰地阐明员工积极性的水平和模式。更重要的是，它还可以告诉我们使用什么样的方法可以提升个人的积极性和业绩表现。

3. 培育企业文化和员工思想、强调价值最大化应该是企业价值工作议程中重要的一环。同时必须确保企业价值是实实在在的。

4. 在利益相关者关系管理工作议程中，企业内部的员工也是关键的利益相关者。但维护与其他相关者的关系也同样重要。关注这些关系是如何发挥效用的，是利益相关者关系管理工作中重要的考量因素。而这些关系在某种程度上是建立在同理心、认同和关注等品质，以及员工的行为、态度和积极性之上的。

5. 在企业变革工作议程当中，变革推动者、对于改变的态度、动机或缺乏动机以及个人行为对于企业变革的成败都有着决定性的影响。

6. 企业的能力工作议程——公司当前的能力以及公司未来可开发的能力——依赖于整个企业文化和个人心理。人们需要不断地问自己："我们足够多元化吗？还有什么样的新鲜想法可以为我们所用？"

7. 最后，业绩和结果表现如何呢？我们是否真的不满、不安？我们还能做些什么？

拥抱逆境

文化可以是一家企业的巨大财富。创新的成功者，比如谷歌、3M等公司都尽心培育着伟大的企业文化。去了解创新领袖如何创造正确的现实环境、组织氛围、空间和时间去激励创新是非常值得的。绝大多数组织会去关注能够孕育、培养并最终强化成功文化的积极事物。但去研究优秀文化是如何应对逆境也颇具意义。最好的例子莫过于新西兰橄榄球队全黑队（All Blacks）在2014年大胜爱尔兰。紧要关头的临门一脚使全黑队以微弱优势赢得了比赛。这个故事证明了根植于整个团队与组织对于成功的信念是一种无往不胜的"文化"。

巨大的挑战带来了可观的机会。正如莱西（Leahy）所说："当处境变得艰难时，意志坚强的人会变得更加刚毅。"与此同时，软弱的人最终将灭亡。更多的食物、空间及资源都是为幸存者而准备的。当面对问题时，我们无视它们，希冀它们自动消失。坚毅的人不会这样，但普通人却有可能会这样，他们会担忧并努力消减风险。如果以负面的角度去思考，我们会以为最重要的是活下来。而我们当中最聪明的、未来的成功典范，将会视问题为机会。赢家总是把挑战当成乐趣。

逆境催生不满，而不满是企业创新的源泉。面对逆境时，真正的领袖会迎头直面挑战并为之创造结果。逆境为颠覆性创新创造了条件，没人可以预测。逆境可能有很多种类型，比如窘迫的经济状况、强劲的对手、吹毛求疵的客户、多元化或利益冲突等。事实上，聪明的领导者通常会强化创新冲突并创造具有相对合理水平的阻力，以确保想法可以在推进或扼杀前被充分开发。

成功的领导者都不是傻瓜。他们都不是沉浸于幻想之中、遵循某一成功的"秘密法则"的乐天派。尽管消极态度会引发消极结果，乐观和希望是成功重要的先决条件，但这并不意味着只是简单的"期盼"而已。创造成功是艰难的。随着你行动的展开，吸引力法则才会开始施展魔力。成功会吸引更多的成功。它会自然而然地到来，通常是以一种聪明的领导者所拥抱和追求的意想不到的方式出现。

让我们来回顾一下华特·迪士尼。他的公司是有史以来最大且最成功的全球娱乐集团企业。华特的一生中经历了许多逆境。早在1928年，他就穿越全美，只是为了能把幸运兔奥斯华（Oswald the Lucky Rabbit）卖得稍微贵一点儿。他的努力以失败告终。不仅如此，他的赞助商还宣称他们拥有奥斯华的全部版权。在返回加利福尼亚的火车上，华特突然产生了一个新的想法。当他把老鼠莫迪默的想法告诉他的妻子时，他的妻子说："这个太棒了！但你可以改个更可爱的名字。"随后，我们所熟知的那只老鼠诞生了。上帝总是在用最炽烈的火焰锻造着我们。

多年以后，华特坐在公园的长椅上，看着他的孙儿们玩耍。他感到有些无聊。如果有一个公园，无论大人还是小孩儿，或者说是全家人都可以自得其乐，那岂不是很好？1955年，迪士尼乐园建成开放，进一步实现了他的人生初衷——"使人快乐"。然而，灾难接踵而至，超过2.8万人出现在乐园门口，而绝大多数人手中拿的是一场仅邀请了1.1万人参加的活动的假票。公园的各个基础设施均难以应对——无论是停车场还是供水设施。在数小时后，公园里的食物都被一抢而光。新铺的柏油路在加州烈日下开始变得粘软。游乐设施开始不堪重负，人们开始愤怒。保安、人流管控、急救完全不足。简言之，一切都糟糕透顶。面对这种情况，绝大多数商人都会跑过墨西哥边境，变现逃跑。但华特没有，他再一次拥抱了逆境，并针对所经历的"黑色星期天"制定了解决方案。尽管他曾损失了很多资金，但如今他又投资了更多的资金。尽管开业不利，华特还是重新邀请了他的客人以他所预期的情形重新体验这座乐园。在重新开园的时候，迪士尼乐园的运营更加精进，而华特始终坚持着他的创新直至离世。

华特完美地证明了企业家的悖论：杯子是半空还是半满？对于华特这样一个传奇人物而言，两者皆是。杯子是半空的：因为永远都还不够好——公园可以更棒，抓老鼠的娱乐设施可以更好，更多的人可以更开心。简言之，伟大的领导者和企业家是伟大变革的引领者。他们不会自我满足，认为事情已经足够好。但与此同时，悖论仍然存在。伟大企业家的杯子同时也总是半满的。企业家是也必须是乐观主义者。悲观的人无法领导革新："我们做不到。之前试过了……就是做不到。"这种论断对于指出各个方面的问题十分有用，但无益于产生解决方案。

华特·迪士尼是一个伟大的乐观主义者。他热爱生命，是一个充满希望的商人。此外，他还是一个永不满足、试图寻找更好方法、喜欢尝试新鲜事物和屡败屡战的人。他为全世界最成功的一家企业奠定了基础，冲出重围，成就了他自己以及他的计划。

像华特一样，未来成功的企业家和公司此时此刻正在投入时间、经历和其他资源，力图让世界变得更加美好。他们是不会满足现状的，并渴望去改变。

他们是乐观的。拥有正确的人才、支持和一点点运气，他们就能成功。他们会通过决心、决定和不懈的专注去获得成功。他们会创造属于自己的"运气"。

最后，我们来做个总结。本章的核心观点就是逆境催生不满，不满是企业创新的源泉。直面逆境，成功的文化和团队将会战胜挑战并创造奇迹。他们不会去寻求舒适，反而会追随不满并去挑战。逆境创造了颠覆性创新的条件，没人可以预料。逆境可以有很多表现形式，比如窘迫的经济状况、强劲的对手、吹毛求疵的客户、多元化或利益冲突等。事实上，聪明的领导者通常会强化创新冲突并创造相对合理水平的阻力，因此只有最强大的想法可以从中幸存并成为现实。正如经济学家保罗·罗曼（Paul Romer）所说："危机不应被浪费掉。"

The SEVEN SINS of INNOVATION
A STRATEGIC MODEL FOR ENTREPRENEURSHIP

第三部分
创业创新的解决方案

我总是把忠告传达给别人。这是你唯一能对它做的事，因为它对你自己没有任何用处。

——英国作家奥斯卡·王尔德

在本书的这一部分，我提供了一些具体的解决方案，以应对创业和创新在现实世界中所面临的挑战。我试图使用不同的方式来撰写每一个解决方案，期望它们对于所有的读者而言，都是有趣且适用的，即使你不会面临讨论中的具体挑战：振兴企业，创办企业，经营家族企业，出售企业，或者是经营服务、社会型企业或公有制企业。

这些解决方案依赖于之前有关创新罪行、企业家美德以及连接驱动创新结果的不同心理和组织因素的需求的模式和认识。希望本书的第三部分将有助于你进一步理解如何应用这些想法，或触发一两个对你有用的创意。如果这样的话，那我的目标就实现了。

The SEVEN SINS of
INNOVATION
A STRATEGIC MODEL FOR
ENTREPRENEURSHIP

第15章

振兴企业

> 当我们从外围视角看生物时，最让我们惊讶的莫过于它们其实是由一系列的习惯组成的。
>
> 美国心理学之父威廉·詹姆斯

/ 一成不变

随着我们的日益成熟，我们往往会安于现状，不思进取，这就是人类的天性。组织是由人组成的，因此，毫不奇怪，他们会养成一些坏习惯，变得不思进取，终止战略性行为，从而导致创新失败。

组织之所以选择自我振兴，是出于很多具体的原因，其中包括意识到他们培养出无效的文化，客户对他们的产品或品牌丧失了热情，在激烈的竞争中失败，或者意识到他们必须要改进过时的商业流程和实践。不管是什么驱动了组织振兴，当你读到我的建议——战略性和创业性途径的创新是振兴任何企业的最佳方式，将不会感到惊讶。我参与过很多种归于失败的振兴方法的制定，如下所示。

- 重塑品牌常常表现为更换品牌名称，这几乎并没有改变潜在的基础元素。除非把重塑品牌当作更宽泛的振兴计划的一部分，但是，这对尝试真正的改变而言，是代价高昂但收效甚微的方式。仅仅重塑品牌并不能实现振兴，同样，仅仅是把问题重命名，而回避问题的本质，并不能解决问题。
- 更换领导者是受到董事会垂青并乐意选择的振兴企业的另一种方式。这种选择的核心假设是领导者要对成败负责。事实上在大多数情况下，尽管领导者可能需要负责，但是他们对任何事都只是负部分的责任。如果是由于企业潜在的因素而导致的失败，换另一个人来负责，也只是帮助企业确定他们是否能够快速发现之前被忽视的问题，然后快速制定和推动解决方案。通常，事实却恰恰相反。一位新的领导需要花几个月的时间让自己适应新的工作并稳定下来，了解公司现状到底是怎么回事，并开始探究需要改变什么。通常，即将卸任的领导会告诉他们，是否会被允许留任足够长的时间来做好有效的交接。

- 重组管理团队也是一种流行的做法，特别是当高层管理者侥幸留下来，他们很可能会"降罪"于下一层级的管理者。对团队重新洗牌，重新分配角色和责任，意在重新组合团队。但是，威慑员工对于提高注意力、提升动力、加强决心或创造力并不是最有效的方法。它可以重组问题，但并不能解决问题。

- 在20世纪80年代到90年代，精简组织是一种非常受欢迎的方式。至今仍有很多组织在践行这种方式。如果组织解雇表现最差的10%的员工，并用"新鲜的血液"替代他们，那么被留下的员工就会警惕起来，更加努力和勤奋地工作，取得更多的成就。然而，事实上，当组织采用这种模式运行时，它们很难成功地留住和开发最优秀的员工。我提倡裁掉冗员，当出现表现差的员工时清理掉他们。但是试图简单地通过动摇一个组织来实现振兴是行不通的。因为这样做会制造一种恐惧的氛围（跆拳道文化），员工置身于这种文化中是不可能享受工作的，他们要花不必要的时间来保持冷静，最终最优秀的员工往往首先离职。

- 重构商业模式是超越重组领导团队的一种方式，而且，如果处理得当，可能会实现振兴。关注于核心业务，精简运营，杜绝浪费，化繁至简都可能提升价值交付。然而，仅仅移走周边的商业元素，完全地去除那些可能是由于疏忽或是投资不足而表现欠佳却切实可行的商业元素，这是无法获得成功的。

- 听任局势恶化可以说是最常见又最无效的方法。然而，令人悲哀的事实

（正如第 14 章所讨论的那样）是，自鸣得意的现象极其普遍。即使当日益增长的不悦驱使一个领导感觉到对当前的境地难以容忍并致使想要采取行动时，顺从通常会是阻力最小的途径。

所以，什么是有效的呢？下面让我们来看看需要振兴的战略七要素，以及潜藏于每个要素背后并将它们联系起来的创新议程。

振兴使命

如果想实现振兴，那么企业的使命至少应当是经过深思熟虑的。使命可能需要与宗旨相匹配，但同样地，这也可能需要变革的火花来启动整个的振兴努力。这并不只是将冠冕堂皇的话写在上面。恰当的话语可以激发和带动企业内外部的激情，而且新获得的激情对于任何的振兴努力都有可能是极其重要的动能。人们不仅需要变得兴奋，而且需要一种"紧迫感"。

你可以在重塑品牌的聚会上对着人们大声吼叫，将他们置身于充斥着喧闹的音乐和浮华的幻灯秀中，甚至是手拉手地吟唱企业的赞歌，通过这些方式来使得他们兴奋起来。但是对我来说，让人们有效参与的最基本并最有用的方式是通过他们对企业宗旨的理解，对工作和企业的意义的感受和思考，以及他们个人的激情。

制定振兴使命最好的方式就是让每个人都参与其中并去创建它。首先要让每个人定义他们自己的工作动机，让他们尽可能热情地向朋友描述自己在做什么时。接着，让他们尝试带着对以下问题的理解去投入工作：为什么他们的工作职责会存在？企业为什么会存在以及它的存在是为了做什么？它在这个世界上代表什么？比如，一个护士应当以拯救生命或至少是改善健康——用重要的事情来表达他们的使命。

让企业中的每一个人写下自己的宗旨，并用一两句话（让它更言简意赅）去描述宗旨。它可能如下所示："我是南安普顿综合医院（Southampton General Hospital）儿科护士的负责人，作为领导团队的一员，我的宗旨是为我们的病人和社区拯救生命和改善健康成果，并为持续提升医院这方面的能力作出贡献。"

随后让人们分享他们的使命，就有关如何激发更大的热情进行相互反馈，并让他们的使命更加言简意赅、铿锵有力。鼓励人们继续完善自己的个人使命，并把它作为一个持续优化和调整的过程不断改进。但是，这也到了进行下一步的时候——制定组织的整体使命。

让每个人写下一两句描述整个企业首要的共同宗旨，而且仍旧是以让他们充满激情的形式来描述。例如："南安普顿综合医院旨在挽救和改善生命，做我们社区健康、安全和福利身先士卒的贡献者。"现在，要把整个团体分成两人一组，并把多出来的人指派到某组构成三人组。让他们整合他们的个人使命陈述，最后形成他们都满意的共享使命。不要越过这个程序，因为很多重要的东西会在沟通中产生——关系建立、有益的争论，尤其是当人们投入他们的热情时。接着，将两人团队变成四人团队，再变成八人团队、十六人团队，等等，直到你达成整个企业的共同使命，它应该是经过每个人的讨论、争辩、论证和参与的。

这一规定的程序是复杂且很费时的，但却是非常值得的。可供选择的方法还有采取雇用一个顾问或咨询机构这种老生常谈的方法，来一场轻松的户外拓展训练。或者甚至老板只需花几分钟的时间，写下一个新的使命并将它传递给下属员工。

在推动使命整合实践之前，我经常与客户说的有趣之事是老板的使命与整个团队整合出来的使命很可能或多或少是一样的。但是，除了整合过程要花费更多的时间和努力这个事实之外，它们之间会存在很多重要的区别。整合过的使命要经过激烈的争辩，这样它的每一个词都会充满了意义，而且团队成员也会具有强烈的归属感。但你不妨去找一个团队，感受一下他们对于由老板、拓展领导团队或是咨询机构起草并下发的使命陈述的热情程度。

一旦你拥有一个新的振兴使命，就请直接使用它。把它在你的网站上公布出来，放在你的 Twitter 和博客上，并将其嵌入在你的营销宣传材料和日常沟通中，大声地宣扬它。

使命的另一方面是正在形成的和已形成的使命。让每个人重新审视他们自己的使命，看它是如何支持企业的整体使命的。讨论这些使命如何支持或不支持整体使命的过程，对于理解个人角色、潜在地识别处于劣势或断连的区域是很有用的。

这个过程的最后一步是审视企业内不同职能部门或团队的使命。让他们开展分组讨论和协商各自不同的使命以及如何使这些使命更好地支撑企业的整体使命。

就中小企业而言，每个人都可能代表企业，而且每个分析单元就是一家中小企业。然而，使命训练可能是由一群代表子公司、生产线、品牌或经营机构的人开展起来的。在此，我依然提倡以个人使命作为开始，一路循序渐进地提升到最高层次——整个企业——接着，再考虑由在场的人所代表的分公司或分支机构的使命。

很多组织是由多个子公司组成的。为每一个子公司制定具体的使命，再讨论这些使命是如何一致、不一致或存在潜在的冲突，这一点十分重要。值得注意的是，冲突或不一致是可以接受的，甚至是被期望的，例如，一家母公司有两家相互竞争的子公司。关键是要理解、分析、讨论最重要的战略方面——宗旨和使命，并最终达成一致意见。

重振领先地位和意图

要想成功地振兴企业，离不开一个高效的领导者或领导者团队，仅仅让某个人负责是不够的。如果不是依靠全体领导者来扭转局面，那么振兴的努力就必须要得到全体人员的支持。但同样地，有些人需要作为关键的推动者，他们具有潜在的信念，对需要做什么有着深刻的洞见，心怀企业整体的宗旨，并愿意推动事情向前发展而不甘于平庸的结果。当然，这个制定出来的领先宗旨能够驱动着成功的议程，而成功的议程则是建立在战略意图——使命和愿景的相结合之上。

振兴的愿景

如果一家企业需要振兴，那么它就需要一个定义明确、由一系列战略目标组成的丰富的愿景。而在多数情况下，这正是振兴努力的关键。而你首先需要做的就是界定问题。振兴需要做什么？出现的问题是什么？

我建议把大家分成3~6人的讨论小组，然后让每个小组展示三个最能刺激他们的观点，然后列举出所有的观点，结合或合并相同的、相似的或高度相关的观点。接下来，在讨论的基础上为列表进行优先排序。通常，我发现让人们选出他们的前三个选择，再在平均的基础上对列表排序是一个非常有效的方法。

此时，关于振兴目的或目标（有一些可能甚至是宏伟、大胆又冒险的）的优先级列表就应该出现了。我们要在愿望与现实之间仔细思考并寻找适当的平衡。在这里就需要真正的商业智慧，以投资、关注和实现的形式了解什么是可能的。不要试图做得太多，但同样地，如果你尝试得太少，那振兴也不可能实现。

一旦振兴的目标确定下来，接下来需要陈述的就是振兴的整体愿景是什么。清晰阐明它并赋予它一个名字。例如，某家企业可能觉得自己失去了活力，丧失了市场份额，并在竞争席位中跌至第三。团队可以将振兴的目标确定为更新现存产品的设计，推出新的、成本更低的产品以及新的、成本更高的、性能更好的产品，发布新的网站和社交媒体战略，雇用一些新的销售人员，对所有的销售人员进行再培训，开展一系列振兴的营销活动，志在赢回以前的忠实客户，提供包括免费试用新产品在内的具体的刺激方案。给这个计划起一个梦寐以求的名字，比如"重新占领制高点"，这将有利于激励人们，为他们创造动力和下定决心。

振兴的学习和智慧

在经过愿景训练后,组织缺乏某些重要知识的问题就会突显出来,而这些知识是确保愿景和目标得以实现和保证目标准确的基础。如果一家企业需要振兴,那说明它很有可能在学习和建立对客户、市场、竞争者以及其他外部环境的理解上投入不足,正如其在对企业内部优势和劣势的认识不足一样。

在更好的学习和理解上下功夫,可以通过采用多种形式——集中时间和资源发展一个学习型组织,或从外部(外部专家、新雇员、收购)获取,但是一般情况下,它应该重点关注在建立稳定的价值理解上(如本书第 3 章所述)。

统一地传达企业信息

一个振兴企业销售和营销很好的起点就是让每个人学会"电梯推销"技巧——给企业一个充满激情且强有力的概述,通过能够刺激潜在顾客、投资者、员工或潜在合作伙伴的方式来描述它的独特销售主张(USP)。理想情况是让每个人在接受有效推销演讲训练的情况下就已经能够掌握该技巧,有效的推销演讲对于他们能否在随后的销售中进行外部交往,或者磨炼他们的展示和沟通技能都是很有用的。当然也要制定出一些准则,比如推销时间要控制在 30 秒以内,避免大众可能听不懂的专业术语,最主要的是,要强有力地传递出自己对企业的激情,并把它当作一个自我介绍。

每个人都应该先写下自己的推销演讲稿,然后把它传递给其他人,并接受反馈。让每个人都能够真正倾听并改进他们的推销演讲,这样他们就能够发自内心地去表达,而不是照本宣科。让他们沉浸在自己的推销演讲之中,并加以练习。最终,每个人都可以对听众发表推销演讲并能够得到反馈。

从来不存在推销企业的最好方式,因为从理论上说,每一次的推销都是带有个人独一无二的标签。推销演讲要具有个人特色,能够轻松地体现出演讲者对企业的真实想法和激情。然而,当个人之间相互推销时,应该鼓励他们去借鉴或吸取他们喜欢的任何东西——一个词、一种措辞,或是一种语言组织方式。从而导致一些非常类似的推销演讲的出现，它们可以而且应该成为营销、销售以及企业其他沟通的基础。这个过程可能要花费好几个星期，但是如果适当予以集中和促进，它也可能在一天内就能完成。

振兴企业价值议程

来自上述令人信服的价值主张构成了企业价值议程的核心。价值主张是说服关键利益相关者参与组织价值交付模式的核心信息或"战斗口号"。我们既要制定整体模式，也要制定通过适当的营销组合和销售策略来影响潜在价值接收者参与的战略。

关于价值议程，需要考虑的另一个方面是客户价值。电梯推销应当自然而然地反映客户价值，也应该反映团队的核心价值。但是，对于任何企业来说，清晰并充分地理解客户体验、认知和忠诚度都是极为重要的。来自客户以及知识议程的见解直接形成了价值议程。

另外，当试图振兴企业时，重新思考核心价值的训练也非常重要。群策群力地想出价值列表，并同时邀请人们来针对具体的价值是否能在企业员工的行为和品质中得以展现展开辩论，或者讨论这些价值在某种程度上是否是梦寐以求的——充满愿望但还没有完全实现。在每个有一人或多人认为是梦寐以求的价值旁边注上标记，接着通过进一步的工作，让其在组织文化中得以展现。正如接下来要讨论的，在每个梦寐以求的价值旁边做一两个或三个标记，这粗略地显示了发展和展现每一个价值所需的工作量。

群策群力地收集我们可以为实现或强化各种梦寐以求的价值能够做些什么的具体创意，然后再询问谁可以为每一个倡议而身先士卒，这也是很有用的。有趣的是，你常常会发现一些具体的价值可能缺乏主导者，在这种情况下，我会选择调整它或者是把它们从列表中划掉（鬼点子）。

接着，应该通过发展关联价值群对列表进行浓缩，为每个群选用一个词或一个标签。比如，来看看以下三个价值群以及为它们所挑选的标签：

- **诚信正直**：忠诚、真诚、真挚、关怀、诚实、无私、坦率、信任；
- **职业素养**：谦恭、礼貌、同理心、投入、感激、以身作则；
- **责任感**：勤奋、坚定、自豪、目标明确、授权、负责。

一旦企业的核心价值被提炼到一个合理的数量（大概 5～10 个），那么最终的价值列表就应该作为一个持续的可视化提醒信号，在每个员工之间沟通，并将其用于绩效评估或考核、个人和团队之间所展开的讨论以及持续的改进之中。这种训练有利于在企业之中、领导团队之间、其他团队以及员工之间振兴共享的价值观。

振兴创新中的参与度

参与不足通常是振兴难题的核心，因此它占据心理中枢的核心地位并不足为奇。如果参与者对于协同合作参与双赢式价值创造，以及优化结果没有最基本的期望和兴趣，那么他们就不可能获得任何更高程度的活力。因此，我们要将领导力和沟通结合起来，作为振兴的积极推动者和参与者，并在振兴努力中各自授权并影响员工。

振兴核心关系

所有的利益相关者都很重要，但是当需要振兴企业时，一个核心的问题就会出现：哪些关系会变得停滞不前、死气沉沉或无聊至极？要从哪里入手才能重燃激情？答案可能在于与所有的利益相关者的关系之中，但即便如此，此时也应优先处理和制造那些必须要修复的领域的初始关注点。接着，就到了要想出具体"重燃激情"的创意的时候。这些创意可能包含探访那些被忽视的客户，进行员工的团队建设活动，或对某个关键供应商或合作伙伴进行全面审核。

振兴领导力

如果员工、客户或者其他利益相关者已经对企业失去了热情，那么最根本的原因通常在于领导者。如果企业所有者或领导者不再热爱这家企业，那他们还如何指望别人来热爱呢？爱是具有感染力的，是可以传播的。而憎恨、中立状态以及矛盾也同样如此。如果员工从领导者那里感受到了矛盾，那么他也会变得矛盾；如果客户从员工那里感受到了矛盾，他们也会对企业产生矛盾或消极心理。当我与成群的商业领袖交谈时，我通常会说："如果你不再热爱你的企业，那就结束它、卖掉它、辞职或者离开并去寻找你真正热爱的事情。"

如果你和大多数人一样，你会拥有开心的日子，也会拥有糟糕的日子。如果你处于低迷的修复期，那么不妨问问自己你当初为什么选择进入这家特别的企业？你当初热爱这家企业的哪方面？同时问问自己，什么能够使你爱得更深。

另一个要问的关键问题是：你是否充分地表达了你的这份爱？你是否走出去用这份爱去感染他人？很多领导者对企业充满了热情的关怀，但只是不知道如何去表达这份关怀。我曾听说过这样一个故事：有这样一位领导，他过去通常会到达公司，直接坐电梯上楼，左转进入他的办公室，关上门，在这个他一手创建并十分珍爱的公司里勤勤恳恳工作一整天。突然有一天，当他下了电梯后，开始向右转并到处走走和员工交谈。这所带来的效果是根本性的，而且他对公司的这份热爱就像野火燎原般传播开来。

因此，不妨问问自己以下这些具体的问题。

- 你在办公室走动得足够多吗？你是否与员工交谈并做到真正的倾听？
- 你走出办公室的次数足够多吗？比如去会见重要的客户。
- 你是否表现出了你的感受，或者说你是一个坚忍刚毅的人吗？
- 你是否表达了对他人的欣赏？你这么做的时候，是充满热情还是克制的？

- 你是否说了足够多的"谢谢"？你是否通过更具创新的方式表达了你的感谢？比如奖励或者公开表达喜爱？
- 你是否会授权其他人，让他们拥有并倡导新的创意，让他们去领导、做决定并利用资源让创意成真。
- 你鼓励其他人参与上述行为了吗？这样它就会变成规范、工作方法以及普遍的领导文化。

振兴变革推动者

一个关键方面是，变革推动者在某种程度上是有效领导力的支柱。热爱企业是一回事，认识到什么时候需要严苛的爱又是另一回事。认识到什么需要改变，谁需要改变或离开，以及组织如何转变以赢回所有关键利益相关者的爱，是驱动振兴的变革推动者所需要关注的重要方面。

振兴创造力

变革需要创意，因此，创造一种鼓励和支持创新思维的氛围和文化，来为变革夯实根基至关重要。另外，同样重要的是在各方利益相关者的关系（位于创新思维/创造之上的心理中枢）中，架起一座连接爱与价值的桥梁，为创意带来非凡的热情。

另外重要的一点是要对新的创意保持开放的心态，要认识到大多数创意都好比半成品蛋糕。某些人可能拥有另一半的食谱、一些非常重要的成分、用来烘焙的烤箱，或者是让它看起来更美味的糖衣。例如，3M公司拥有将新的清洁产品的创意变为现实所需的技术，但是它可能首先需要一位宾馆服务人员想到这个创意。正如希佩尔所示，创新的来源往往是出乎意料的。但是从多年积累的前沿创新经验中获得的关键教训是，很多创意只是对自己没有用。产品设计师可能拥有一个改进创意的想法，但如果没有来自客户、供应商或竞争对手的信息，就不能将该创意变为现实。

关于企业振兴，我在这里罗列出了一些有效的创造力思维观点。

- 创造一种创造与协作的文化，在这种文化中，任何创意都不是坏的创意。消除恐惧，包括对拒绝的恐惧。
- 首先，铭记价值——要振兴企业，必须展现什么样的价值？随后回到工作中，思考一下要传递这个价值需要做些什么？
- 跳出惯性思维。在意想不到的地方，特别是在关系之中，在边缘和缝隙之中——多元化、混乱和创造性压力中寻找创意。
- 站在客户的角度，以不同的视角看看你的世界。让一位友好的客户为你举一面镜子，仔细并详细审查。你们的产品是否变得有点无趣了，或者是否边缘有点磨损了？是否到了更新的时候？你是否已经变成了拥有一技之长之人？是否到了往你们的产品投资组合里注入新鲜有趣的东西的时候？你们是否有投资组合？即便是那些拥有大量产品投资组合的跨国公司也已破产了，这其中的部分原因在于与某一特定的市场关系过于紧密。与一些市场靠得太近，比如互联网，当它将要瓦解时，你可能就会失去往日风光。你不妨问问北电网络（已于2009年1月申请破产）。噢，抱歉！它已经不存在，再也不能询问了。
- 创造焦点。一旦你将多个创意放进漏斗之中，下一步工作就是决定关注于哪几个创意。不要让实验的资金不足，如果你不得不削减开支，那就砍掉一些创意而不是让每一项都出现资金不足的情况。
- 对好的创意要迅速行动，因为拖延会导致代价高昂。拖延会扼杀投资回报率，如果你有一个创意，那么至少会在市场上有一两位拥有同类创意的竞争对手与你竞争，哪怕他们只有一半的机会。
- 充分了解创意的领先地位，以确保使创意成真所需的毅力、动力和能力。个人的领先地位是不够的，取而代之的是要建立跨学科的联盟。在大型组织当中，领导的支持是成功的一个关键要素，它负责安排资源的投入，打破壁垒，甚至打破规则。
- 对流程约法三章，但是也要做好打破所有规则的准备。要进行跨学科协作。

寻找加速进入市场的路径方法，比如联盟、代工协议、渠道和消费者领袖。
- 通过为好的创意喝彩，鼓励创造性冲突和奖励创造力的方式创建一种有效创新思维的文化。

振兴能力

为了支持变革议程，确保创意的成功实施，通常需要我们具备新的能力。为了能够在能力议程与价值议程之间搭建桥梁，我们需要探索以下四个关键问题，如图15—1所示。

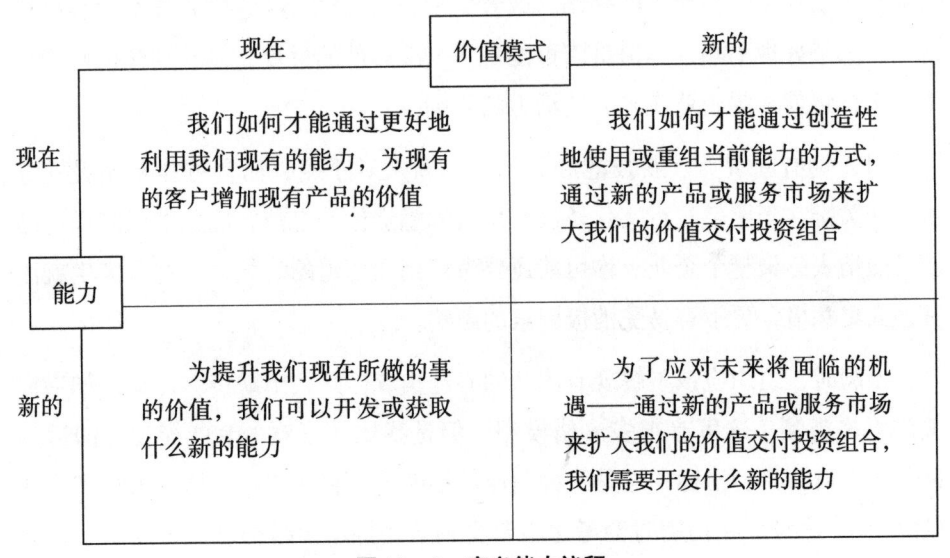

	价值模式	
	现在	新的
能力 现在	我们如何才能通过更好地利用我们现有的能力，为现有的客户增加现有产品的价值	我们如何才能通过创造性地使用或重组当前能力的方式，通过新的产品或服务市场来扩大我们的价值交付投资组合
能力 新的	为提升我们现在所做的事的价值，我们可以开发或获取什么新的能力	为了应对未来将面临的机遇——通过新的产品或服务市场来扩大我们的价值交付投资组合，我们需要开发什么新的能力

图15—1 定义能力议程

振兴文化

如果一家企业失去活力，我敢说文化和个人信念一定是其根本原因。正如前文所指出的那样，缺乏激情和热爱，缺少关注和投入，不愿意分享和争论创意；这些都是个人和组织心理的表现形式。

文化最终只是由所有个人心理成分构成的"组织鸡汤",改变文化的方式只有两种:你可以改变别人,或者你也可以换人——通过我所说的撵走、更换、或者引入新人。如果一家企业需要振兴,那么这两个选择都可以考虑。

改变他人可是一个缓慢而且有时很痛苦的过程。然而,当你考虑到重要的信息、技能,或者其他存在于人们身上的属性时,你就会发现他们是值得投入时间、精力或金钱来改变的。即使是最消极的人也可能是弥足珍贵的,实际上,他们的消极性通常源于强烈的动机和未处理好的对企业的关心。如果用适当的方式培养,他们可能会成为改革的重要拥护者或支持者。

另一方面,赶走一个极度消极的人或表现不佳者可能会产生惊人的效果,可能会引起整个组织所需的振荡,或者至少表明领导者注意到并开始关心此问题了。如果处理不当,辞退员工可能是一个破坏性的过程,但它同样也可能是为一个行将就木的企业注入新的活力的开端。

引入拥有新观点、新技能和新创意的新人对于振兴而言可能是建设性方法。而关键在于要趁现行文化还没有用自满感染他们之前,确保他们能用自己新的热情去感染整个企业。你可能还要考虑到在招聘的时候,一些人天生就比其他人更积极,更不容易受消极因素的影响。

招聘时,组织应该了解现有团队的心理构成,并找出缺口。比如,如果你关注人格类型(这里有很多人格模型,但是我比较喜欢 MBTI 模型(即迈尔斯—布里格斯类型指标,这是一种职业性格测试,它建立在荣格的人格理论基础之上),你可能在招聘时会考虑不要受到某些特定人格类型代表的暗示。假使整个团队都是由外向者组成的,他们雇用对方是因为他们喜欢外向者,那内向者的优势又该如何体现呢?如果团队趋向于合并诸如信息加工和决策偏好等因素,那它很可能会更容易产生"群体思维"。总的来说,多元化有助于形成健康的文化。如果一家企业需要振兴,也许是时候往基因库中注入新的血液和 DNA 了。

振兴行动和表现

拥有振兴企业的计划是一回事,但是行动则是另一回事。制订好上述的计划或者至少形成计划,关键是要采取行动,控制结果,并相应地调整计划。

振兴创新议程

总之,如果你的组织需要振兴,你也许需要重新考虑各种战略创新议程,并赋予它们新的活力。

1. 确保战略意图是最新的,并明确地聚焦于获取成功。
2. 投资于构建现有的知识体系,特别是强有力的SWOT分析,关注如何应对企业所面临的机遇和威胁。
3. 弄清楚现有的核心价值主张、价值、价值模式、营销战略和销售信息。
4. 搞清楚谁是关键利益相关者、他们的优先顺序以及他们对企业的相对重要性——并保持相应的平衡。
5. 了解为实现成功必须做出什么改变,并不遗余力地实现这些改变。
6. 确定以使命为中心的能力,并投资于开发或获取这些能力。
7. 确保振兴战略能够强有力地体现在人们实际所做之事以及他们的日常投入与行动之中,并让他们为所需的结果负责。正如华特·迪士尼所说:"开始做一件事情的时候,就应该停止讨论并立即开始行动。"

The SEVEN SINS of
INNOVATION
A STRATEGIC MODEL FOR
ENTREPRENEURSHIP

第 16 章

初创企业的创新

> 多数人都看不到机会是因为机会总是把自己伪装成辛苦的工作。
>
> 美国伟大发明家托马斯·爱迪生

早期的失误

创建一家新企业时最伟大的一件事就是从零开始,即便创新已初具雏形,但在创业的过程中仍需要面对许多独特的挑战。一家新的企业或一个风险事业并不一定非要从雏形开始。已经存在的企业通常也会开发新的风险项目,它早期可能只是一个战略举措,而随后企业可能会将它分拆出去形成新的子公司。一个新的风险事业会隶属于母公司旗下,但通常它会有独立的预算、领导团队和资源基础。此外,一家初具雏形的初创企业会拥有资本、技能、知识产权以及创始人通过先前经验所获得的资源。"初创企业"到底应该是什么样的,这始终是一个灰色地带。

在任何情况下,成功的原则——获得成功的要素之一——对于所有初创企业都是一样的,即战略。无论是新创建的企业、新的风险事业,还是已存多年在的企业:

1. 清晰有力的目的;
2. 有效地获得成功的愿景;
3. 一个令人兴奋的提议和计划去推广与销售想法;
4. 利益相关方的认同与参与计划;

5. 鼓舞人心的商业案例与计划，以吸引和领导企业发展与实践所必需的所有人才；
6. 一个能够解决问题、提供利益或创造未实现价值的伟大想法；
7. 展现技巧与潜能的能力与将想法变为现实的动力。

大多数初创企业所面临的第一大问题是它们自下而上地按照顺序来做以上所提及的事情。多数初创企业都是从"我们是谁"这个问题出发。作为初创企业的企业家或新举措的管理者，"我们"通常是那些具有专业知识的人，比如了解行业或问题的人，以及拥有正确的思维意识的人——他们不满、富有激情和动力，换句话说，他们能看到创新"漏洞"。

随后，一个新想法就有可能在转瞬之间诞生。一般情况下，这一想法通常是一家新企业的立足点。它是关于一个产品、一个解决方案或一种价值创造的想法。

之后，我们会开始思考将想法变成现实需要哪些资源，以及此时此刻需要什么样的商业计划。多数商业计划并不清晰，特别是关于那些首要问题，即战略中那些至关重要的元素，比如愿景和使命。商业计划通常是产品想法的一种表述，以及实现想法所需要的资源的初步估算。

接下来，我们想到了销售与营销，但还没有想到消费者，这就是典型的"技术推动"——方案寻找问题，产品寻找客户，而不是产品的设计是为了解决客户的难题、满足客户的需求或创造价值。此刻的销售预测以及相应的营销方案通常是商业计划最薄弱的一环，充斥着幻想而不是理性，并缺少对于客户需求、市场动态、竞争关系以及其他影响客户选择的因素的理解。

建立成功的愿景似乎会出现在初创企业建立过程的后期。许多初创企业是被迫去定义其愿景的。只有当他们需要寻找投资时，才开始思考，比如推出战略。投资者几乎不会向一家对成功仅有一半理解的企业注资的。对于许多企业家而言，在创立企业之初先定义退出战略的想法是很奇怪的，甚至是不可理喻的。但是完整的战略计划怎么能够没有说明怎样才算是"赢"呢？

最后，为一个尚不存在的事物定义使命或目的也看似罕见。对于新的风险事业的普遍误解是，它们必须对一个新产品有一个新想法。但是一家新企业的起点应该是从回答为什么存在开始，而不是简单地去指出有什么可以被提供。

精神层面的目的

精神层面的目的无疑是成功创新和成功企业的起点。个人的激情和对事业的热爱是企业家创新的动力源泉。正如史蒂夫·乔布斯所说："如果你尚未寻到，请继续找寻。不要放弃。由心而发，你寻到时即会领悟。"

新的企业为何会存在？我们需要先回答一些问题，比如新的企业意欲何为？为谁而生？为何被在意？企业家的热情是否关乎潜在价值的传递以及它是如何造福世界？新企业的使命或目的应该能够在三言两语之间解答所有这些问题。但解释"为什么"是最重要的。

当然，为什么又与"如何"和"什么"紧密关联。作为首要问题，目的被企业家精神和组织精神的所有其他元素所支持。意识到了这一点，对于任何新的企业的发起人而言，不断回顾其目的，确保它的真实性和重要性，并在必要时适当调整将至关重要。与此同时，也需要注意确保其他的决策和指导与核心使命保持一致。否则，发起人就必须改变或放弃使命。

假定发起人对他们的创新、热情、服务对象以及所创造的价值是有所理解的，他们就应该可以清晰地说明他们的新企业为何存在。如果他们已发展至此，"使命为何"这一命题自然会为"目的为何"这一问题提供强有力的支撑。它可以帮助发起人激励相关参与者，并保证一切尽在掌握中，尽管偏离总是不可避免地会发生。例如，时间安排可能会变化，产品的开发可能并不如最初的预期；环境也可能会改变，比如有新的竞争者进入市场改变企业价值模型。一个完善而清晰的目的将确保企业朝着其核心目的迈进。同时，目的可能也会随之调整，以确保它能够有效地应对潜在的变化。

从心理学角度来看，精神层面的目的和有动力的使命是源于激情与爱——

心理学两面性的又一个典型例子。企业家对于潜在创新想法的热爱与激情是驱动想法成功变成现实的重要源泉。心理学的两面性体现为：一方面是企业家精神中永不停息的不满足，另一方面又是对创新的倡导。

创新的倡导者

创新的倡导者能够将精神层面的目的与大胆的目标相结合，形成战略意图与成功的驱动力。有效的倡导需要能够平衡理想与现实，最终成就成功的创新。许多杰出的想法有可能被全盘否定或半途而废，仅仅是因为缺乏有力的倡导者。而那些平庸的想法却因获得了有力的倡导而得以长足发展。这样的案例比比皆是。要想有效地倡导一个想法，发起人必须坚信这个想法是伟大的。在许多案例中，倡导者需要牺牲个人利益（比如长时间地工作、睡眠不足等）去不断推行想法。有效的倡导者必须热爱该想法，必须坚信这一想法优于所有其他想法，尽管事实可能截然相反。因此，有效的倡导是必需的，但并不能保证成功。

倡导往往源于鲜活的目标以及潜在的对于企业家精神的永无休止的不满足。除了对于一家新企业为何存在的理解外，推动发展的首要条件就是倡导。在初创企业中，创始人通常就是默认的倡导者。而对于那些从现有企业中催生出来的新事业而言，委任一个合适的倡导者至关重要。一个倡导者可能在想法的早期就曾有所参与，比如曾力挺过这个新想法。但除此之外，企业的领导层还必须考虑这个可能的倡导者能否承担重任，或是否具备发展的潜能并能够被发掘。

大胆的目标

对于一个想法的激情与热爱必须建立在大胆的目标之上。这一目标能够很好地诠释这一想法的伟大之处和伟大的原因，以及它蕴涵着怎样巨大的机会去创造价值并造福世界。大胆的目标或愿景的另一面则是退出方案——这一方面往往被过度关注了。

如果一个国家因为恐惧战争而决定提升军力，那么他们必须建立一个能够退敌制胜的方案，以实现和平并停止对新军备研发的需求。同样的道理，一家制药或医药科技企业会期望通过消除疾病来减少对于药物和医疗器械的需求。整个医疗行业无疑应该致力于创造健康，而不是去管理疾病。对于一家新企业而言，这一逻辑同样适用，尽管相对微观但同样重要。一家新企业在创立之初，就应该去规划发起人如何在合理的时间内退出的计划，比如两年或十年。对于企业创始人及其核心团队而言，这家企业可能是其挣钱养家的生活方式，因此对他们而言，退出战略可能并没那么重要。但对于企业的所有者而言，企业将不再具有可持续的长期价值，它将不再是一份事业，而是一份工作。

知识

崇高的愿景是基于知识源于智慧的。而新企业与现有的企业一样，在各个方面均需要具备必要的知识。但对于一家新企业而言，自然而然地会缺乏数据来源，比如历史记录以及客户基础。而企业创始人需要亲历亲为去寻找潜在客户、发现竞争者、拓展市场、寻找合伙人以及协调各方利益，等等。

当然，在时间有限的情况下，我承认创始人的时间用在调研上面并不是最佳的选择。但是，对于初创企业而言，最大的挑战则在于资源有限。有时，初创企业甚至无法去雇用一名专职的调研人员。因此，没有充足的调研，一家新企业往往一不小心就会被他们甚至不知道的竞争对手推入深渊，或触犯了法规，或损害了合伙人的利益。

营销与销售

成功的企业家需要说服力。自己相信且富有激情往往是不够的，至少对于一家对稀缺资源拥有大量竞争性需求的大型企业来说是不够的。发起人必须有能力去感染那些怀揣着相同热情和理想的人。最成功的企业倡导人是那些能够通过努力成功兜售自己想法给投资者、老板、同事或董事会成员的人。

除了说服力，一家新企业还需要具体的计划去营销与销售，需要明确的目标客户，开拓市场渠道，制定分销方案以及合理的销售目标。所有这些都需要通过向上支撑着愿景和目标的智慧，同时向下推动着创新议程中的下一个方向——价值驱动。事实上，有说服力的销售必须有卖点作为支撑——一个吸引人的价值主张。

价值与财富

许多初创企业往往缺乏一个连贯的、引人入胜的价值主张。我经常会见到一些创业者，他们无法用一两句话向我解释清楚他们对新产品的想法。当然，产品仅是营销组合中的一小部分，但是如果你都无法说明产品所能提供的价值、所能解决的问题或所能带来的好处，那么能帮你卖出产品的只有好运了。

如果没有一个不连贯的或甚至完全缺乏对于产品价值的解读，那么一家企业很可能会丧失对于投资人、合伙人、渠道和供货商的吸引力，甚至无法招聘到或激励员工。独特的销售主张是一个有意义的商业（价值）模型的核心要素。它与客户的价值以及企业紧密相连。

合伙与参与

对于任何一家新企业而言，管理者都需要考虑的一个关键问题是他们应当选择与谁合作。从宏观层面来讲，管理者需要考虑整个新的模型应当如何运作。在此基础上，他需要进一步思考谁去做什么。这些环节包括生产、物流配送或售后服务。在有效实现（如上所述）价值创造模型的过程中，都需要哪些运营要素并涉及哪些（后续说明）关键利益方？

需要指出的是，企业创始人通常会犯一个错误，就是他们在企业发展过程中给予核心人才资产或过多的资产。当企业创始人是一件非常孤独的事情。一个能够摆脱孤独的方法就是寻找一些合伙人。而不幸的是，那些你希望或你以为会成为合伙人的人，最终没能与你结伴。我见到过许多案例，合伙人们被授予股权或获得购股权利，但并不公平或并非基于他们对企业作出的贡献。

在某个案例中，一个好友加入了一家企业，由于他的能力刚好与创始人互补，迅速成为了公司的一个对等合伙人。新的合伙人被指定负责公司运营，以保证创始人可以继续专注于创新。但随后人们发现，新的合伙人疏于人员管理，相比管理和推动企业成长却更热衷于打高尔夫球。当大家幡然醒悟并试图解决问题时，企业已经陷入困境并开始迅速下滑。

在另一个类似的案例中，一位创始人引入了一位能够为企业带来明确价值的密友。不久，这位合伙人就与公司的一位后勤员工喜结连理。而后几年，两人的离婚使后勤员工获得了公司四分之一的股份，随后这位密友的离职又给公司带来了巨大的损失。让我们来简化一下情景并思考一下我们能做出怎样的改变：一位创始人邀请了一位好友作为合伙人来负责公司的日常运营，并通过高薪、利润分享和授予股权对他进行激励。而后却发现他并不擅长管理并且必须请其离开企业。于是正如上述的两个案例一样，创始人犯了一个昂贵的错误。

那么，通过哪些改变可以避免这样的问题发生呢？如下五点至关重要。

1. 不动感情地去思考，你引入或选择一个人作为合伙人的动机和需求是什么。你为什么需要一个合伙人？企业需要引入什么样的新技能或能力？是什么使你想引入这位新的合伙人？是基于他们的才能和贡献吗？还是因为你们的友谊，寄予他们一些希望或获得他们的认可？让朋友加入企业看起来是一个不错的想法，但是友谊和企业都会发生变化。如果你们渐行渐远怎么办？或是你们的关系变得紧张，甚至友谊不再怎么办？你仍然希望这个人是你的合伙人吗？我并不是说朋友或家人不应该被考虑成为企业潜在的雇员或合伙人，而是说类似的雇用或与股权相关的决策必须被谨慎对待，需要仔细的、理性的考量，而不是基于个人情感或是你或他们的自我意识。
2. 在你准备录用某个人并确定其薪酬待遇之前，听一听关于他人的独立意见。

我的建议是找一个高管猎头聊聊，给他们看看你朋友的履历，征询一下他们的意见。在不付费的情况下，他们可能会告诉你还有哪些要考虑的、推荐其他的候选人、质疑你朋友的技能和经历是否充足以及你给的报酬是否合理等。总而言之，一份恰当的、与业绩表现挂钩且包含离职条款的合同总是能够帮你节约成本。

3. 对你正在考察的合伙人做业绩相关的尽职调查。如果这个合伙人是一个朋友，调查他的背景看起来比较奇怪。但根据调研显示，超过一半的简历存在虚假成分，如夸大成就、掩盖工作断档以及伪造学历等。人类的本性使你倾向于相信自己的朋友，但我们在常识上也知道需要去做尽职调查。一个方法就是找一个独立的第三方，也许是企业内部的某人，也可能是商业顾问。让他们去为你做个面试并审查一下这位可能的合伙人。

4. 考虑备选的合伙人。如果你觉得别无他选，那么请回去再好好想想。没有人是独一无二、绝无仅有、才华横溢或全面发展到无可替代、不可或缺的地步的。你至少需要保证有两到三个备选人选是你正在考量或已在公司内部开展评估的。如果寻找备选让你感到不舒服，或令你感到违背了合伙关系的初衷，那么我建议你重新回到你创业的初衷，去回顾一下你最初的创业动机。除非你能够诚实地说出你考察过几种选择，并且认为你最初的提议是最优之选，否则你很有可能已经犯了一个有朝一日定会后悔的错误。

5. 考虑替代方案。假设你知道自己想找某位特定的人才，并将其"锁定"在某一个特定的角色上。授予股份感觉上应该是最好的"锁定"方法——促使他们留下并激励他们与企业共同成长。但与此同时，你仍然需要考虑替代方案，比如不同方式的股权，使用期权还是股票，赠予还是让他们购买股权，是否用股权代替奖金，是否根据他们对于企业的特定贡献而逐步获得股权，以及在何种情况下股权可能会被追回或回购。激励合伙人真的必须要使用股权吗？还是有其他的替代方案，如薪酬、奖金或额外补贴是否能够产生相同的功效？最基本的建议非常简单：尝试考虑替代方案，而不是对于需求作出应激反应，也不是对于渴望吸引或锁定某人的一时冲动。

一旦合伙人或运营管理者加入新企业成为事实，下一步就是要去思考如何保持核心利益相关者之间的整体平衡。

股东地图

你并不需要，也不太可能在企业创建的初期就引入全部的利益相关者。但是，你需要在最初就明确所有的利益相关者，并制订一个计划，预先开展积极的管理，去明确相关利益者的资金、购买决策、时间或对于其他资源的需求。一个新企业的创始人必须能够很好地制定并实时更新一个相关利益者列表以及一个甘特图（条状图，通常用于项目管理）去明确这些相关利益者何时会出现。其中应该包括明确客户何时会出现，甚至是某类特定的客户的出现时间（特别是对于B2B的企业而言）。其他需要被考虑的潜在利益相关者包括投资人、政府机构、监管机构、供应商、分销商、其他合伙人、员工、社区、邻居、创始人的朋友与家人。

在危难中，创始人总是无视或过度重视利益相关者。在一些最简单的事情上，比如让你的配偶提前知道，在接下来的几个月里你将离开并开展一段旅程，可以避免许多不必要的误解和问题。确保你有一个完整的利益相关方列表，并能够定期更新，不断审视利益相关方应在何时及如何参与到新企业的运作中并产生利益。

对于新企业，两类利益相关者相对于其他利益相关者而言无疑更加重要：客户和投资人。首先，我们来看一下潜在客户，越具体越好。一家企业或一个产品，如果它的目标受众是全体人类，那么它相对于一个仅关注少数群体的产品来说会更难成功。因此，如果你的客户对象可以是任何一个人，那么你最好再重新考虑一下。试着缩小范围并聚焦到某个特定的细分潜在客户群。随后，试着去通过客户的需求、问题和价值要求去定义客户。得到的结果应该类似于"需要某某产品的人"或是"年轻女性，刚刚开始经历生理期所带来的痛楚，需要得到缓解"，大致如此。将客户定义得尽可能详细，包括他们是谁、他们住在哪儿、他们做什么、他们需要或可能会需要什么、他们面临哪些问题或将会遇到哪些问题，或他们认同或将会认同什么。

新企业通常需要投资，但有时需要并不如创始人所想的那么多。在规划新企业所需要的资源时，过度估计有时和估计不足一样耗费成本。在理想情况下，新企业应该拥有足够可用的资源，如投资，但应尽可能地少投资——只需拥有足够完成目标所必须的资源即可。通过最小化投资，企业可以最大化投资回报率。在任一回报水平上，因价值创造的成本减小，从而产生更高的投资回报。此外，通过最小化投资，创始人可以保留更多的净资产（如上所述）。除了最小化资源占用外，其他减少投资需求的方法还包括获得政府资助、利用合伙人资源（相比在新企业内部重新创造更加便宜）以及采取"乞求、借用甚至窃取"等被严重低估的方式。

马修·坎因（Matthew Cain）在 2014 年指出许多社会企业家追求过高的投资。对此，我认为同样适用于商业企业家：

社会企业家的特点是大量的企业家追求只有达到规模经济时才起作用的想法。企业确实会解决巨大的问题，但仅当数以亿计的资金砸入市场时，它才会起作用。有些企业成功了，而另一些企业却失败了。成功的初创企业是建立在规模的基础上的。

赋权与管理资源

创始人需要特别考虑企业该如何保护、管理以及如何授权不同的资源，以让企业成功发展并运营。需要什么样的领导力？以企业创始人为例，还有哪些方面需要提升？领导团队是否具备足够的能力去吸引、利用并激发各种必要资源？比如投资、员工或其他被指定的利益相关者？

一家拥有充沛资源的初创企业也有可能会失败。因此对于任何一家初创企业而言，最核心的要求是积极而细致地识别所有的关键资源，并计划如何获取和使用它们。

新企业对于投资的需求总是非常强烈的。许多有潜力的新企业最终落败不是因为创始人没有很好地与潜在投资人沟通，就是因为在与潜在投资人的沟通中没能说服并吸引他们。创始人自己必须先投入足够的时间去为了投资而创建一个引人入胜的商业模式，向投资人传达自己想法中最吸引人的部分。无论对于初创企业的创始人还是对于大企业中的内部创业者而言，总会有人在某些地方控制着钱袋子上的细绳，并决定着新企业能否获得足够的资源走向市场。

除了资金以外，正确的人选——领导力等——对于成功也同样重要。新企业必须明确所需要的员工技能和数量——无论是直接雇用或合同雇用。同样地，也必须明确供应商、渠道或其他合伙人，比如他们在何时需要提供什么，以及他们参与的"商业模式"（价值主张）。

一家初创企业是否需要飞机坦克、库房与零售卖场、工厂与办公室或上述所有及其他，关键在于，企业家必须对必要资源制定出清晰合理的时间规划。未能成功规划可能意味着整场战役、比赛或游戏的失败。就好比你正要接近终点线时，却被自己的鞋带绊倒。

总而言之，新企业需要一份完整的"购物单"，列明所必需的资源，包括领导力团队、其他员工、技术设备等一切所需。在此基础上，还需要设置预算，以便于成功地制定和落实战略。

变革

为一家初创企业去思考变革议程似乎有点奇怪。但是，如果没有变革、新事物的诞生和变化，新企业又从何而来呢？很多时候，初创企业的工作议程就是一个变革计划。但重点在于，新企业需要绘制一张自身发展的地图——一个如何成长的计划、一个明确需要哪些新资源（如上所述）的计划，以及一个说明需要哪些新能力和新想法去加速企业成长与发展（后续说明）的计划。这一变革过程还需要谨慎的领导力、精心的培育以及对于改良的持续关注。

什么是伟大的想法

一家新企业至少需要一个伟大的创新想法，并且它必须足够吸引人并值得被推广、投入资源等。但在一个新想法发展推进并获得最终成果的过程中，无论经历什么样的必要的研发过程，对于创始人及其团队而言，保持开放的观点和对于创新的接受态度才是最为重要的。改进原有的想法、完善与推进想法的实现、优化和提升都是可能存在的持续创新过程。

另外还有重要的一点，即我们曾在第13章中讨论过的——专注。在我们对新想法和改良想法保持开放心态的同时，我们必须仍然不断地专注在那个核心的伟大想法上。对于许多初创企业创始人而言，一个主流的解决方法就是谨慎地对待自己最初的构架。不断提出新想法的渴望可能会干扰对实施和延续的关注。除了创造力，跟进的能力也不容忽视。

另一个关于想法的要点是知识产权保护。关于专利、版权和商标方面的事宜，寻找正确的专家提供建议可以节约并保护企业的巨大价值。

能力

对于任何一家初创企业而言，其核心能力一定是它创造和交付价值的能力。这无疑是上述所说的伟大想法的灵魂。而价值的创造需要通过核心能力、世界级的专家以及一流的大师来驱动的。

在任何一个时刻，"现有"的能力都会改变，成为一个变化过程中的剪影，或者换句话说，是动态"电影"中的一个影像。对于任何一家企业都同样如此。但这对于初创企业尤为明显。初创企业必须时刻创造新的能力，否则就会立即死去。当然，能力是一个交点，或是一座桥梁。它连接了思维能力/创造力中枢与下一层级的心态/文化中枢。同时，它将变革推动者与行为和表现/结果紧密相连。

心态与文化

心态／文化层面与执行密切相关，即能力与现实世界中人类及其自身所表现出来的有趣的、糟糕的、可爱的小怪癖上的交点。这一"根源"的层面决定了人们是否有能力将战略计划落实成为行动——去执行、衡量并监督战略计划的成功完成。

任何当下所需要的事物，比如能力、心态、想法、领导力以及合适的具有沟通价值的信息、愿景和使命，整合起来，在每一个实施的关键点上见证"养兵千日，用兵一时"。我们此前讨论了伟大的想法、合理调配的资源、利益相关者的参与、沟通、愿景和使命的重要性。所以，假设这些都已经建立，剩下的重要问题就是企业中的人是否具备所需的技巧、视角、态度、信仰、动机和其他心理构建，以及更深层的相关问题，比如他们是否全都认同要在企业中塑造高效的文化。

换句话说，对于任何企业而言，创新、领导、参与、传递价值、实现成功以及达成目的的潜能全部都建立在人性、弱点、感觉和能力上。潜能根植于每个个体的心态与文化之中。

试想在一个旨在发布一项新事业的"智囊团"会议中，如果房间里坐的都是错误的人选，那会议只会产生错误的想法、错误的动机、有缺陷的视角、过度的自我意识或其他任何形式的缺陷，人们无法进行合作，最终导致好的点子消失、正确的决策不在、对的行为被扼杀。无论是在任何一个层面，还是在企业的任何一个领域，从调配资源，到引入相关利益者参与，再到最终目标的实现，这一结论都将适用。因此，我们能做些什么避免它的发生呢？

在单一层面上，这个答案非常简单。还如杰克·韦尔奇等人曾说过的，引入正确的人，让错误的人离开，越快越好。这说起来容易，做起来却很难。

行为、表现与结果

在我看来，对人的判断应该基于他们的表现以及他们所贡献的结果。这就意味着，对于一家初创企业而言，个人必须承担个人行为，必须对自己所发起的事物具有主人翁意识，并愿意为结果负责。如不符合上述条件，他们必须被替换。

我对于在正确的时间吸引正确的人、匹配正确的角色的观点如下。

1. 在讨论初创企业的目的时明确需要引入哪些人。如果你没有感受到那些人与激情和目的之间的关联性，即他们"理解"这项事业并渴望加入，那么再考虑考虑其他人吧。没有人能对他们无法感受到激情的事情作出成功的贡献。如果你不能从某人身上感受到激情，就问问他热爱什么。如果他们说一些爱好比如滑雪，而不是事业，那么你就可以另寻他人了。如果他们对任何事情都缺乏热情，那么你也可以另寻他人了。

2. 阐述你对于成功的看法，随后去评估（使用大脑、心和直觉）对方是否与你同样对潜能感到兴奋。就个人成就而言，他们试图实现什么？你们之间是否存在可接受的一致性？还是有可能无法匹配？

3. 沟通你的价值观，包括核心价值和独特销售主张。看潜在的参与者是否能够理解。如果不能，是你的问题，还是他们的？如果你真的认为自己已经清晰地阐述了观点，而对方也确实无法理解，那么你是否还会想和他们一起工作呢？

4. 阐明谁是你的核心利益相关者，并明确潜在的参与者可能会如何被牵扯其中。如果他们显得并无兴致，且不能理解利益相关者是什么，或未被打动并参与讨论，那么请换人，换人，换人！

5. 概述你的领导哲学、战略成功的必要资源以及你计划如何调配使用这些资源。并不是所有的潜在参与者都会被期望胜任领导者角色，但他们至少需要能够说明并能浅层次地理解你的哲学、你的目标、你对于他们的期待以及"有责任的授权"对于他们的意义。当然，如果他们能够具备一些领导力才华就更好了。对于一家初创企业而言，在任何一个层面都需要领导力，需要授权，需要独立思考。

6. 清晰地说明初创企业的伟大想法，并记录每一个潜在参与者对它是否有共鸣，甚至是提供建议或提出建设性问题。如上所述，如果没有火花和兴趣，你需要问问自己为什么？你有没有清晰地表述自己的伟大想法？还是因为"你们并不适合"呢？

7. 以上的所有建议，都需要基于你的沟通能力与观察能力。我不会建议你去买一本关于语言学习的著作或什么畅销心理学自助书籍。坦白地说，我自认为这些业余的方法统统无效。作为一名专业的心理学家，我建议你去寻求专业心理学家的帮助，特别是那些有过商业背景经历的人。不要去找临床心理学家，他们会下意识地从临床心理学角度解答你的问题。寻找一个能够为你新企业的潜在参与者做相关分析的心理学家。对现有的参与者也需要做一些分析，包括你自己。你不妨对现有和潜在团队都做一下检查，审视一下他们的能力或文化。当我说看看他们之间的"感觉"的时候，我并不是说让你去寻找那些与你合得来的人。注重多元化，它能帮助你制造创造性矛盾、增加勇气、展现真诚。有效的相关测试包括情商测试、词语测试、数学测试以及其他一些形式的智力测试、人格实验和才能测试。需要注意的是，如果该心理学家所提供的此类测试不需要与被测者进行接触与访谈，那他一定是个骗子，一定不要采用。测试提供数据，但并不能替代直接观察。

初创企业创新工作议程

综上所述，初创企业需要谨慎地专注于以下战略创新议程：

1. 清晰的战略意图；
2. 扎实的智力密集型知识基础；
3. 具有说服力的价值主张和独特的销售主张；
4. 积极参与的利益相关者，特别是早期的投资人、客户和合伙人；

5. 变革推动者——怀揣抱负，拥有明确的改造世界的意愿，如我们常说的"影响世界，做与众不同的事"；
6. 做有趣的事的能力；
7. 正确的人——有正确的思维模式，特别是有与创始人一样的动机。

The SEVEN SINS of
INNOVATION
A STRATEGIC MODEL FOR
ENTREPRENEURSHIP

第 17 章

家族企业如何创新

古之欲明德于天下者，先治其国；欲治其国者，先齐其家；欲齐其家者，先修其身；欲修其身者，先正其心。

儒家学派创始人孔子

/ 全家福

我最近见到霍尔 & 伍德豪斯公司（Hall & Woodhouse）的总经理安东尼·伍德豪斯（Anthony Woodhouse）。霍尔 & 伍德豪斯是一家以英国为基地的啤酒和酒吧运营商，它于 1777 年创建。安东尼已经同意在我举办的名为"创业者之夜"的英国董事研究机构盛会上发表演讲。我们见面的时候，他说他并没有把自己当作创业者，而是企业托管人。他的曾曾曾曾祖父是该企业的创始人，他是个有识之士，即使冒尽所有的风险也要成就自己的伟大事业。如今，安东尼觉得自己的任务就是把企业以比创立之初更好的状态传承给下一代的利益相关者。他视自己为企业的管家，试图为后世的利益相关者们在改善和保护企业之间做适当的平衡。在我看来，他也是一名创业者，而且我可以自豪地说我已经让他信服了这个事实，即所有的首席执行官都既是管家又是变革推动者——在通过风险管理获得的保护与通过创业创新获得的改善之间寻求适当的平衡。

然而，尽管家族企业与其他类型的企业有很多的共同点，但我依然相信它会面临着一些特别的挑战。接下来，我将依据企业家心理中枢自上而下的构架，并结合创新议程，为家族企业提供一些成功的建议。

通往宗旨之路

很多家族企业通常面临的一个关键挑战是如何与时俱进。我这么说的意思是指那些具有特殊定位或专业化的家族企业往往会以某种定位的方式严格定义自己。一位鞋匠希望自己的子女学习与制鞋有关的艺术；一位啤酒制造商则期望培养后世子孙能继承祖传秘方，也成为啤酒制造商。

然而，霍尔＆伍德豪斯公司就是一家啤酒制造商与时俱进的成功典范。由于"老酒鬼"聚集地式的酒吧数量如今已日益减少，霍尔＆伍德豪斯公司选择了投资兼并和开发适合家庭的餐厅式酒吧，这已成为风靡不列颠的、广为人知的酒吧模式。这些酒吧以伍德豪斯家族著名的啤酒为特色，其中有一些啤酒（特别是旗舰品牌 Badger 啤酒）也在其酒吧里独家提供。霍尔＆伍德豪斯公司在 2007 年迁移到英国之后，我们总是能发现它的身影。它们至今仍然是家庭最喜爱的酒吧，这完全得益于其健康而吸引人且不断创新的菜式、有利于孩子成长的气氛以及爸爸们喜爱上佳的真麦啤酒这一事实。

除了每家霍尔＆伍德豪斯酒吧能跟上时代的步伐，更多的家族企业则是这方面的失败者。我听说过很多家族企业在代际交接中失败的案例，我认为导致其失败的主要因素是企业宗旨缺乏灵活性，并缺乏相关的情感因素——热情。这种不灵活是双向的。一方面，许多老一代的企业主对于家族企业为什么存在的理解往往是固执的。"我们一直都是房屋建筑商，而且将来要继续做房屋建筑商。"一位守旧的老董事长说道。他是一家破产公司的最大股东。同样地，年轻一代未能受到公司使命的鼓舞，或者是在考虑未来的可能性上不够灵活，他们对此也必须负责。

让我们来看看以下几个案例。

- 如果上述建筑商的女儿已经成为产权转让方面的专业律师，她已经看到保持家族建筑业务继续运营的可能性，引进某位对建筑工艺有热情的人来管理公司，这要怎样办？这家建筑公司拥有长期建立起来的品牌和优质建筑商的市场定位，这能否幸存并作为支撑其他相关商机的"奶牛业务"呢？女儿能否因此为自己的梦想集资，建立自己的法律公司呢？

- 一个木匠拥有一家经营得非常成功的仿制古董家具的制造厂，如果他的儿子已经看到更广阔的商机怎么办？他不喜欢木工手艺，渴望在城市里寻求出路，在那里，他管理着服装店，期望有一天可以拥有它或者拥有一些其他的零售业务。他喜欢销售，但是他的父亲和他都无法预见建立一个家具店（或家具连锁店）的可能性，也无法在家具制造业务上协同起来。

- 如果一个国际化慈善组织的 CEO 早已意识到自己对其家族企业所赞助的社会企业的潜在偏好，而他的家族是一个非常成功的珠宝商，并可能已经从提升他们慈善方面的业务中收益，这又会怎样呢？可能他的祖父还没有去世，知道自己一手创办的公司将会卖给出价最高的竞标者，并为此感到心碎。

- 如果拥有几家酒店的企业主因为他不想在将企业传递给女儿之前稀释自己的股份，而不愿意在其亟待提升的业务方面接受合作伙伴的投资，而他也很清楚自己的女儿对酒店业务完全不感兴趣，只要她决定这样做就有可能会卖掉它，那该怎么办呢？

综上所述，显然，老一代企业主们需要帮助他们孩子或企业其他潜在接班人找到他们的热情所在。热情是无法传递或继承的。正如哈里·杜鲁门（Harry Truman）所说："我发现给孩子建议最好的方式是找到他们对什么感兴趣，就去做什么。"老一代们可能希望将他们的热情和使命感传承给年轻一代，但是，他们也必须愿意接受这样一种可能性，即年轻一代最初可能会对那些看似与家族业务不相关的业务更有热情。当这种情况发生时，保持思维在一定程度的灵活性也许会使新老两代人都受益。

霍尔＆伍德豪斯公司明确地鼓励年轻一代的股东参与到公司业务中来，但这一切是以他们真正有热情这么做为前提的。他们不会被雇用到为其特别设计的高位之上，而是从基层做起，在基层展示学习酿制工艺的技能，在酒吧里做服务生，或是在企业中担任别的角色。然而，霍尔＆伍德豪斯公司不同寻常的地方在于，他有很多年轻一代的股东可以选择。像上面所说的每个例子，他们可能只有一位潜在的继承者可供选择，不管用任何方式，这个继承者可能还没有找到与家族企业相关的热情。在这种情况下，我的建议是交流。两代人之间需要交流他们各自的兴趣所在，交流他们对家族业务的喜恶，他们所喜欢的其他领域，以及他们期望实现什么样的人生——他们的个人使命感。

但交流并不总能避免悲剧。它也未必能将两代人的思维方式统一——心有灵犀。但我保证不交流一定没有用。通过双方的交流和敞开心扉的思想探索，或许还有一点点的创新思维，新老两代人也许会实现心有灵犀，并达成利益一致。也许道路会出现短暂的分歧，但是最终会回归到一起，特别是当存在一定程度的灵活性时。

意图

家族企业的一个问题可能是其意图的迷失或被遗忘。早期创立企业的意图可能在代际交接时被遗失或是没有传递下去。企业的开创者比如亨利·福特可能有一个意图——就像他所想象的那样，通过为每个家庭提供一辆轿车来改变世界。这可能从来没有通过一种方式传达给后代，即以一种让他们感受到对最初的战略意图具有同样的使命感或奉献感的方式。

愿景追求

让我们进一步讨论上述关于投入热情、价值和宗旨的要点。对家族企业新老两代人来说，一个关键的问题是他们无法以不同的方式一起设想职业人生。老一代可能会抵抗，或者是看似没有能力为公司规划出不同的发展路径——一个不同的游戏——对成功的不同表达。年轻一代则可能无法设想公司实际上是为战略利益服务的。年轻一代也可以在对什么造就成功的理解上和老一代一样固执。

再次强调一下，我所提供的解决方案的一个关键点是交流。而我将另一个关键点称为愿景追求。在美国土著居民的传统中，当年轻的勇士成年时，他们就会被送到荒郊野外去寻找自我。面临赤手空拳、寒冷、孤独、饥饿和恐惧，他们被期望拥有一个可以将他们的人生路径告知自己及其家族的愿景。

对于家族企业，我建议鼓励年轻一代的家族成员去追求他们在野外生存的愿景，在外面的世界接受教育、工作和生活。换而言之，年轻一代在太小的年纪被引进家族企业，特别是当被施以压力来展示领导能力或企业家素质时，往往会导致失败。另一方面，那些被允许并被积极鼓励通过教育或其他工作经验来寻找自我的年轻一代，在我看来，更有可能作为真正的勇士回归到家族事业中去。他们将拥有技能、见解和经验，这些对家族企业来说都是极为宝贵的。

实际上，安东尼·伍德豪斯是在1999年回到霍尔&伍德豪斯公司工作的，之前他曾在这个城市里从事某个职业。用他的话说，就是"他对商业的本质和贪婪的文化彻底醒悟"。他用了十年的时间在志愿者组织从事全职工作，同时支持着公司业务，但在2009年，他同意成为公司的董事总经理。在安东尼看来，在这家有着236年历史的家族企业里培养创业文化是他所面临的一个关键挑战。用他的话说：

我们想要在将来的若干世纪里成为不断壮大的独立性家族企业。谁知道我们将来会涉足什么业务呢？通过对变化的反应和适应，我们已经幸存下来并得到蓬勃发展，而且如果我们想继续如此的话，就必须保持和促进这种创业文化。

智慧

智慧并不能完全被遗传。与任何企业一样，家族企业一定要在获取前沿知识以及对竞争者和客户的理解，或者勇于面对结果方面进行投入。家族企业需要让自己的目光超越家族内部，获得重要的知识，并避免群体思维。群体思维是完全有可能发生的。尽管在任何家族都存在一定程度的多元化，很显然，它要比普通人群中的多元化程度低。而要解决此事的办法就是加入外界的观点，为其带来更多的智慧。

找到自己的心声

从心理层面来讲，家族企业与其他企业有着很多共同点，但还附加了许多来自家族方面的情感负荷。如果在3岁的时候，小约翰尼偷了小莎莉最喜爱的玩具，那么在43岁的时候，可能仍旧存在着残留的情感负荷，这会在家族企业中展现出来。同样地，对于不同年龄阶段的人来说，达成一致意见是非常困难的，但是，当他们是父子时——或是任何亲子关系——区别就会得以展现。由于家族成员的职位不同，可能会出现进一步的纠纷。例如，当CEO的女儿和侄女碰巧都身处关键职位，如果感觉到一个人获得的支持高于另一个人，而它是基于职位而非价值产生的话，那么这时候就可能会出现嫉妒心理。

约束情感的处方对于家族企业是适用的，同样也适用于所有类型的企业。它总是而且仅仅是一个程度的问题。对于约束情感，期望阻止它们产生非理性的分歧、冲突、决策（优柔寡断），或者影响组织或个人的行为或表现方面，我给出了以下这些具体的看法。

1. 理性地认识到自我是所有情感的根源，这是一个好的出发点。如果我们各自都能够接受自我根植于生存的本能中，它是一种基于自我意识和自我保护的意识机制，那么我们就能认识到诸如生气、恐惧、依恋等情感仅仅是自我的表达，而不是被更高的职权、道德或权力赋权的某种东西。换句话就是，不要那么趾高气扬。

2. 跳出你的定式思维。摆脱"你的看法才是唯一重要的"这种观念。每个认识都有三方参与：他的看法、她的看法以及真理。如果你如此尝试，哪怕只是一刹那，与故事中的其他方产生共鸣，你很快就会（除非你是情感白痴；抱歉，此处有警告）将情感能量从你的"合理"看法中除去，意识到其他的看法也有点道理，而且这样就很有可能会产生更高明的看法——真理——在中间某一点。

3. 聆听你的内在力量。通过提醒自己不是三岁小孩，你有能力感知自己的感受，你有可能会比别人更能感知到威胁或冲突。当如果你能认识到除了恐惧本身之外，就没有什么可害怕的，那么索性容忍别人的愤怒或当其他的情感冲动波及你时，你又会有什么损失呢？你不需要害怕它，也不需要害怕它对你的影响或者其所产生的后果。实际上，如果你几乎没有什么反应，而不是如同核毁灭一样的话，那么它就不可能有任何后果。如果你能基于战略选择节制地使用你的过激反应，而不是用一种被动的、感情用事的方式，那么它可能会更有力。

4. 提醒自己，至少在某一瞬间提醒自己，为什么和你有过节这个人对你来说是珍贵的。他们有什么好的方面？他们怎么为你服务？你要用什么方式来珍惜你们的关系？你爱他们吗，或者至少是喜欢他们的某一方面？将这些看法联系起来，哪怕只是一瞬间，它都会帮助你理性的高我心智战胜非理性的自我心智及其本能反应。

5. 花点时间去找到自己的心声——你的真理——这样你就可以把它说出来。这不是发表字面上的演讲，而是广泛意义上的行为表现。沉默、行动、不作为和演讲——这是沟通的所有形式，它们可以升级也可以减少冲突。关键在于要参与到沟通的鸿沟之中。即使它可能看起来并不是有意识的自我心智，在任何刺激与自我反应之间也仍然存在着时间鸿沟。特别是非理性的自我，它们可能会拥有细小的鸿沟——瞬间的愤怒、伤心或其他的无效感情，这些对相同的旧时刺激物所作出的反应，都发生在一瞬间。而事实上，在任何刺激和反应之间依然存在着鸿沟，尽管它可能很小。

6. 分析。既要运用你的智慧以及理性的头脑，也要运用你的直觉。不要混淆自我和情绪，因为直觉也是建立在理性思维的基础之上，它是一种我们无法准确解释的理性思维。我们自己知道什么，但却不知道为什么这样。这并没关系，不妨走进去，看看它作为自我情绪的天平或两翼能够为我们提供些什么。在你的分析之中，尝试关注你的动机、态度、信念或者其他可能影响你如何感知、思考或行动的心理状态或精神状况的因素。对事件的其他参与方也要如此。如果这样没有用，那就是你的努力不够。

7. 投入你的使命感，即你对什么持有真实的、正确的和重要的潜在激情。从这个角度来看，问题中的冲突、决策或争论还重要吗？这是适当的斗争还是在适当的时间所作的斗争？还有没有另一种方式？如果目前斗争是唯一的选择，那你就应该充满激情地去争取胜利；如果不是，那就再仔细看看。

共同价值观

共同价值观通常与家族、文化和国家捆绑在一起。如果一家企业的价值观缺乏一致性和共享心理或文化，那么它将会衰落并最终消亡。在某种意义上，这可能是家族企业的力量源泉。共同的根源、祖先和强有力的文化因素可能意味着家族成员与其他人群相比，往往更可能同步，拥有更多共享的价值观。另一方面，代沟可能会使家族分裂，也可能经历冲突。基于家族成员之间的不同而产生的心理负担和情感负荷可能会抵消来自共享价值观的力量。

关系的脆弱性

目前我所说的与沟通和价值相关的大部分内容也与参与相关。从根本上来说，参与宗旨、愿景和价值的关键（并且是作为情感的天平理性地参与）在于，如何创造和维持与重要关系的有效参与，并实现双赢价值。

家族企业的问题在于大家都倾向于认为彼此是理所当然的。"我是你的父亲，而且将永远是"，这是认为关系是既定的一种形式。任何关系都不是既定的，而是珍贵的，需要呵护和培养。换句话说，所有的关系都是脆弱的，都有失去的风险。而且这似乎是一个悖论。因此保护和加强任何关系最好的出发点正是来自它的脆弱境况。

正如兰西奥尼在2002年所指出的那样，如果我们能从揭示脆弱性开始，我们就能培养信任。变得脆弱，展现我们的人性和不完美，我们就能够为建立信任设置一道底线。脆弱性是有效领导的关键。

如果父母、子女以及其他的亲戚能够记住关系是脆弱的——不要再假装完美，不要假装知道或假装总是对的，或是假装在某种程度上要优于他人，那么带有较少情感负荷的真实的参与和关系就成为可能。

如果我们能够变得脆弱，并确保信任，那么我们就能参与创造性冲突——任何企业里的所有好事情的基本成分：有效的决策制定、领导、战略和创新。因此，请参与其中，并变得脆弱吧。

利益相关者的复杂性

所有企业都面临着平衡不同利益相关者需求和欲望的挑战，但是家族企业却还面临着以下这些特殊的挑战。

- 裙带关系可能被一些家族成员所期望，他们期待着有利的雇用，而不用顾及他们缺乏必要的技能和能力。
- 裙带关系可能会被非家族成员感知到，即便它并不存在，也会损害他们的士气。
- 公司的董事会成员往往也是股东，对于他们来说，很难清楚地区分自己的管理职责和股东责任。当同样的人还任职于总经理或其他职位时，这些挑战就会变得更加复杂。
- 家族成员聚会可能会变成公司业务讨论和决策的座谈会，有时候与董事会议和正式的管理治理过程形成冲突。

放手

对于家族企业里的任何领导者来说，最具勇气的行为可能是真正授权给另外一个家族成员来领导，做决策，采取行动，实施并承担可能产生的任何后果。

第一步是授权，让某些人负责某些事情，并让他们对所隐含的威胁负责。

真正的授权包含更进一步地为他们的胜利和成功提供必要的资源。这些资源可能包括时间、金钱、人力或工具，甚至是你的支持。只有通过授权，领导者才能成长。一位能干的老板知道什么时候应该放手，让他人学习和成长，战胜他们的错误并茁壮成长。

授权给变革推动者

家族企业所面临的关键的心理挑战是以自我为中心。"老板"必须确定可以放手了，让另一个人拥有驱动变革或改进的机会。这意味着要认识到企业之所以可以在任何"学习经验"中幸存下来可能是缘于授权实践。这也意味着既要认同授权他人做老板，也要认同他人的不完美（脆弱），即使是要做出错误的决定（显然是通过事后看来的），也要授权年轻一代去尝试"失败"。这还意味着自己要退居幕后，允许年轻一代成为新的焦点，并认可他们成功的荣耀。

放手既是放下个人自我，也是放开任何其他的东西。

保持内心的平静

我们已经讨论了创造性冲突、放手、授权以及允许年轻一代创造性地开发自身的能力去解决问题，提供解决方案，驱动成长或其他机遇。现在，我们要涉及创造力的更深层面，特别是强大的创造力，还需要超越自我，或者至少是让自我封闭片刻。

你是否曾经注意到最强大的创新观念很少是通过作出巨大的努力而产生的？你有多少次是在睡觉时思考如何处理一个问题，然后醒来时就有了解决办法？人类思维的创造力源泉并不是有意识的自我心智，而是来自我们没有意识到的那部分思维，其对于现代心理科学来说仍旧是个谜。

形形色色的哲学家、心理学家或其他领域的学者都详细阐述了可能存在于潜意识的创造过程以及其中产生交互作用的元素和过程。有些人也包括我在内，认为我们仅仅是无法意识到发生在我们惊人而又复杂的大脑中的一切事情。因此，创造过程也许会发生在我们睡觉或参与别的活动的时候，它可能包括在无意识的努力或无意识的情况下神经间的交互作用或联结。其他人认为创新观念可能来自外界，比如高强推动力或一种集体潜意识。不管答案是什么，它到底是如何工作的仍旧是个谜。然而很显然，有意识的自我心智会抑制神秘的、无意识的创新过程。

作家文思枯竭，艺术家、作曲家、设计师以及其他各种创意工作者所产生的障碍并不是偶然发生的。同样地，其他的创新追求比如商业难题的解决、决策制定、规划以及为创新想出好的创意也会因特定的心理原因而受到阻碍。它与创新流有关，而创新流会被自我意识约束和消减，甚至会被完全停止和阻碍。

让我们来看看以下阻碍创新流的自我因素。

1. 在某一从根本上与真实宗旨和激情不一致的领域中，自我意识试图通过毅力强迫创造力。
2. 对自己正在试图创造什么，或者要解决的问题是什么，或者创造力需要什么没有一个清晰的概念、蓝图或理解，或者是拥有一个自我坚持的错误或偏离目标的概念，而置反向的创新推动力而不顾。
3. 试图创造一些与个人价值观和真实想法不一致的东西，从而导致无法描述或表达创造力，或是不能拥有任何核心价值观，抑或是找不到个人的心声或真实想法。
4. 没有能力参与到协作创意的产生与发展之中，这会抑制创新潜力的发掘。
5. 未能赋予自己创造力，或未能得到来自领导、经理、管理者或企业拥有者的授权。
6. 基于什么是足够好的、什么是令人满意的或者什么是创新等限定性概念，自我会阻碍或排斥变革推动者的创意。跳出定式思维意味着跳出自我的限制框架来思考。
7. 创造所隐藏的潜能需要信念、态度和动机，因而，它也会被阻碍，比如：

- 如果一个人在创造力上缺乏信念，并被他人的理念所影响；

- 如果一个人对创造过程缺少积极的态度；
- 如果一个人缺乏创造的内在动机，或者是被外在的因素抑制。

总之，自我阻碍创造力的方式有很多种，但是它们都与七个心理中枢有关。因而，一个健康平衡的自我会为各种形式的创造所需要。而且很显然，如果家族企业里的领导者、管理者和参与者能够培养他们的创造能力，那么他们将有希望创造出更多的价值，变得更具创新性。创造力并不是只属于艺术、音乐、娱乐行业以及广告业。毫无疑问，它是驱动所有创新、改进以及实现人类潜能十分重要的能量。

才能

技能和专业能力（才能）是有效创意的必要因素，另外，驱动创意成为现实也需要才能去开发和提供。这里的关键信息是家族企业要关注组织对赢取胜利的才能的需求，或者是开发、购买、招募的需求。而不要反其道而行——基于已经得到的东西和家族中现存的才能来发展企业。

企业内部文化

家族企业必须要像其他任何企业一样，在开发确保持续的价值交付和创新的才能方面加大投资。这些投资可能包括有形资产（如设备、ICT 基础设施），也包括无形资产，其中最重要的是组织文化。在这方面，家族企业所面临的特殊挑战是在一种文化里管理一种文化。记住，文化的概念只是任何群体的共享心理特征。因而，家族、企业和国家往往都会有自己独特的文化。

下面，我们来看看在多重文化中管理一种文化的两个案例。

第一个例子适用于工作地点不止一个国家或处于拥有不同文化的多个地区（通常见于单一城镇，或不同阶层）的任何组织。在这种情况下，挑战通常因组织文化的起点是基于地理位置和与创始人有关的文化而产生的。以甲骨文公司为例，它在美国硅谷创立，如今其经营范围遍布全球。这里还有许多类似的例子，它们每一个都有一个基于其起源地的原始内部文化，同时还有一个更宽泛的文化。跨国公司在特定的经营区域也拥有的相应的独特文化。而且，拥有不同区域、经营单元或职能部门的任何组织——可以说所有任何规模的组织——都可能在更宽泛的企业文化之下拥有各自不同的文化。

第二个例子只针对家族企业，它与一个事实相关，即家族是一个群体，因而它可能共享一种家族精神——一种文化，如果一个家族群体拥有强势文化——独特的甚至可能有一些独有特质、态度，等等——那么它都会在包含非家族成员的更宽泛的组织文化中脱颖而出。这样的结果可能会对家族企业中的家族成员或非家族参与者造成困难。对非家族企业成员而言，这个家族可能看起来并感觉像是一个将他们排除在外的小圈子和专属俱乐部。它会给家族企业造成的如下问题。

1. 动力不足，工作态度欠佳，认为除非自己是家族成员否则绝不会获得成功，这些共同作用会破坏绩效。
2. 非家族成员会因为前面章节所述的原因变得缺乏创造性，也可能因为在一个企业中感觉（或知道）自己永远不可能持有股份而不愿意投入创业型创造力。很多家族企业包括霍尔&伍德豪斯公司在内，都将不稀释家族股权作为重要原则。
3. 非家族成员作为领导者可能不会感受到真正的授权，即使他们是CEO或者核心高管。他也可能会认为如果出现一个合适的家族成员来接替他们的位置，他们就会被取而代之。
4. 家族成员和非家族成员之间通常有着本质上的区别，当然除非有联姻，就像当初安东尼·伍德豪斯的曾曾祖父娶了霍尔家族的一个成员。
5. 家族可能拥有强势而独特的核心价值观或可能看起来具有排外性的"事实"。
6. 如果家族对家族企业获得成功的愿景并不能彰显出非家族成员的成功，这就存在一个本质上的问题。
7. 最后但并不是最重要的是，如果家族企业的宗旨或使命更能支持自己家族而非别的事情，那么非家族成员就几乎不可能在加入企业后找到精神使命感。

以上这些问题都可能会体现在非家族成员的经历之中。然而，任何事情都具有两面性，家族自身也会经历一些问题。很显然，家族所面临的问题是，如果他们要为家族创建和领导一个尽可能成功的企业，那么他们还需要管理所有可能破坏成功的潜在的文化隔膜。

正如安东尼·伍德豪斯对我说的那样："你确实无法吸引和留住那些具有卓越才能的人才，如果他们觉得自己是'二等公民'的话。我们试图创建一种专属霍尔·伍德豪斯公司的文化气氛，而在这种共享文化中，伍德豪斯家族成员是作为服务支持的。"

绩效和结果

正如上述暗示的那样，家族成员绩效表现不佳比一般成员绩效表现不佳更难办——它是困难重重的。这里的解决办法很简单：确保目标和关键绩效指标是适当的，清晰地规定职责以及达不到规定目标所需承担的后果，严格地评估结果，并能客观地承担绩效不佳的后果。

家族企业的创新工作议程

家族企业往往与其他类型的企业一样，有着同种类型的挑战和优缺点。它们的不同之处在于心理方面。这些不同之处是基于我们对家族性质的信念和态度产生的，而家族性质当然也是文化方面的。人为因素如忠诚、职责和期望也在企业范围内发挥作用，但所发挥的作用并不能抵挡血缘关系。

家族企业需要认真地关注于以下战略创新议程。

1. 战略意图将很有可能融入一定程度的传承和管理工作，但必须面向未来，以开放的心态和眼光对待创新。
2. 建立一个知识议程，使其可以满足企业从家族外部引入多元化观点的需求。

3. 以来自共同价值观的天然优势为基础,避免基于自我的隐患,导致家族关系中不必要的心理负担。
4. 明确地认识和应对可能存在于家族企业的利益相关者关系中的特殊复杂性,避免实际或可感知的裙带关系,或者避免破坏良政。
5. 授权给变革推动者,让他们继续在年轻一代、家族以及一般企业之中发展创新精神和创新驱动力。
6. 确保家族企业拥有获得成功的才能,即使这意味着不要将目光局限于家族成员自身所拥有的才能上。
7. 让所有人包括家族成员为他们的绩效和结果负责。

The SEVEN SINS of
INNOVATION
A STRATEGIC MODEL FOR
ENTREPRENEURSHIP

第 18 章

准备出售

> 每个人都以出卖一些东西为生，无论出卖的是什么。
>
> 英国著名小说家罗伯特·路易斯·史蒂文森

退出计划的必要性

即便你并没有计划要出售你的企业，你也应该有一个退出计划。如果它是你的一种"商业生活方式"，那它就只是一份工作。而每个人都会为他们某一天的退休做准备的。那你有什么理由不去计划一下如何通过创造有价值的东西最大化你退休时的好处呢？所有的企业所有者都应该在企业创建之初就制定好退出战略。即便你现在并不打算卖掉企业，富有战略的出售计划仍将确保你可以持续关注于如何最大化业绩、提升企业价值同时降低企业对于你个人——企业所有者的需求。无论你是一个独立的创始人兼所有者、一个大股东或是企业的合伙人之一，本章旨在帮助你谋划和设计你不可避免的退出计划，并通过最大化企业价值使你在出售股份时获益。

为什么要制订退出计划

计划退出是一个好的起点。但你也必须明确你个人的退出目标。比如你的目标收益、你实现个人退出的时间规划，以及你对于企业的未来所有者的偏好。

退出一家企业可能会有很多种不同的原因。对于退出计划而言，其中一个最主要的原因就是"退出是不可避免的"这一事实。但是，明确你个人的退出原因对于退出的成功实现至关重要——尽可能获利，尽可能优雅地全身而退。如何及何时退出因人而异，这取决于你是否准备开始创建新的企业，还是计划退休？抑或打算与相爱的人共度余生或是计划从事慈善工作。

战略意图

除了你的个人目标以及相关理想外，最大化当前企业的价值需要一个颇具吸引力的战略。这个战略始于有力的目的与大胆的愿景的核心要素。如果缺乏这些核心要素，或这些要素过于陈旧，那就需要重新审视它们（详见第15章）。但在此之前，先想清楚你的企业价值是什么，并建立一个合理但相对大胆的目标，以便于估算你计划退出时企业的价值。如果退出时点还很遥远，那可以先设置一个三年目标。

目标与需求

在一个特定的时期内，你需要尽可能地明确自己想要实现什么。对于最终的出售仅抱有一个模糊的"卖得越贵越好"的意图将会与拥有一个明确的目标相去甚远。基于你的需求所设定的明确目标可以激发和驱动他人与你共同努力。当然，总体的目标应该是最大化企业的价值。

财务、房产与税收计划

最大化你的企业价值与最大化你所能获得的收益有时会存在矛盾。因此，平衡两者关系就需要专业性与技能的帮助。

在开始你的创业之路之前，你应该聘请专业人士帮助你合法地最大化你所能留存的收益。你也许当时没这么做，或即便这么做了，你也还需要持续征询专家建议，以确保你的利益。而这些建议必须符合你的国籍身份、居住权和企业性质。这些建议应该是由适合你的专家所提供的，应该包含税收、房产和财务计划。除非你在企业建立之初和发展的过程中都得到了明智的建议，否则你也许会发现自己在无形当中制造了很多问题，会对你未来的退出产生负面影响。

选择正确的专家可以帮助你找到企业的最佳买方，最大化对方可看到的企业价值，当企业价值可能存在被低估时，能够提示你合同中需要重新商讨的问题，此外，还可以协助你调整商业模式和结构，最大化财务表现和估值。我并不想在此处提供这些建议，因为你所获得的建议必须是针对你的企业的。我只是希望能够告诉你，总之你需要考虑哪些问题。

沟通

在何时、如何、与谁沟通你的出售意图是你必须仔细思考的问题。员工可能会因此士气低落甚至为自身的前途感到忧虑；客户和供应商会开始寻找其他选择；竞争对手会借机寻找你的弱点而发动攻击。但有时，竞争对手也可能会成为好的买家，员工也可能会发起管理层收购。此处的核心观点是：如果你从不向外界表示你出售企业的意图——如果它在最后一刻都还是一个被保守完好的秘密——那么你的退出过程中一定会丧失很多的价值和机会。因此，你需要寻求恰当的平衡，以正确的方式将正确的消息在正确的时间传达给正确的人。我再一次强调，专家建议在这一过程中非常重要。

估值

一旦你设立了战略意图准备去估值，你需要制定一个价值工作议程去驱使公司实现目标价值。这一价值工作议程取决于你的营销组合与销售增长战略、你的价值交付模型、你与企业运营所产生的价值，以及对于客户价值体验的理解和提升客户价值的明确计划。

你的目标估值与预估可行的估值倍数会影响市场增长目标，那么现在的问题是：你的战略是什么？你的营销组合可以应对挑战吗？你是否还需要增加产品线？需要扩充并提升销售团队？还是想更多的方法去接触更多的潜在客户？你的网络战略是否还需要更新，是否能支持新业务的增长？你的组织内部是否拥有所需要的市场营销专家？你是否在营销投入中实现了较好的投资回报率？你的企业内部所拓展的领域是创新还是伪创新？

促进销售增长最佳的方法就是提升客户价值体验。它将转化为宝贵的营销推广，帮助提升企业和产品的口碑和声誉。同样，产品的销售量提升也将帮助企业获得更大的议价能力并提高售价。客户体验与你的产品解决方案息息相关，但同时也关系到你的销售与服务，以及你和行业内所有参与者所提供的价值。在这些方面做到稳扎稳打，并关注如何去改进它们，比如通过净推荐法或其他一些类似的方法。通过夯实价值工作议程，实现你的估值目标。

在企业中树立正确的价值观并建立战略意图去驱动现有价值提升，需要缜密的思考，特别是在当前我们所讨论的寻找潜在买家的时候。买家可能会是管理者、竞争者、合伙人以及任何可能对该领域感兴趣渴望进入市场的企业。拓展思路，你可能会对企业的价值产生巨大的影响。

企业的价值总是切实关乎财务表现的，比如利润和增长，而估值倍数的取值范围可能很广。对于竞争对手而言，你企业的价值可能仅仅是扩大市场份额，但对于希望进入市场的企业而言，你的企业可能意味着更大的价值，比如领域的专业性、专业技术以及人力资本。这些优势往往并不会被拥有同样能力的竞争对手所认可。此外，如果买家在生产、产品、交付机制上能够与你的企业产生协同效应，那么你企业的战略价值就会大大提升。如何寻找能创造类似协同效应的企业无疑是一门艺术与科学。而且，正确的专家意见在此环节中一定会物有所值。

参与

在退出时，考虑与参与有关最重要的因素是在商业运营方面相互协作的合作伙伴关系。这主要是因为企业价值对于一个互补型的企业往往更大，远远超过对于竞争对手、管理层以及财务投资人的价值。供应商会评估你通向市场的渠道价值；分销商会评估你生产能力方面的价值；处在互补领域的企业则会对你的知识产权价值进行评估。如上所述，行业技术、业务流程、对于核心客户的理解与联系等都颇具价值。而对于坐拥自有知识产权的竞争对手而言，你的企业就并没那么值钱了。

利益相关方

你必须时刻了解你企业所有的利益相关方，而此刻你更需要特别关注出售企业对他们的影响。让我们来看几个典型的关系以及他们是如何受到影响的。

客户对管理层的认同以及有效的客户关系对于企业估值非常重要。但是我们如何确保核心客户关系在企业出售后仍然能够维系呢？商业的本质就是关系。因此退出计划的一部分就是要确保核心客户关系不会受到所有者退出的影响，这一点必须通过精心安排的交接程序或扩大接触点来实现。

员工是企业的血液。当他们听闻企业出售的消息时，很多问题就会出现。其中避免问题的方法之一就是将出售的消息保密。但很快你就会发现世上没有不透风的墙。我认为更好的方式是对最终的出售计划保持坦诚与开放。但是，当交易开始运作时，适当的保密还是有必要的。此时，你的专家可以为你提供帮助。除了是否让员工了解潜在的交易这一点外，另一方面就是最大化他们的效率以及对于企业的忠诚度。合理的薪酬水平很重要，但好的工作环境、培训机会、反馈机制等其他因素也同样可以激发或消耗员工在企业工作的动力。你企业内部的动力将会影响企业的业绩表现与价值，以及吸引和保留最佳员工的能力。通常当我们走进一家企业时，我们都能够感应到其中的氛围。当然潜在的买家也不会例外。

考量所有利益相关者很重要，包括供应商可能受到的影响。但接下来我们先来考虑一下企业是否还有其他的相关者。在第16章中，我曾指出许多企业所有者都会不恰当地授予或出售过他们自己的股份。他们通常都曾在企业中引入了不合适的合伙人。如果你已经有了一个或多个合伙人，你应该思考一下他们是否真的应该留在企业内部。"考验"的标准是他们是否给企业带来了他们所持有股份所对应的价值。如果答案是否定的，那么在企业退出的时点，你需要认真地考虑一下是不是趁此机会把他们的股份买断。如果接下来你的目标是价值增长，为什么要留下他们做企业发展的"负担"呢？一个相应的问题就是你是否应该为企业引入新的合伙人、创新者和贡献者。如果每位员工在企业发展的过程中都非常重要，那么请引入他们作为你企业的股东。他们的主人翁意识、动力和忠诚度将推进企业的成功与发展。

领导力

确保高效的领导力为企业的出售做好准备对于交易过程也很重要。试想一下，在退出的过程中，你必须确保你的继任者可以替代你的位置。如果企业内部没有人具备这样的潜能，那么你需要思考一下是否可以从外部招聘合适的人选，帮助你实现退出计划。在你退出前，你需要思考作为领导者，你如何授权他人管理企业，而自己不再在其中指导和牵引。企业的价值会因为你所创建的可以不依赖你而存在的企业文化而壮大。

进步

企业内一个可以识别并驱动进步的变革工作议程可以实现上述的目标，并作为一股无形的动力去帮助你实现战略增长，确保企业的拓展，保证增长的质量，并因此保持可持续的价值提升。你应该拥有并时刻更新管理一个变革议程。但当企业有出售计划时，变革议程应该获得格外的关注。

想法

什么样的改进可以在短期和长期内提升企业的价值呢？改进的想法和价值的创造总是需要的，但如果你的企业目标是持续不断的创新，那么它们就显得尤为重要了。

能力

最大化企业的退出价值需要你能够向买家证明，你的企业拥有持续创造和交付价值的能力。这需要来自各个方面的努力，包括你的员工、业务流程、产品和关系。当然，企业的创新能力是重中之重。

企业文化与心态

你组织的创新能力很大程度上取决于你的企业文化和个人的心态。在你企业的内部，还有其他人具备企业家精神吗？还是你一直在孤军奋战？如果你在企业中是最具企业家精神的人，那么当你离开时，企业将会如何？当企业离开了你这个原动力，它还会保持现有的企业家精神吗？如果答案是否定的，那么企业的价值在你离开的瞬间就会分崩离析。

希望你的战略中已经包含了继任者计划，以避免核心人员离职所带来的灾难性损失。但是在考虑退出计划时，你还需要特别关注企业家的继任。至少你需要找到一个能够替代你的人选。如果你能够在企业内部培养和发展企业家领袖就最好不过了。最好的情况是，你可以创建一种企业家文化，让人们争先恐后地去推陈出新。如果你注重培养他人，你的企业就一定会增值并可持续发展。

在很多企业中，主流文化缺乏一种企业家精神，即便在企业的顶层，他们拥有一个传奇般的甚至是神秘的企业领袖。这些领袖都很伟大，并值得我们崇拜和尊重。但如果他们能够在自己的企业内部更多地提倡企业家精神，那么这些企业将具有更大的价值。

采取行动

如果你拥有一家企业或你是一家企业的合伙人，那么你必须考虑制订一个退出计划。即便你非常热爱自己的事业及你在其中的角色，你都应该好好思考，并设计出一个最终的退出计划。如果你的企业能够很好地应对有你或没有你的情况，那么你的企业将会成为一家更好、更强、更有价值的企业。如果有朝一日你不再热爱你的企业，你还留在那里干什么呢？是否可以考虑新的生活了呢？

开启新的生活

换句话说，总之，你将如何在创新议程中安排你的退出呢？

1. 基于你个人的追求与需要，定义"成功"退出。
2. 聘请正确的专家，确保你的退出和出售可以明智顺利地进行，并保证企业价值的最大化。
3. 清晰地理解你企业现有的和潜在的价值，以确保你不会把钱留在桌上，或对计划的退出做出错误的投资。
4. 在整个退出过程中适当地管理所有的利益相关者关系。
5. 积极地投资于完善你的企业方面，它将在你计划的退出时点给予你回报。
6. 加强稳扎稳打的、可持续的能力提升，如竞争优势和创新能力。
7. 现在就去做。避免为逃避现实而通过不去思考来回避"你终将离开企业"这个事实。

The SEVEN SINS of
INNOVATION
A STRATEGIC MODEL FOR
ENTREPRENEURSHIP

第 19 章

服务型企业创新

> 如果我们不竭尽所能地为人类服务，那么我们又将为谁服务？
>
> ——美国女权运动先驱阿比盖尔·亚当斯

服务者

当你看到"服务者"这个词时，你会产生怎样的感觉或想法？当我对服务提供者进行访谈时，我经常会得到关于"奴役"和"苛求的工作"这样的概念的负面反馈。但是，"服务者"的定义是指提供某项服务或在与某人或某企业建立的雇佣关系中提供服务的人。美国总统和世界上其他领导人也都是服务者。这有什么好贬低身份的？

然而，服务提供者对于他们自身角色的态度会明显且强烈地影响到顾客所体验到的服务质量。我们很容易辨别在什么时候服务员更乐意做一些其他的事，而不是为我们服务——他们往往会为我们提供糟糕的服务。也许情况正在好转，但在英国或欧洲其他国家，我们在餐馆所体验到的服务质量仍落后于北美国家。有些人认为这一差异与小费有关。美国的服务员往往会被指责肤浅、言不由衷地友好，而且让人感觉被强化训练贴着笑脸说"祝你今天愉快"。然而由于欧洲服务生的薪水并不会被顾客体验所影响，因此他们缺少美国人那种渴求小费的动机。但是，我们在南美地区的餐馆里看到的更友好、更殷勤的服务方式大多是真诚的。金钱并不是提供卓越服务的唯一动力，就好比通常情况下，它也不是人们工作和娱乐的唯一动力。

总而言之，服务质量的好坏直接取决于服务者对于自身角色所持有的态度，它所起到的作用，与培训、方法和领导所起的作用是一样的，甚至超过它们。

象牙塔

专业服务提供者如医生、律师和会计，比大多数人都努力视自己为服务人员。实际上，专业服务企业创新的最大障碍可以说是象牙塔现象。该问题的关键是服务提供者认为提供服务的使命和宗旨是为客户提供专业建议或基于专业知识的服务。这一过程的核心在于提供而非接受，是专业知识的质量而非接受者体验到的服务质量。

宗旨性服务

从某种意义上来说，象牙塔综合征是一种心态和文化问题，但是，这直接导致服务宗旨上的错误"心理模式"。

专业服务提供者们通常做得很好，他们认为自己的角色和基本宗旨首先且最重要的是提供服务，而不只是提供他们的专业知识。当然，他们的专业知识不仅是提供服务的保证，而且极为重要。对于专家自身来说，专业知识可能类似于"我是谁"的定义。而对接受者来说，基本的服务质量和价值是一种关系体验，而不是对专业知识的一种感恩或崇拜。

在人类专业知识的所有领域中，如果服务者能铭记他们的宗旨是服务于客户，那么他们就会做得更好。即使服务对象是慈善机构或者政府服务的无偿接受者，服务提供者的宗旨也不是帮助接受者。这种心理模式会导致糟糕的态度或服务。服务者的宗旨就是服务。如果你企业的服务者不明白这一点，那就裁掉他们，再招聘那些明白这一点的人。

公仆应该是因为她们喜欢服务而担任当前的角色，而不是因为与在私营部门相比，他们能得到更好的工作保障或养老金。服务人员应当是因乐于为人们提供饮料和食物服务而被聘用，而不是因为他们喜欢丰厚的小费。慈善机构的工作人员当前的角色定位应该是因为她们由衷地喜欢帮助他人，而不是因为他们想被看作"好"人。除此之外，医生、护士、律师、会计和销售代表在自己的角色扮演中，应该是因为他们很喜欢通过自己的专业知识和技能帮助别人，而不是因为他们被金钱和地位所驱使。

意图和人为误差

你的目标是什么，一般还是卓越？那些旨在提供"优质"服务的团队和组织通常都做不到，他们只是尽其所能地提供了优质服务。服务与任何其他人类活动或人类活动的产物一样，永远不可能达到完美。因此，不管一家企业追求提供什么样水平的服务，都旨在确定服务质量的上限，但由于人为的误差，不可避免地会出现质量较低的服务的例子。那些将目光投向不完美的服务上的企业，它们通常会被认为是服务很糟糕或者顾客体验不好的企业。这里唯一合乎情理的、值得追求的目标就是完美或卓越。于是，当不可避免的误差出现时，企业所作出的非凡响应会让它们从竞争对手中脱颖而出，并能给顾客留下深刻的印象。

卓越服务

任何以服务为基础的企业都应该将卓越服务的概念奉为信仰。卓越服务意味着很多东西，包括优良的质量、出众的业绩、引人注目的非凡服务，成为最优秀的或比大多数更优秀的企业，与同行相比更具有精彩绝伦的价值，成为伟大的企业而不只是优秀的企业。

服务的智慧

实现卓越服务并不是偶然发生的。它是一个不断改善的过程，而且甚至需要在对服务质量如何取得阶段性改变的关键认识基础上，作出突破性创新。它需要基于对企业当前是如何做的（如何被感知的）的认识上，从"卓越"意味着什么这一愿景开始。李（Lee）在2004年指出，许多用于测量病人对医疗提供服务的满意度的方法都存在不足。我们需要的是取得飞跃式改变的愿景，而不是聚焦于管理那些具有显著的统计意义但却不重要的渐进式改进。

突破性创新的服务范例通常是由于以其他行业的领袖而不是本行业内部的领袖为标杆。李的观点如下：如果你想成为一个世界一流的医疗服务供应商，不要以其他的医疗服务供应商为标杆，而是要将目光放在如何尽力赶上迪士尼这个提供卓越的顾客服务体验的全球领袖身上。

这里还有另一个以其他行业为标杆来改善服务的例子，其中包括航空业。

1. 将赛车维护人员的保养方法运用到飞机的保养上，以提高资产的利用率和飞机的性能。
2. 从核工业中汲取更加严格的方法，将其用于飞机驾驶舱内的沟通机制，增强乘客的安全度。

南斯（Nance）提倡医疗行业应该以航空业为标杆，既要实现患者安全方面的飞跃式改变，又要实现健康创新上很难实现的目标。可以说，环球旅行背包客要比一个躺在标准的现代化且设备先进的医院里的病人更安全。

卓越服务始于正确的战略意图，它包括以智慧为基础的使命感和愿景，确保持续性改进和突破性创新。但是，除非我们就追求卓越服务的目标和驱动力进行充分沟通，否则它将无法实现。

沟通

关于包括特定目标和任务在内的意图的内部沟通，以及"我们正在如何做"的沟通都是重要的——客户的反馈和其他形式的信息可以改进我们的认识。但是，在沟通方面阻碍卓越服务的更大问题通常是服务提供者与他们的客户没有共同语言。专业性服务倾向于使用技术性或专业术语，即使是在与普通人沟通时，这些做法并不会给人留下深刻印象且毫无帮助。

一个改进的关键机会始于关心和同理心，然后延伸成一个会影响客户或病人行为或心态的诚恳、热情和完整的愿望。首先要把服务的接受者当作客户对待，其次才是当作病人、患者或系列账户看待，这样才是有用的。

当我们总是强调服务的接受者时，对于服务的提供者而言，沟通也是特别具有挑战性。在医疗方面，患者及其家属通常会苦恼不已，就如同法律咨询服务的对象一样。即使法律服务是为了一些令人开心的事情，比如购买第一所住房，事实上它是一件相当有压力的人生大事。

在此情景中，另外一个值得强调的沟通障碍再一次与象牙塔有关。在众多的服务规定中，对服务提供者通常会有专业等级划分，它依据对提供者实际的或感觉到的排名而划分。例如，与其他在手术室中工作的医生相比，外科医生通常被认为是"神一样的"存在。在这种情况下，护士或其他人就会感到他们不被授权处理那些在他们看来是隐患的事情，从而导致问题的出现。1977年，在特纳利夫岛的两架波音747飞机发生惨重的撞机事件就是因此而发生的。这一事件为航空公司敲响了警钟，迫使他们提高安全性。

最后一个沟通方面值得一提的问题是营销和销售。许多服务提供者似乎认为推销自己的服务在某种程度上对他们不利，这种想法是不专业的。因此你的想法也应随之作出一些细微却很重要的转变。营销其实是与你想要并能够帮助的人建立联系，并影响客户使用你的服务、采纳你的建议或解决方案，以使他们所获得的利益最大化。销售人员都是服务者，其中那些最优秀的销售人员总是将焦点放在服务上而不只是销售上。如果大多数专业服务提供者都能接受这一事实，他们不只需要兜售自己的服务，而且还需要兜售他们为顾客提供的解决方案，那么他们就会做得很好。譬如说，如果医生能够并确实花时间"售卖"病人所需的药物或其他规定的治疗，那么我们将会让病人变得更加"顺从"。

价值体验和价值观

最后，任何一位服务者所提供的服务解决方案都要彰显出顾客的体验价值。正如第 3 章中所讨论的那样，只有当顾客理解并感知到利益，实现了其需求或需要时，价值才会被体验到。在一定程度上，它会受到服务提供者的沟通和需要的驱动。价值体验连接着沟通与参与。但是，顾客的价值体验也同样需要以服务提供者的价值观为基础。正直、诚实、可靠、慈悲、关心、同理心、奉献和一种致力于实现卓越服务的诚恳的动力是所需价值观的关键。

参与

沟通利益和价值是一回事，而鼓励最佳的服务结果则是另一回事。带着同理心和热情告诉人们他们应该做什么只是第一步，但鼓励他们减肥、减少开支或是采用一种更具协作性的方式解决法律问题则完全不一样。鼓励需要一种基于真正同理心的与顾客建立协作和合作的方法。

利益相关者

服务提供中的首要利益相关者是服务提供者，他们因满足适当的条件和正确的态度而被聘用，并且已具备交付所需的技能、知识和专业技术；第二个关键的利益相关者是服务接受者，服务接受者的体验决定了服务的质量是否优质。然而服务提供者与接受者的关系很少独立而存在。其间通常还存在着其他利益相关者和需求，在任何服务方案中，这些都必须被考虑进去。多样化的客户、合作伙伴、供应商、股东以及其他组织机构的需求只是其中的一小部分。例如，因受到时间/金钱的限制以及保险公司和政府政策的驱动，医生通常需要将他们花在每个病人身上的时间限定为几分钟。然而，关键的医学突破却通常源自那些病人不会来就医的事情上。

领导力

引领卓越服务需要"公仆式领导"。根据格林里夫（Greenleaf）在1982年的研究：

> 公仆式领导首先是仆人……它始于这样一种自然而然的感受即如果一个人想为他人服务，就得先提供服务，而后才因其才能成为领导者。这一过程明显区别于由非比寻常的权力或为获得物质财富而驱动成为领导者的过程……先做领导者和先做服务者是两个极端的类型。在两者之间的中间地带则是无限多样的人性。

公仆式领导虽是一种思维模式，但也特别需要个人具有胆识的责任感、负责地授权给他人的能力，以及所有领导者需要具备的潜在自信和变革推动力。

变革的驱动力

领导力驱动着变革推动者，而变革推动者还必须以服务型组织的创造力为基础。变革的发生通常并非偶然，相反地，它需要变革推动者和变革议程——变革的愿望和计划，而不管它是突破性还是渐进式，抑或是两者皆有。

创造力

卓越服务的持续改进和突破需要创意。而这些创意可能会被上文所提及的同样的原因所扼杀，即有些时候外科医生、律师或其他领域的精英对某些错误并未察觉，但他们的辅助人员却已目睹并发现了这些错误。这种问题同样会出现在服务型组织的文化上。

能力

提供服务是一种能力，而且在大多数情况下，它可能需要一系列的辅助性能力，其中包括服务专业性方面的才能。例如，一家会计事务所可能除了提供基础的会计服务之外，还会提供税务咨询、记账以及财务战略咨询。所有的这些都需要专业性技术、教育和经验。所有的服务提供者都需要一些培训和提升，而那些想要实现卓越服务的企业也必须为其员工做出相应的投资。

企业文化

卓越的服务与人们的行为、思维、动机和态度有关。它为我们带来了一个完整的大循环圈，在这个循环圈里，文化与宗旨相关。如果服务型组织主要从服务的提供而非接受方面考虑的话，那么在服务如何交付与如何被顾客体验之间就会失衡。

结果

归根结底，卓越服务是一种心理现象，是一种体验，也是一种对结果的感知。企业可能只知道是否能在监测到客户体验以及他们对服务评价的基础上实现卓越的服务。然而，卓越服务或是劣质服务的结果所带产生的影响远远不止客户体验，它还会影响到回头客的业务、客户支持、销售额的增长、利益率、估价甚至企业生存。

服务创新议程

总之，如果服务型组织可以聚焦于战略性创新议程，它们就更可能实现卓越服务。

1. 保证包括追求卓越服务在内的战略意图的实现。
2. 从客户的角度去建立确切的有关服务如何被体验和如何改进的知识与信息。
3. 理解核心的价值定位、价值观和价值模式，以定义你的服务，并能够认识到营销和销售服务并不是什么肮脏的商业活动，或对服务供应商不利，而是影响顾客去做正确的事的核心要务。

4. 在所有的利益相关者重要性之间找到适当的平衡至关重要。在核心的提供者与接受者之间的关系中实现卓越服务是我们的主要目标。

5. 严格地聚焦于改善服务质量，相信任何的失败都是学习的机会。时刻记住通过犯错要比一开始就避免犯错形成的客户体验和忠诚度更加强大。

6. 确定提供服务的能力——你当下的或将来的顾客将从中获益，并跳出思维定式。

7. 确保在你所期望的事情与人们实际在做的事情之间没有差距。期望创造一种公仆式领导和卓越服务的文化，并确保它能够在行动、绩效和结果中彰显出来。

The SEVEN SINS of INNOVATION
A STRATEGIC MODEL FOR ENTREPRENEURSHIP

第 20 章

公益事业的创新

> 慈善源自家庭，但不应止于家庭。
>
> 英国学者托马斯·富勒

期望的鸿沟

看到公益事业的蓬勃发展是件非常令人愉快的事情。特别是在大型组织，如国际青年基金会（International Youth Foundation，IYF）的推动下，公益事业在年轻人中间开始兴起。素有"阿拉伯世界的戴安娜王妃"之称的约旦的拉尼娅王后在国际青年基金会的董事会上提出了"期望的鸿沟"一词，意指由于年轻人的失业率正在逐步攀升，使得发展中国家的大部分年轻人难以实现他们更美好生活的期望。

然而问题的解决不能单靠公益组织，而是需要全体企业的支持。如我的好友比尔·瑞希（Bill Reese）在 2013 年所指出的：

在过去的几年里，私人部门很难再创造足够的就业机会，来提供给迅速涌入市场的年轻人。这就是为什么有越来越多的团体开始帮助年轻人学习如何创立自己的企业。如果你找不到工作，如我们常说的，那就自己创业去吧。

公益事业无疑是创造就业的一种方式。国际青年基金会由其资助人和董事会支持，也属于一种公益组织，旨在解决全球性社会问题。我们真心希望能够有更多的行业领袖、商业翘楚和人生精英能够受到感召，去努力将世界变得更好，而不仅仅是使其个人及其股东获利。

有目的的赠与

同样地，任何一位公益事业的企业家，无论是一位18岁的发展中国家青年，还是一位70岁的发达国家老人，他们创建公益事业的方法应该与任何企业家创建初创企业一样（参见第16章）。不要仅仅因为想要去做慈善或看到了某一社会问题就去开创一个公益事业。相反，你必须基于自身的强烈愿望。你渴望去解决什么问题？

不幸的是，当组织决定去履行企业社会责任时，往往只是出于乐善好施或为了维护公共关系。相反，有效的企业慈善与社会责任应该具备一个核心目的，就像个人企业家精神一样重要。

接下来，我们举一个企业社会责任的例子——私人企业支持公益事业。曾有一段时间，甲骨文公司专注于向缺乏个人电脑的学校资助。毫无疑问，人们对此行为表示赞同。但当你停下来思考一下，甲骨文是一家软件企业，并不生产个人电脑，你就不会为他们之后将慈善的重心转向与自己主营业务相关的内容而感到惊奇了。后期，甲骨文公司发起了一个独立的慈善组织——甲骨文教育基金，它推出了Think.com项目以及随后的ThinkQuest（将Think.com并入其中）。该项目面向全球的中小学社区提供免费的网上协作能力服务——甲骨文的领导力就是基于此能力建立的。这个案例完美地说明了你该如何提供最好的赠与。当一个组织将自己的核心展示给他人，而不仅仅将现金扔到对方面前以获得公共形象和名声，它所给予的东西将更加真实也更有力量。

任何一个希望提供赠与或履行企业社会责任的组织都应确保其公益事业的核心目的与企业的核心目的保持一致。坚持自己的布局，并思考如何利用自己的布局造福人类、自然或其他有价值的与自己核心业务相关的努力。

战略意图

在正确的战略意图下，赠与或履行企业社会责任应当是件有益无害的事情。它们应当与核心商业模式产生协同效应，此外，没有任何理由表示公益事业不能有助于企业的发展。甲骨文公司为什么不能去引导下一代人去相信，加入甲骨文工作、投资甲骨文、购买甲骨文的产品或与甲骨文合作会是一件非常好的事呢？

但根据柯兰（Crane）和马顿（Matten）2013年发表的结论，之所以将企业社会责任与核心价值创造相关联往往是因为对企业社会责任的倦怠心理：

> 对于企业社会责任的倦怠心理如今非常普遍。企业社会责任不仅已被视为企业的义务之一，而且还属于绝大多数大型企业的主流实践，与此同时，企业社会责任也没能减少我们讨论企业丑闻的机会。而丑闻中的罪犯，包括金融危机中的巨头银行，总会时常在他们的网站上提醒我们，他们在企业社会责任、可持续发展或履行企业公民责任方面都做了哪些伟业。

因此，我们会提出疑问，甲骨文公司最终决定终止 ThinkQuest 项目，是不是因为对企业社会责任的倦怠呢？他们是否还会或是何时再尝试推出一些令人惊喜的新项目呢？

愿景的影响力

一个公益事业需要一个愿景，指导它如何更好地造福世界。这些愿景在每一个环节上都应该是可行的，同时与其他企业一样大胆。许多公益事业所面临的问题在于它们的目标过于宏伟，且需要过多的资金去支持，或试图去解决远超出他们最初设想所涉及的问题——最典型的一个例子就是"全球温饱"问题。

调研

为了避免陷入纯粹为了赠与而赠与的陷阱中，公益事业需要去做调研，以充分了解他们渴望解决的问题所在，并参考其他相关政府或非营利组织的处理方法。或许他们应该与这些现有的组织协作。例如，和企业社会责任活动成功一样重要的是，通过企业社会责任活动所传递的价值，去了解其目标受众——消费者、甚至竞争对手和法律法规机构，以及其他任何能够影响成功的因素，并将之作为企业的核心。

沟通

公益事业与慈善事业组织可能会认为他们不应该将宝贵的资金浪费在营销与销售上。但是，任何一个希望向他人传递价值的企业都需要采取某种方法，将他们的价值在目标群体面前呈现出来，并影响他们参与其中。这种沟通过程本身就蕴涵了营销与销售。公益事业的投资不足、错误引导或无效投入资源都将造成与其他企业相同的负面结果。

价值

因此，一个具有说服力的核心价值观对于公益事业是非常重要的，它支撑并指引着价值的传递。我们可以这样想，企业社会价值等各种形式的慈善事业都是由对解决问题与造福世界的渴望所驱动的。但我们也应当客观地认识到，许多公司所承担的社会责任活动只是为了弥补其在日常经营中或商业模式所造成的负面印象，以获得积极的公众形象而已。

参与

对于公益事业而言，合伙人之间的协作参与无疑更加重要。为什么要去复制其他人已经投资创造了的东西呢？为什么要去复制别人已经开始做了的事情呢？

挑战就在于如何去寻找最简单、直接和有效的方法去实施一个运营价值模型，从而使所有主要利益相关者——从消费者到每一个参与生产和将价值交付给消费者的人参与其中。但现实是，企业竞争对手很少会愿意合作分享企业社会责任资源与成就。

当然，合伙人、利益相关者以及所有其他资源的参与决定了一个企业的价值传递模型。公益事业需要有一个清晰的商业模型，以及如何创新的方法。

利益相关者

在理想情况下，当公益事业提供价值时，价值的接收者应该是最先也应该是最多被考虑的。其他相关者的利益也必须被考虑。但同样，如果股东对从企业社会责任活动中获得的利益更感兴趣，或管理人员关心企业在社会责任活动中所获得的正面形象多于活动实际的影响，那么我们就必须质疑该企业对于社会责任活动的诚意，能否维持一项长期有力的具有价值的事业。

领导力

相比私人和公共部门的领导者，公益事业的领导者显然需要更强的激励他人的能力以及调配资源的能力。为了实现企业社会责任或其他慈善活动，公益事业往往比其他类型的企业更加缺乏资金，需要更多的志愿者以及其他形式的牺牲。

变革

公益事业试图解决的全球各种问题与市场和科技给企业带来的挑战一样巨大。因此，公益事业的领导者们必须持续不断地应对变革，并试图在其领域内引领变革。但是，与私人和公众企业一样，公益事业的变革努力同样也可能会失败，其中的原因也相同：缺乏有效的战略或领导力，缺乏好创意或无效的文化（全部列表参见图 7—3）。

创造力

与其他类型企业一样，在企业社会责任与慈善事业领域中的进步与突破同样重要。尽管他们可能会面临一些特殊的挑战，比如难以与消费者接触——他们很难清晰表述自己的需求和需要，或在关注利润的主流业务部门中较难获得慈善创意。

能力

好的目的并不能代替公益事业对于技能和专业性的需求。但在公益事业领域永恒不变的问题是由于资金的缺乏而导致的资源与管理能力不足。其解决方案是去关注那些能够产生最大影响的能力，传递最大价值，并切实认识到哪些挑战能够被更有效地解决。使十个人延长几个月的生命，还是拯救一个人？

企业文化

公益事业需要有效的与目的相连的组织心理和精神。正如在任何一家企业内部一样，在正确的时间与地点，吸引、保留和培养正确的人才，他们从事正确的事情的能力将会决定企业的成功与失败。

业绩与结果

公益事业同样应该对其所在的领域的成败负责。他们的业绩和结果应当体现他们存在的目的，否则他们也应当被终结。

社会创新工作议程

综上所述，公益事业通过关注战略工作议程，也能成功实现创新目标。

1. *确保战略意图与精神层面的目标保持一致，拥有富有洞见的目标，旨在造*

福世界。
2. 强化知识与智能，去理解企业为何存在以及谁可以帮助其成长。
3. 与任何营利组织一样，针对消费者价值建立一个明确的商业模型。
4. 明确所有利益相关者，了解他们的需求，并管理他们的预期。特别需要让参与者了解，投资回报将如何体现，因为投资价值将不会以财务收益形式来体现。
5. 接受公益事业是成就变革这一事实。积极应对变革，并不断努力改进与创新。
6. 在针对企业完善、价值传递、成本控制、风险释放、现金管理等各个对企业至关重要的方面寻找或提供建议时，保持创造力。
7. 确保每个人都因正确的理由而全身心地参与到公益事业的发展中，并被不断激励。注意去观察使什么激励并驱动了参与者，并不要简单地认为他们的动机与你的完全一致。

The SEVEN SINS of
INNOVATION
A STRATEGIC MODEL FOR
ENTREPRENEURSHIP

第 21 章

公共事业的创新

> 政府即使在其最好的状态,也不过是一个无可避免的恶魔;在它最坏的状态,就是一个无法忍受的恶魔。
>
> 英国思想家托马斯·潘恩

为何政府必须改变

如今,我们需要政府像以往一样意识到商业的不可容忍性。我们需要领导者自愿做出艰难的决策。我们不能依赖于微调和修整而生存。我们需要在国家和全球层面创造真正的价值模式创新。我们需要通过新的途径来交付必要的服务,同时对哪些服务是过时的,哪些服务是需要被奉若神明的,进行一个严格的审核。为什么我们需要如此之多的重复行为?为什么我们需要这么多层级的政府,或者是在同一政府需要这么多层级的管理?为什么在这样一个点击一下鼠标就能发表自己观点的时代,我们还需要如此多的人来"代表我们"?这只是我们需要提出和回答的难题之一。

就国有企业和公共部门企业而言,我的主要观点是我们将会从更多、更有效的创业中获益。政府领导人的角色不仅仅是鼓励更多的创业,为社会创造工作,也不仅仅是鼓励更多的创新,提升国家竞争力和创造财富,它还包括在政府机构内提倡创业和创新。这可能才是整本书的主旨,但是在这里,我的目的只是基于企业家心理学模型,并结合不同的创新议程为其提供速效药方罢了。

宗旨

我认为很多公仆包括民选和雇用的，已经忘记或者可能根本从来就没有理解过政府的宗旨。政府不是为他们提供工作，或者让他们被崇拜，或者是去领导他人。相反，政府是让他们作为"公仆"来服务的。在这里，我不会重复这些观点，但万一你（读者）正好是一名公仆，又恰好翻到这本书，那不妨去看看第19章，特别是"公仆式领导"的概念。

公仆们往往享有高水平的收入、额外的津贴和他们认为正当的特权，但是社会上大部分人却无法享有这些。为什么公共部门的退休金能与通货膨胀挂钩，而大多数的退休金却不能如此？为什么选举的官员们有甚至不被审查的公款支付账户？为什么政治人物可以自己决定他们收入的增长？问题在于，至少在某种程度上，驱使一些人参与政治和公共服务的宗旨不是为了社会创业或者试图让世界变得更加美好，而是为了自我，而且它是获得美好生活的捷径。

我更愿意看到更多的公仆去表达他们是如何改善这个世界或者他们管辖区域的创业激情。我并不是说没有人这么做，只是如果政府中有更多具有这种精神宗旨的人的话，那我们所有人将从中获益。整个国家和政府好像都在遭受"不能做"的心病。但是，一些领导者清楚地认识到需要做出重大变革。他们所面临的政治挑战是获得足够的认同，并支持他们的计划来创造希望。

公共服务系统中具有奉献精神的人是一回事，而政府机构的使命又是另一回事。一些机构的问题在于他们不是很清楚他们所做的事情的价值。他们能够告诉你他们在做什么，但却不知道为什么这么做。有些使命是很清晰同时也是很重要的，比如国防、警察、教育以及医疗。但是，有时候我们需要做的是重新审视哪怕是最基本的使命，这是很有好处的。

战略意图和选择

如果政府需要事半功倍，公共企业需要基于使命和愿景，在潜在的方向中做出更具战略性的选择。比如，卫生部（或者国民医疗服务体系）应该关注于健康还是关怀？在教育孩子多锻炼以避免过度肥胖的花费与为患有Ⅱ型糖尿病——一种因生活方式选择而带来的疾病患者截肢的花费之间，如何进行合理的平衡？

愿景需求

很多公共企业缺乏成功的愿景。他们的愿景仅是做好他们一直都在做的事：征税，处理福利申请，或者与犯罪做斗争。这里有一些值得注意的例子，例如，最近纽约市在富有远见的政府领导者领导下，从一个犯罪大都市转变成吸引游客并适合居住的地方。但是，在公共企业中，我们需要更多高瞻远瞩的领导者来推动日益严重的基本问题——事半功倍的需求——消耗更少的公共资源，交付更大的价值。

内核

纽约的转型是如何运用智慧来解决问题的最佳例证。社区犯罪的数据将被用于调配警力，让合适的领导者走马上任，让不合适的领导落马，并最终解决问题。尽管所有部门和机构都应当关注于智慧，但当下的核心问题是所有政府部门都需要具备智慧。否则，他们所做的仅仅是战术上的而非战略上的。有时候他们对资源的运作和使用也相当愚蠢。

沟通

公共企业往往也会经历无法理解营销和销售重要性的过程。它们大多数都有自己的网站，也会在宣传册上花钱，而且有些还会在营销方面积极投入，通常它们都会与特定的目的相联系，比如招募士兵或者提醒人们报税的最后期限。但是更多的公共企业将会从改善与公众的沟通以及他们对接触的民众的影响中受益。另外，我的经验表明，很多公仆会从有关如何改善他们的沟通，特别是与他们的客户之间的沟通的培训中获益。他们甚至可能要从学习如何拼写"客户"二字开始。

价值观和价值

在抱怨客户之前，应该试着真正去理解客户的需要和他们重视什么。另一个著名的警察机关转型的实例表明了价值观的转变和关注于相关的价值交付是如何引导重要的变革的。在20世纪80年代早期，在一次访问洛杉矶市的时候，我曾经与一群高级警察官出去消遣了一晚上。坐在黑白相间的警察巡逻车上，穿梭于酒吧之间，通过行骑在队伍前面的两个小伙子的对话中，我们可以明显地知道他们是种族主义者，而且他们认为自己最重要的职责是保护同族，而不是民众。对我来说，整个罗德尼·金事件（他因超速被洛杉矶警方人员追逐、殴打）就是价值观缺失和严重迷失的自然结果。在随后的几年里，洛杉矶警方成功地提倡更加多元化的文化，将警员的思维模式转变为保护和服务民众，最终显著地降低了犯罪和其他警察行动的不良后果。

参与

在公共部门中，合作仿佛是一种稀缺的技能。大多数机构似乎认为他们必须重新创造任何尚未创造的事情，而且必须直接控制资源而不是与人共享或利用由他人控制的资源。目前仅存的希望就是公共部门主张政府与民间进行更多的合作，这样的合作是基于外部所需的技能、观点和才能这一认识基础上，相比重复而言，它们更容易参与。

利益相关者

公仆在服务我们的过程中会面临着一系列的挑战。尽管他们可能试图将公众——我们所有人当作他们最重要的利益相关者，而事实却是他们的政治首领却更普遍地成为了最具影响力的利益相关者。当然，政治首领本应代表公众，而事实上，他们很少代表除了直接支持者以外的人的观点。另外，政治人物经常更换通常会导致浪费，当政府项目被取消或重新定位后，那么我们政府的某些部分会出现重大和长期不确定性的时期。

领导力

公共部门可以说是良莠不齐，既有一些最优秀、堪称楷模的领导者，也有一些恶劣至极的人。就像上述那样，许多现任领导者会从接受公仆式领导和重新思考他们想要作为领导的动机中受益。

一个更宽泛的问题是公共资源需要更大的授权。在公共部门中，依然存在着太多的未被授权的服务者，他们无法或者不愿意做决策，解决问题或拥护变革。这里也还存在着大量冗余——过多层级的官僚机构以及中层管理推卸责任者。政府中很多部门需要进行领导模式的转变，关于这一点，我们已经在第12章讨论过——对混乱的领导进行革命性颠覆，紧随其后的是会发生在被授权的组织之中的进化式革命。公共部门的某些领域如特种部队已经出色地做到这一点。他们应该走进政府其他的部门，并对其进行清理。

公共部门领导的另一个问题是缺乏焦点。最近，我为一些英国地方官员做了一场演讲。在我发言结束之后，英国五大银行的咨询顾问们做了有关"商业模式创新"的报告。我惊讶地发现他们滥用了这个专业术语。实际上他们所说的只是"业务流程改进"。后者是微调，而前者则是根本上的转变。同时，我们也检查了一些财政预算。让我感到震惊的是，每个地方当局都有几乎一样的机构——自己的人力资源部、信息技术部和营销部。这些人里有人能明白"外包""合作"或"共享"这些词的意义所在吗？

当面临降低成本的要求时，一个普遍做法是让组织中每个职能部门都或多或少地削减相同数量的开支。这将会后患无穷。政府就像企业一样，需要搞清楚多快好省地交付价值。20世纪八九十年代，全球的企业都有过这样的经历。有些公司尝试从每个部门削减10%的支出，接着又削减10%，一而再，再而三。如今，它们都已经破产了。聪明的领导者和公司会集中资源进行投资，从而取得成功。他们不是削减10%的成本，而是砍掉主要项目，将资源集中在保留下来的那些项目上。这无疑是一个艰难的决定，它需要胆识和真正的领袖气质。

变革

政府比任何地方都更需要变革，而且比任何地方变革起来都更难。部分问题在于政治程序、竞选者反复无常的政治愿望，而且政客们需要的是为赢得民众的选票而努力，而不是实施民众不喜欢的苦药。但是问题也会延伸到政府的官僚机构，尽管它们应该是非政治的，远离政治的。在这里工作的每个人与其他地方的人一样，因而他们也是自私的、加强自我集权的、挥霍的又甘于平庸的。鼓励官僚机构和领导团队中的变革推动者平稳地走到舒适的退休生活是很困难的。为什么他们要承担这个风险呢？

更深层次的问题是当政府想要变革时，他们常常会雇用一些顾问，这些顾问们高高兴兴地花费一大笔的公共基金，却解决不了雇用他们来解决的问题。参与美国国税局海量信息系统流程再造的主要咨询机构的一个内部成员，曾隐晦地告诉我，流程再造项目就是故意让问题变得更糟糕，这样整个系统就可以从头开始再建，而这仅仅是为了一小部分的成本。

创造力

公共服务部门内部要想跳出思维定式，去改进创意是不可能的。政府部门应该向私营部门以及可以与行业领袖抗衡的标杆企业看齐，而不是从其他政府部门寻找新的模式。他们应该倾听民众和客户的改进创意。但是，这种"倾听"通常是逐项核查调查或者乏味的焦点团队访谈，而不是真正意义上的民主创新。政府大概比任何地方都更需要民主创新，而且可以说民主的方法可能需要一些创新。就目前的技术而言，为什么我们还需要给这些人付酬，让他们在国会大厦办公，支付给他们丰厚的薪水并为他们提供公款支付账号，并让他们来代表我们的观点呢？

能力

国家需要多种能力来保护其免受内外部的威胁，执行法律法规、征税、提供教育和医疗服务，等等。这些能力依赖于将人们与其技能、专业能力、能力和支持技术结合起来。正如图15—1所展示的那样，能力是提供价值的关键，而价值则是履行组织存在的原因。为了应对政府募资和扩张的危机，我们需要战略性地关注于如何更好地发挥现有能力，让它用已知的新方法提供价值，确定和发展对于应对未来新的机遇和挑战而言非常重要的创新性能力。

文化

很多公有企业中最根本的问题是文化———一种骄傲自满和一切按部就班的文化。"这里可能有很多问题，但不是我的问题。"人们熬到退休，不希望找麻烦，也不愿意做出头鸟。

相反，在一些公共企业领域，我们可以看到所有人引以为豪的创新领导文化的典范，比如美国海军海豹突击队和特种空勤团。

在大多数情况下，我所看到的公共服务领域是人们愿意却很难地在现行系统下做出改变的领域。可以说，我们最需要的是更强大的领导，他们可以是我们选举产生，也可以是非选举产生的高级公仆。文化的变革需要在领导者发愤图强的企业家精神下，从顶层开始着手。

业绩和结果

骄傲自满会导致碌碌无为。说到底要实现公共部门更优绩效和结果，我们需要企业家型领导者关注于驱动以下七个创新议程。

公共事业创新议程

总之，如果公共企业能更明确地关注于创新，并应用以下的战略议程，那么它们会做得更好。

1. 既要确保包括成功愿景在内的战略意图，也要确保它与当今世界上重要且有意义的宗旨相联系。

2. 精确挖掘有关企业生产什么价值，为谁生产，他们如何看待它以及它可能要如何改进的信息。考虑其他选择，比如允许私营部门来做这份工作，外包、合作或者共享资源。

3. 就像你会为任何营利型企业所做的那样，关注于改进我们的商业模式。砍掉不必要的单元和开支。关注于事半功倍，思考几十年来从私营部门吸取的教训，比如：

   - 中层管理者减缓事情的发展进度，而且耗费了大笔的预算却未能增加价值；
   - 有一些资源可以在部门之间共享，比如每个小的乡镇政府都不需要人力资源部门；
   - 如果一些运作环节不能直接对价值模式有所贡献的话，那么你可以在不损失任何价值的情况下砍掉它。

4. 关注于关键利益相关者而不是其他的公仆。政客通常被公仆们认为是最重要的利益相关者，但他们并不是。他们也是公仆，但只是暂时的公仆而已。相反，学会关注"客户"，他们才是你所管辖政府应当服务的对象。

5. 考虑"变革应该伴随你的一生而发生"的事实。如果你不接受变革，那谁来接替未来呢？

6. 将公共部门的创新民主化。找到那些"客户"并让他们参与其中，帮助你确定改进事项的优先顺序。使用净推荐值（NPS）和其他的技术来聚焦重要的事情。

7. 裁掉冗员，接着在你确定自己应该站出来的时候挑起大梁。改变招聘，这样你就可以停止雇用和你现有员工一样的人。要引进新鲜的观点和人才。最重要的是引进真正能创业的驱动理念。

Dave Richards.

The Seven Sins of Innovation: A Strategic Model for Entrepreneurship.

ISBN:978-1-137-43251-3

Copyright ©2014 by David Roddick Richards.

Simplified Chinese version ©2017 by China Renmin University Press.

Authorized Translation of Edition is Published by Palgrave Macmillan.

All rights reserved. No reproduction, copy or transmission of this publication may be made without written permission.

本书中文简体字版由帕尔格雷夫·麦克米伦出版社授权中国人民大学出版社在全球范围内独家出版发行。未经出版者书面许可，不得以任何方式抄袭、复制或节录本书的任何部分。

版权所有，侵权必究

图书在版编目（CIP）数据

创新的七宗罪：为什么创新会失败 /（加拿大）戴夫·理查兹（Dave Richards）著；杨朦，陈雪译 .——北京：中国人民大学出版社，2017.2

书名原文：The Seven Sins of Innovation: A Strategic Model for Entrepreneurship

ISBN 978-7-300-23434-2

Ⅰ.①创… Ⅱ.①戴… ②杨… ③陈… Ⅲ.①企业创新—研究 Ⅳ.①F270

中国版本图书馆 CIP 数据核字（2016）第 228429 号

创新的七宗罪：为什么创新会失败

【加拿大】戴夫·理查兹（Dave Richards） 著

杨朦 陈雪 译

Chuangxin de Qi Zong Zui: Weishenme Chuangxin Hui Shibai

出版发行	中国人民大学出版社
社　址	北京中关村大街 31 号　　　　邮政编码　100080
电　话	010-62511242（总编室）　　　010-62511770（质管部）
	010-82501766（邮购部）　　　010-62514148（门市部）
	010-62515195（发行公司）　　010-62515275（盗版举报）
网　址	http://www.crup.com.cn
	http://www.ttrnet.com（人大教研网）
经　销	新华书店
印　刷	北京中印联印务有限公司
规　格	170mm×230mm　16 开本　　　版　次　2017 年 2 月第 1 版
印　张	17.5　插页　1　　　　　　　　印　次　2017 年 5 月第 2 次印刷
字　数	251 000　　　　　　　　　　　定　价　59.00 元

版权所有　　侵权必究　　印装差错　　负责调换